权威·前沿·原创

皮书系列为
"十二五""十三五""十四五"时期国家重点出版物出版专项规划项目

B

BLUE BOOK

智库成果出版与传播平台

志愿服务蓝皮书

BLUE BOOK OF VOLUNTARY SERVICES

宁波新时代文明实践
志愿服务发展报告
（2023~2024）

ANNUAL REPORT ON THE DEVELOPMENT OF
VOLUNTARY SERVICES IN NINGBO (2023-2024)

组织编写 / 中国志愿服务研究中心
中国志愿服务研究中心浙江（宁波）分中心

社会科学文献出版社
SOCIAL SCIENCES ACADEMIC PRESS (CHINA)

图书在版编目（CIP）数据

宁波新时代文明实践志愿服务发展报告.2023-2024 /
中国志愿服务研究中心，中国志愿服务研究中心浙江（宁
波）分中心组织编写.-- 北京：社会科学文献出版社，
2025.2.--（志愿服务蓝皮书）.-- ISBN 978-7-5228-
4569-2

Ⅰ.D669.3

中国国家版本馆 CIP 数据核字第 20240WD745 号

志愿服务蓝皮书

宁波新时代文明实践志愿服务发展报告（2023~2024）

组织编写／中国志愿服务研究中心
　　　　　中国志愿服务研究中心浙江（宁波）分中心

出 版 人／冀祥德
组稿编辑／谢蕊芬
责任编辑／李　薇
责任印制／王京美

出　　　版／社会科学文献出版社·群学分社（010）59367002
　　　　　　地址：北京市北三环中路甲 29 号院华龙大厦　邮编：100029
　　　　　　网址：www.ssap.com.cn
发　　　行／社会科学文献出版社（010）59367028
印　　　装／三河市东方印刷有限公司

规　　　格／开　本：787mm×1092mm　1/16
　　　　　　印　张：23　字　数：344 千字
版　　　次／2025 年 2 月第 1 版　2025 年 2 月第 1 次印刷
书　　　号／ISBN 978-7-5228-4569-2
定　　　价／168.00 元

读者服务电话：4008918866

志愿服务蓝皮书
编 委 会

中国志愿服务研究中心简介

2019 年，经中央文明办与中国社会科学院友好协商，成立了中国志愿服务研究中心（以下简称"中心"），由中国社会科学院社会发展战略研究院负责具体管理。中心成立以来，对全国的志愿服务研究起到了统筹指导和示范引领作用，在推进相关国家重大科研项目研究和志愿服务培训工作，以及促进全国志愿服务研究机构交流合作、开拓志愿服务国际视野等方面取得了一系列重大进展。

（一）打造志愿服务研究重镇，研究成果取得新突破

中心积极承担了中央文明办交办的多项研究任务，推进相关国家重大科研项目研究，研究团队依托课题项目广泛开展调研，调研地区覆盖 21 个省市，内容包括案例分析、实地调研、监测评估调查等多个方面。此外，配合中央文明办共同完成了"2020 年新时代文明实践志愿服务监测调查""基层治理与志愿服务调查"等重要评估调查，积累了大量宝贵的调研资料并完善了资料库，产出学术论文、报纸文章、调研分析报告，全面、真实地反映了志愿服务的发展现状与所面临的挑战。在中央文明办的支持下，中心已经具备了良好的研究基础，不仅拥有专业的研究团队和丰富的研究经验，还具备先进的研究理念和研究方法，树立了在志愿服务研究领域中的核心地位。

（二）建立志愿服务学术阵地，学界交流实现新进展

中心作为志愿服务领域的高端智库和学术高地，推动志愿服务领域的交

流与合作取得新突破。中心主办了《中国志愿服务研究》期刊。《中国志愿服务研究》于 2020 年正式创刊，至 2023 年底已连续出版 4 卷本共计 14 期，总刊文量 150 余篇。《中国志愿服务研究》已经成为专门研究志愿服务的权威学术平台，吸引和汇聚了全国各地研究者开展志愿服务研究。中心编写并出版了志愿服务系列蓝皮书。在广泛总结全国各部门、地区和行业志愿服务发展状况的基础上，《中国志愿服务发展报告（2021~2022）》等蓝皮书相继问世，全面反映了各地区、各部门、各领域志愿服务的最新进展和发展态势，为各界志愿服务人士提供了宝贵的参考。此外，中心还连续举办了中国社会学年会志愿服务分论坛，吸引了全国各地的学者参与论坛交流和讨论，为志愿服务研究注入了新的活力。

（三）抓好志愿服务培训服务，研究交流迈开新步伐

为满足中央文明办、国家各部委、各地文明办以及国企理论宣讲和志愿服务培训的需求，中心依托中国社科院理论优势，在提炼总结各地区各部门各领域的志愿服务经验后，开发了志愿服务系列培训课程，为志愿服务培训奠定了理论基础。中心先后参与了中央文明办、中国志愿服务联合会、全国妇联等单位组织及地方的志愿服务理论宣讲和培训工作，累计培训基层干部超过 10000 人次。承办志愿服务相关重要会议，组织全国专家学者开展志愿服务相关研讨会，受到中宣部、中央文明办领导的高度重视，中央文明办志愿服务相关负责同志多次参与研讨发言。这些活动不仅为专家学者提供了交流平台，也为志愿服务事业的发展提供了有益借鉴和思路。

中国志愿服务研究中心浙江（宁波）分中心简介

中国志愿服务研究中心浙江（宁波）分中心（以下简称"分中心"）成立于 2020 年 9 月，是目前中国志愿服务研究中心全国唯一的分中心。分中心主要从事志愿服务和新时代文明实践研究，重点研究新时代文明实践志愿服务经验及发展趋势，适时向中央文明办、浙江省委宣传部、宁波市委宣传部提交决策咨询建议，致力于提升浙江及宁波地区志愿服务研究水平，协力推进全国志愿服务健康发展的科学共同体和学术型智库。具体职责和任务如下。

基础理论研究。分中心重点开展新时代文明实践志愿服务研究，包括志愿服务基本理论、基本制度、组织建设、项目运行、队伍管理、法制保障等研究，以及乡村治理与志愿服务等研究。每年向中国志愿服务研究中心提交本地区新时代文明实践志愿服务年度调研报告一份。

信息资料整理。对全国新时代文明实践中心建设的相关资料进行跟踪收集和整理，编写新时代文明实践志愿服务项目案例、培训教材等资料，供学习参考和教育培训。

课题研究发布。承担中央文明办交办的学术研究任务，承接其他党政部门相关课题研究任务，动员全国具备资质和符合条件的单位积极参与，组织专家智库团队对调研课题进行评估审核，为党政部门决策咨询提供支持。

智库团队建设。聘请相关领域知名专家学者、社会团体知名人士、公众人物和市民代表等为中心专家成员，逐步吸引国内外一流专家学者，组建一支较高水平的志愿服务研究智库团队，推进提升中心研究水平。参与承担志愿服务研究队伍的培养工作，并设立与志愿服务相关的招生方向。

成果宣传推介。通过公开发表评论文章、论文、权威性研究报告及出版书籍等方式公布调研成果，借助社科媒介、重要媒体和网络平台等传播途径，向学界和公众介绍志愿服务研究成果。每年向《中国志愿服务研究》和"中国志愿服务蓝皮书"提供符合发表要求的稿件两篇以上。

学术研讨交流。组织举办志愿服务论坛、志愿服务沙龙、志愿服务培训，为全省志愿服务专家、志愿者领袖、优秀志愿服务工作者，搭建经验交流、成果分享和思维启发的平台。在中央文明办支持和中国志愿服务研究中心指导下，每年组织一次以上全国性的志愿服务学术研讨会。

前　言

　　志愿服务是社会文明进步的重要标志。宁波作为一座"志愿之城"，志愿服务建设始终走在全国前列。从1994年初开始，宁波的志愿服务事业走过了30年的光辉历程。广大宁波志愿服务组织和志愿者创造了五个全国第一，在全国地级市中率先建立社会化运作的专业志愿服务队伍、率先进行志愿服务立法、率先进行志愿者注册的全信息化、成立我国第一个青年志愿者行动基地、创办全国第一家社会化运行的志愿者培训学院。30年征程中，宁波市构建了系统、高效的志愿服务社会化体系，荣获"四个100"大满贯和全国文明城市"六连冠"佳绩，14次蝉联"中国最具幸福感城市"，成功打造了"在宁波，看见文明中国"的城市品牌。

　　2022年以来，宁波新时代文明实践志愿服务取得突破性发展。在推进志愿服务工作体系建设方面取得新进展，在加强志愿服务组织与队伍建设方面取得新突破，在志愿服务项目创新拓展方面取得新成效，在引导退伍军人投入志愿服务工作方面展现出新作为，在挖掘工会资源、发展志愿服务方面获得新提升，在动员社会力量参与大型赛会志愿服务方面取得新发展，在拓展国际交流志愿服务方面探索出新经验。社区志愿服务深入人心，形成了具有宁波特色的志愿服务工作理念和工作模式。

　　本书是《宁波新时代文明实践志愿服务发展报告（2021～2022）》的接续之作，适时总结了宁波新时代文明实践志愿服务的新成果和新经验。本书由总报告、专题报告、领域报告、社区报告、项目报告5个部分组成，从实践、理论、政策三个维度，全景式解读并总结了宁波新时代文明实践志愿服务的特色模式。本书不仅从宏观角度描绘了如何构建城市文明的发展蓝图，以实现共建共享的文明成果，还深入实践层面，对当前志愿服务所面临的关键问题进行了剖析。对于如何推进志愿服务的精准化、常态化、便利化、品牌化和可持续发展，本书给出了专业的见解和实用的建议，既为提高市民文明素质和社会文明程度提供了有力的思路，又为社会治理体系的进一步完善提供了有益的参考，对各地级市推进志愿服务制度与工作体系建设极具借鉴意义。

摘　要

习近平总书记在党的二十大报告中强调，要"完善志愿服务制度和工作体系"。作为"志愿之城"，宁波市的新时代文明实践志愿服务始终走在全国前列，创造和积累了丰富的志愿服务工作经验。自2018年开展新时代文明实践试点工作以来，宁波市紧抓机遇、乘势而上，深入学习贯彻习近平新时代中国特色社会主义思想，坚持"凝聚群众、引导群众、以文化人、成风化俗"的总体目标，把志愿服务作为满足人民对美好生活新期待的一项民心工程。2022年以来，宁波市持续把志愿服务作为打造"在宁波，看见文明中国"城市品牌的重要内容，推进宁波志愿服务事业取得新进展和新成效。

为夯实志愿根基，确保志愿服务工作有序开展，宁波市综合施策，通过"优化整体规划、夯实制度基础，确保责任到位、加强组织引领，强化垂直整合、优化指导体系，加强部门协同、促进资源整合"等举措，打造了统筹整合、指挥调度的志愿服务工作体系，为推进志愿服务的发展提供了坚实的保障，确保了志愿服务的持续健康发展，提升了志愿服务工作的整体效能。在完善志愿服务工作体系的基础上，宁波市着力构建符合实际、系统完备、科学规范、高效有序的志愿服务运行机制，建设了城乡统筹、全域覆盖的功能阵地，搭建了一体联动、多元交融的服务平台，组建了汇聚响应、生机勃勃的志愿队伍，打造了关切民生、惠及万家的活动项目，健全了系统完备、多方协同的保障机制，完善了因地制宜、科学有效的激励措施，推进了志愿服务的科学有序发展，提升了志愿服务的整体水平。

为适时总结、全面掌握宁波新时代文明实践志愿服务的发展现状，解读宁波新时代文明实践志愿服务在新时代的发展大势，进一步明确要求、推广经验、巩固成果、纵深发展，中国社会科学院中国志愿服务研究中心主持编撰《宁波新时代文明实践志愿服务发展报告（2023~2024）》（以下简称"《报告》"）。《报告》由总报告、专题报告、领域报告、社区报告、项目报告5个部分组成。其中，总报告总结了宁波新时代文明实践志愿服务发展的基本状况、发展态势、主要特点以及成就，从制度建设、体系建设和平台建设等维度深入解读了宁波新时代文明实践志愿服务的发展。专题报告主要介绍了宁波志愿服务的组织队伍建设以及志愿服务培训发展概况。领域报告对退役军人、总工会、网络文明、大型赛会和国际交流领域的志愿服务进行了详细介绍。这些领域的志愿服务活动既有共性，也有特性，共同构成了宁波新时代文明实践志愿服务丰富多彩的局面。社区报告选取了四个具有代表性的社区作为案例，展示了志愿服务在基层的深入开展，并提炼了基层志愿服务的工作经验。项目报告则选取了两个具有代表性的志愿服务项目，详细介绍了项目的实施过程和所取得的成效。《报告》采取经验研究和理论研究相结合的方式，坚持问题导向、需求导向、目标导向、创新导向、效能导向，从实践、理论、政策三个维度，全景式解读并总结了宁波新时代文明实践志愿服务的特色工作，以期为各地推进志愿服务制度与工作体系建设提供有益借鉴。

关键词： 宁波市　志愿服务　志愿服务制度体系　志愿服务工作体系

目　录

Ⅰ　总报告

Ⅱ　专题报告

Ⅲ　领域报告

Ⅳ 社区报告

Ⅴ 项目报告

皮书数据库阅读**使用指南**

总 报 告

B.1

宁波新时代文明实践志愿服务发展报告

田丰 王露瑶 刘长生 孙志军*

摘 要： 党的二十大报告提出，要完善志愿服务制度和工作体系，提高全社会文明程度。在持续探索和实践中，宁波市坚持聚焦群众所思所想所盼，把志愿服务作为满足人民对美好生活新期待的一项民心工程，通过优化整体规划、夯实制度基础，确保责任到位、加强组织引领，强化垂直整合、优化指导体系，加强部门协同、促进资源整合的举措，打造了统筹整合、指挥调度的志愿服务工作体系，形成了科学有效、系统完备志愿服务运行机制，推动了志愿服务事业的纵深发展及志愿服务融入市民日常生活，营造了"人人志愿、天天志愿、时时志愿、随手志愿"的浓厚氛围，形成了精神文明建设蓬勃发展的良好局面，为推进"在宁波，看见文明中国"城市品牌建设提供了强劲的价值引导力、文

---

* 田丰，中国社会科学院社会学研究所研究员，博士生导师，中国志愿服务研究中心常务副秘书长，研究方向为志愿服务与社会治理；王露瑶，中央党校（国家行政学院）社会与生态文明教研部博士研究生，研究方向为志愿服务、社会保障与社会治理；刘长生，中共宁波市委宣传部志愿服务工作处处长、宁波市志愿服务联合会秘书长；孙志军，中共宁波市委宣传部志愿服务工作处三级调研员、宁波市社会组织工作专家库成员。

化凝聚力和精神推动力。

关键词： 宁波市　志愿服务　志愿服务制度体系　志愿服务工作体系

一　引言

习近平总书记在党的二十大报告中强调，要"完善志愿服务制度和工作体系"。作为"志愿之城"，宁波新时代文明实践志愿服务始终走在全国前列，创造和积累了丰富的志愿服务工作经验。自2018年开展新时代文明实践试点工作以来，宁波市紧抓机遇、乘势而上，深入学习贯彻习近平新时代中国特色社会主义思想，坚持"凝聚群众、引导群众、以文化人、成风化俗"的总体目标，把志愿服务作为满足人民对美好生活新期待的一项民心工程。2022年以来，宁波市持续把志愿服务作为打造"在宁波，看见文明中国"城市品牌的重要内容，推动宁波志愿服务事业取得新成效和新进展。

为夯实志愿根基，确保志愿服务工作有序开展，宁波市综合施策，通过优化整体规划、夯实制度基础，确保责任到位、加强组织引领，强化垂直整合、优化指导体系，加强部门协同、促进资源整合的举措，打造了统筹整合、指挥调度的志愿服务工作体系，为推进志愿服务事业的发展提供了坚实的保障，确保了志愿服务事业的持续健康发展，提升了志愿服务工作的整体效能。在完善志愿服务工作体系的基础上，宁波市着力构建符合实际、系统完备、科学规范、高效有序的志愿服务运行机制，建设了城乡统筹、全域覆盖的功能阵地，搭建了一体联动、多元交融的服务平台，组建了汇聚响应、生机勃勃的志愿队伍，打造了关切民生、惠及万家的活动项目，健全了系统完备、多方协同的保障机制，完善了因地制宜、科学有效的激励措施，推进了志愿服务事业的科学有序发展，提升了志愿服务整体水平。

总的来看，宁波市积极构建"15分钟文明实践服务圈"，发展常态化的新时代志愿服务，力图做到"群众有需要，服务有响应"。与此同时，宁波市聚焦群众所思所想所盼，创新设计开展了一系列志愿服务活动，以志愿服务队伍建设为突破口，进行示范引领、项目驱动、机制架构，并以品牌项目打造和特色项目培育为抓手，因地制宜开展了以生活融入、文化融合、社会融洽为主题的一系列支持性、发展性社会服务活动，让广大宁波市民能就近参与志愿服务活动，实现志愿服务融入市民日常生活，营造了"人人志愿、天天志愿、时时志愿、随手志愿"的浓厚氛围，形成了精神文明建设蓬勃发展的良好局面，为推进"在宁波，看见文明中国"城市品牌建设提供了强劲的价值引导力、文化凝聚力和精神推动力。

二 宁波新时代文明实践志愿服务的工作体系

志愿服务工作体系建设是推进志愿服务高质量发展的根本保障。为夯实志愿根基，确保志愿服务工作有序开展，宁波市综合施策，通过整体规划、组织引领、垂直整合、部门协同等措施健全志愿服务工作体系，进而为推进志愿服务的发展提供了坚实的保障，确保了志愿服务事业的持续健康发展，提升了志愿服务工作的整体效能。

（一）优化整体规划，夯实制度基础

在完善顶层设计和强化制度建设方面，2022 年以来，宁波市采取了一系列积极措施。2022 年 3 月 1 日，宁波市正式出台了《宁波市志愿服务条例》，为志愿服务提供了法律保障和规范指导。同年 7 月 6 日，中共宁波市委建设平安宁波领导小组办公室、宁波市文明办、宁波市民政局、共青团宁波市委、宁波市志愿者协会联合发布了《关于进一步加强宁波市平安志愿者队伍建设的通知》，进一步强调了平安志愿者队伍建设的重要性，并对相关管理和指导工作进行了规范。为进一步激励志愿者积极参与志愿服务活动，提高志愿服务的质量和效果，2023 年 4 月 17 日，中共宁波市委宣传部与宁波市民政局等 24 个部门联合印发了《宁波市志愿服务嘉许激励实施办

法（试行）》，旨在通过嘉许和激励措施，激发志愿者的服务热情和积极性，建立一个完善的志愿服务嘉许激励体系，从而推动志愿服务事业的长远发展。通过动态完善顶层设计和强化制度建设，宁波新时代文明实践志愿服务事业的发展得到了有力保障和推动。这些政策和措施的实施，有助于提高志愿服务的质量和效果，促进社会文明进步与和谐发展。

（二）确保责任到位，加强组织引领

在整合组织资源和协调指导志愿服务工作方面，宁波市委积极行动，为全市志愿服务事业的开展奠定了坚实的组织基础。2015 年，宁波市委牵头设立了由 30 个市级主要部门组成的宁波市志愿服务工作委员会（以下简称市志工委）。这一举措有效地凝聚了各部门力量，为全市志愿服务工作的协同管理打下了体制基础。市志工委下设办公室，由市委宣传部长兼任办公室主任，市文明办主任、团市委书记、市民政局分管副局长担任副主任。这一领导机构明确了市文明办负责牵头协调、民政部门侧重行政管理、共青团侧重具体组织实施的志愿服务职责分工。市志工委的成立和明确分工，为全市志愿服务工作提供了有力的组织和制度保障，促进了志愿服务工作有序开展。2020 年，宁波市委对志愿服务议事机构进行了重要调整，撤销了市志工委，转而由市文明委承担相关职责，市文明办则负责处理日常工作。这一变革进一步凸显了党在志愿服务工作中的核心领导地位，从而确保了宁波新时代文明实践志愿服务工作全面贯彻落实党的方针政策，并优化了统筹协调和运作机制，为志愿服务事业的健康发展奠定了坚实基础。

（三）强化垂直整合，优化指导体系

在宏观层面，宁波市对全市志愿服务工作进行了系统性规划和布局，形成了市、街道、社区三级指导体系，自上而下的志愿服务指导体系确保了志愿服务工作的有序推进。在市级和区县级层面，分别设立了志愿者服务指导中心，负责各层级的日常工作，并对志愿服务信息系统进行日常管理和维护。在微观层面，各类枢纽站和工作站的建立使志愿服务工作得以

深入开展。各系统、各行业、街道（乡镇）的学雷锋志愿服务枢纽站起到了对下一级工作站的管理和整合作用。而在社区（村）和企事业单位，学雷锋志愿服务工作站则直接开展基层志愿服务工作。此外，宁波市还注重发挥乡镇级和村级志愿服务指导中心的作用。这些指导中心在培育志愿服务团队、指导登记注册、收集群众需求以及发布岗位活动等方面发挥了关键作用。通过层级分明、职责明确的组织架构，宁波市有效地整合了资源，推动了志愿服务工作的深入开展，满足了市民对志愿服务的多样化需求。

（四）加强部门协同，促进资源整合

加强部门协同、促进资源整合是推动志愿服务事业发展的关键。为确保志愿服务的有效实施，宁波市各部门积极加强跨领域、跨部门的协作与合作，通过核心单位和关键部门的联通，横向拓展了志愿服务工作体系。在这一过程中，宁波市委政法委、宁波市民政局、宁波市妇联、宁波市退役军人事务局、宁波市老干部局、宁波市卫健委等部门发挥了举足轻重的作用。它们不仅在各自领域为市民提供了优质的志愿服务，还紧密结合实际需求，精心策划并开展了一系列针对性强、实用性高的志愿服务项目，如青少年素质教育、支教、环保、公益诉讼、文化传播等。这些项目不仅提高了市民对行业志愿服务的参与度和认可度，还为宁波新时代文明实践志愿服务事业的发展注入了新的活力。这一横向拓展的布局不仅加强了各部门之间的联系与沟通，还促进了志愿服务工作的协同发展，更好地满足了市民的多样化需求。

三 宁波新时代文明实践志愿服务的运行机制

在完善志愿服务制度与工作体系背景下，宁波市着力构建符合实际、系统完备、科学规范、高效有序的志愿服务运行机制，推进了志愿服务事业的科学有序发展，提升了志愿服务的整体水平。

（一）建设城乡统筹、全域覆盖的功能阵地

在拓展志愿服务阵地建设工作中，宁波市开拓创新，将志愿服务的触角延伸至基层的每个角落。首先，宁波大力推进志愿服务阵地建设，创新探索出集便民利民服务、社会服务宣传、志愿服务招募及体验、城市文明倡导等功能于一体的新时代文明实践志愿服务 We 站。截至 2023 年底，宁波全市共有 142 个新时代文明实践志愿服务 We 站，基本实现了纵向到底、横向到边的阵地网络，也让城乡统筹、全域覆盖"15 分钟志愿服务圈"日趋成型。其次，宁波市还致力于建设志愿服务示范基地、标准化志愿服务工作站和公共场所志愿服务示范点。通过这些示范点和基地，宁波市积极探索并推广集中服务、点单配送等特色服务模式。这种模式不仅提高了志愿服务的针对性和实效性，还满足了市民多样化的需求。同时，宁波市还注重打造"一站一特色、一地一风景"的志愿服务格局，确保每个志愿服务站点都有自己的特色和亮点，可以为市民提供更加丰富多彩的志愿服务体验。最后，宁波市注重社会文明实践基地的建设，在各类楼宇、学校、企业、图书馆、博物馆、体育馆、卫生院、爱国主义教育基地、道德模范工作室等挂牌新时代文明实践基地。由于深入基层、活动丰富，这些社会实践基地深受群众欢迎，如文化产业园"集盒"园区内创设了文创体验、兴趣沙龙、为老服务等六大公益服务项目，深受周边居民欢迎。

（二）搭建一体联动、多元交融的服务平台

为了确保志愿服务系统的有序高效运行，宁波市借助智慧城市建设的机会，采用数字信息技术建立了一套完整的志愿服务信息管理系统。这套系统以宁波 We 志愿服务网为核心，借鉴了"淘宝网"的服务理念和主体结构，形成了独特的"淘宝式"志愿服务机制。这一机制显著提升了志愿服务的便捷性和实效性，使志愿者能够更加高效地参与各类志愿服务活动。该信息管理系统支持中英双语浏览和录入，设置了多个实用的模块，包括登记注册、志愿者招募、志愿服务组织入驻、志愿服务需求调研与发布、服务记

录、服务证明、信息动态、志愿地图以及智能搜索等。此外，该系统还延伸至手机 APP 和微信公众号，使得内容更加丰富，操作简单且便于管理。这套系统还与宁波市各区（县市）、各部门相连接，对基层的志愿服务网络进行了整合，进一步实现了各级机构的相互联通、资源整合和信息共享，对于推动志愿服务事业的发展具有重要意义。通过这套信息管理系统，宁波市的志愿服务工作得到了有序、高效的管理。这不仅提高了志愿者的参与度和满意度，也为市民提供了更加便捷、贴心的服务。未来，宁波市将继续完善这套系统，进一步推动志愿服务事业的发展。

（三）组建汇聚响应、生机勃勃的志愿队伍

2022~2023 年，宁波市的志愿服务事业迎来了巨大的发展。志愿服务组织的多元化发展是这一时期的一大亮点。根据服务领域的不同，宁波市的志愿服务队伍分布在社区发展与居民服务、教育与文化、环保与社会公益、科技与创新以及公共服务与社会福利等多个领域。这种多元化格局不仅丰富了志愿服务的内容和形式，还满足了市民的多样化需求。最重要的是，各类志愿服务组织通过协同合作，共同构建了一个丰富且活跃的志愿服务生态系统。此外，宁波市大力孵化国际志愿服务队伍，越来越多的国际志愿者活跃在扶老助残、科学普及、文化宣传、环境保护、法律援助、支教助学、社区服务、大型赛会等志愿服务领域中，涌现出一批优秀国际志愿者骨干、项目，形成了宁波特色国际志愿服务品牌。

（四）打造关切民生、惠及万家的活动项目

宁波市以服务项目为载体，孵化培育了一批普惠性、特惠性及互惠性志愿服务项目。在实施普惠性志愿服务项目方面，着眼群众共性需求，组织开展助老助残、社会治理、宣讲（文艺惠民）、亚运志愿服务、垃圾分类等服务项目，有效满足了群众最关心的创业就业、民生保障、生态环保等方面的需求，使广大群众都能享受服务、从中受益，如"读懂一句话"——全民文艺宣讲志愿服务项目、"来吧，朋友"宁波人人志愿添彩城市项目、百姓

身边的垃圾分类志愿服务项目和童韵寻史——宁波博物院小小文博人志愿项目等。在做实特惠性志愿服务项目方面，2022年以来，宁波加快建设完善"一老一小"服务体系，聚焦"老有所养，幼有善育"，积极整合资源，因需制宜，探索推出各种"小而美"的志愿服务项目，如奉化蒋家池头村老年食堂项目、鄞州"共享奶奶"志愿互助服务项目，为"一老一小"托起稳稳的幸福。在推广互惠性志愿服务项目方面，着眼互帮互助、邻里守望，广泛开展生活照料、亲情陪伴、家政服务、生活救助、康复医疗、权益维护、纠纷调解等志愿服务活动，如奉化区"小桔灯"志愿服务队走访送教，定期为特殊孩子提供康复训练，耐心指导他们学习知识和生活技能，像家人一般陪伴着孩子们成长，用"小桔灯"微弱光照亮智残青少年的"马赛克人生"。

（五）健全系统完备、多方协同的保障机制

为进一步规范志愿者注册行动、保障志愿者个人权益，宁波市坚持以政府为主导，动员多方力量、整合各类资源、深化常态管理，切实提升志愿服务效能。宁波市对志愿服务组织、志愿服务团队参与志愿服务活动购买相关保险作了规定。在全市统一的志愿服务数字化系统注册的志愿者担任或参加该系统发布的志愿服务岗位或者活动时，宁波市为其提供人身意外伤害等保险。志愿服务组织安排志愿者参与可能发生人身危险的志愿服务活动时，应当为志愿者提供人身意外伤害等保险。此外，《宁波市志愿服务条例》进一步加大志愿者的优待力度，在第三十九条增加了"鼓励国家机关、人民团体、群众团体、企业事业单位和其他组织为志愿者提供便利和优惠待遇"，并明确志愿服务组织、志愿服务团队或者志愿服务需求方可以对志愿者因从事志愿服务活动而支出的必要交通、误餐等费用给予适当补贴。并且，《宁波市志愿服务条例》第十八条对利用志愿服务进行营利性、非法活动等禁止行为作了规定，"不得强行指派志愿者、志愿服务组织、志愿服务团队提供志愿服务"，进一步保障了志愿服务相关主体的合法权益。

（六）完善因地制宜、科学有效的激励措施

加大志愿者优待力度，鼓励提供优惠待遇。2022 年 3 月是宁波市首个志愿服务主题月，宁波市集中开展了志愿服务文化宣传、志愿服务活动推广和成果展示活动，推出免费乘地铁、免费乘船夜游三江口、免费观影等多项举措礼遇志愿者，激励更多人行善向善、投身志愿服务。宁波积极营造礼遇志愿者、尊重志愿服务的社会氛围，让人人志愿落到实处，让志愿服务深入人心。倡导"微志愿"、营造人人可为的氛围。为进一步固化宁波的特色做法，鼓励和支持全民参与志愿服务，宁波市鼓励各类组织和个人就近、就便开展"随手志愿"服务，倡导"微志愿"服务活动，营造志愿服务"人人可为、时时可为、处处可为"的良好志愿服务氛围。鼓励志愿服务、助力宁波共同富裕先行市建设，宁波市鼓励和支持城区志愿服务组织、志愿服务团队赴乡村开展志愿服务，推动志愿服务融入乡村振兴，促进共同富裕。明确市和区（县市）人民政府及有关部门应当按照规定，通过政府购买服务等方式，支持扶贫、济困、扶老、救孤、助残、助医、助学、应急救援、生态环境等领域的志愿服务活动。

四　宁波新时代文明实践志愿服务高质量发展的制约因素

近年来，宁波新时代文明实践志愿服务事业在诸多方面取得了新的突破，如志愿者队伍的壮大、服务领域的拓展和服务水平的提升，为推动社会文明进步和增进民生福祉做出了积极贡献。尽管宁波市的志愿服务事业取得了一定的成绩，但仍面临一些问题和挑战，例如志愿服务相关部门联动机制有待优化、志愿服务人才队伍建设有待加强、志愿服务项目持续性有待提升。上述问题的存在制约了宁波新时代文明实践志愿服务的质量和效果，影响了志愿服务事业的长远发展。为推动宁波新时代文明实践志愿服务事业的持续发展，需加强相关部门之间的联动与沟通，建立顺畅的协调机制；加大

志愿服务人才队伍的建设力度，提升志愿者的服务能力和素质；注重志愿服务项目的持续性和稳定性，确保项目能够长期有效地开展。通过综合施策和持续努力，宁波新时代文明实践志愿服务事业有望取得更加显著的成绩和发展。

（一）志愿服务相关部门联动机制有待优化

宁波新时代文明实践志愿服务在近年来虽然取得了一定的成绩，但在各部门联动方面仍存在不足。这种不足不仅影响了志愿服务的质量和效率，还制约了志愿服务的发展和创新。具体而言，主要体现在以下几个方面。一是各部门间缺乏有效的协调与沟通。志愿服务由于涉及的领域广泛，需要多个部门共同参与、合作。然而，在实际工作中，各部门之间的协调与沟通并不顺畅，出现了信息传递不畅、资源无法共享、活动策划重复等问题。这不仅浪费了资源，也影响了志愿服务的整体效果。二是服务内容与目标存在差异。参与宁波新时代文明实践志愿服务的各部门都有自己的服务内容和目标，但这些服务内容和目标之间有时会出现重叠或空白。这导致了资源分配不合理和服务效果参差不齐。一些领域可能因为缺乏关注而得不到足够的志愿服务，另一些领域则可能服务过剩进而导致资源浪费。三是缺乏统一的管理和指导。由于缺乏统一的管理和指导，各部门往往各自为政，志愿服务活动缺乏整体性和连续性。这使得志愿服务的组织和管理变得困难，也不利于志愿服务品牌的建设和发展。

（二）志愿服务人才队伍建设有待加强

随着志愿服务事业的快速发展，对志愿服务人才的需求日益增长，志愿服务专业人才队伍建设是促进志愿服务整体水平提升的着力点。目前，宁波新时代文明实践志愿服务人才队伍建设有待加强。首先，志愿服务专业人才规模相对较小。尽管宁波市有大量的志愿者参与志愿服务，但相对于庞大的服务需求和多样的服务领域，志愿服务专业人才的规模稍显不足。一些志愿服务项目因为缺乏足够的志愿服务专业人才支持而难以开展或维持，服务的覆盖面和影响力受限。其次，志愿服务人才素质有待提高。部分志愿服务工作者缺乏专业的培训和教育，导致其在提供志愿服务时存在能力不足、服务质量不高等问题。这不仅影响服务效果，也损害志愿服务的形象和公信力。最后，志愿服务人才结构不合理。在宁波新时代文明实践志愿服务人才队伍中，某些领域或类型的人才过于集中，而另一些领域或类型的人才则相对缺乏。人才结构的不平衡导致一些服务项目难以找到合适的志愿者，而另一些领域的志愿者可能过于饱和，造成了资源的不合理分配和浪费。

（三）志愿服务项目持续性有待提升

在宁波新时代文明实践志愿服务领域，一个不可忽视的问题是志愿服务项目的持续性不足。许多项目在启动阶段充满热情和活力，但随着时间的推移，它们的活力和影响力逐渐减弱，甚至陷入停滞状态。这种情况不仅影响了志愿服务的效果和价值，也制约了志愿服务事业的健康发展。第一，项目策划和实施的不足是导致持续性不足的重要原因。一些志愿服务项目在策划阶段缺乏深入的调研和全面的考量，导致项目在实施过程中出现了诸多问题。例如，服务目标不够明确，服务内容与实际需求不匹配，资源整合不充分，等等。这些问题使得项目难以持续有效地开展，进而影响了项目的持续性。第二，缺乏有效的管理和监督机制是导致项目持续性不足的重要因素。志愿服务项目需要有效的管理和监督来确保其顺利实施和持续发展。然而，一些项目在实施过程中缺乏有效的管理和监督机制，导致项目执行不力、进展缓慢，甚至出现偏差。缺乏有效的管理和监督还可能导致志愿者的参与度降低、热情消减，进一步影响项目的持续性。

五 宁波新时代文明实践志愿服务制度 与工作体系建设的发展目标

2022 年以来，宁波市在志愿服务制度与工作体系建设方面取得了新进展和新成效。为贯彻落实党的二十大精神，推进志愿服务制度与工作体系建设，促进志愿服务的高质量发展，宁波市应进一步坚持党建引领、推动志愿服务高质量发展，坚持以人为本、提高志愿服务专业化水平，加强体系建设、构筑志愿服务工作新格局，加强服务保障、优化志愿者优待礼遇措施，加强科技支撑、助力志愿服务精细化发展，打造"志愿外交"、推进志愿服务国际化发展，从而推动志愿服务的制度化、系统化、长效化发展。

（一）坚持党建引领，推动志愿服务高质量发展

坚持党建引领，把党的创新理论转化为具有中国特色的志愿服务行动指南，让党组织的堡垒作用和党员志愿者的典范效应得到全面展现，驱动志愿服务高质量发展。宁波市要积极培育和发展各领域的党员志愿服务队伍，拓宽服务范围，填补服务盲点。通过实行"双报到"制度，激发城乡社区志愿服务的活力，进一步提升基层治理的效果。在此过程中，宁波市要紧紧跟随党的路线和方针政策，引导志愿服务组织深度融入基层党建工作，创新社区志愿服务的方式和方法。在推动基层志愿服务高质量发展的进程中，宁波市要充分展现党的政治领导力、思想引领力和行动号召力。

（二）坚持以人为本，提高志愿服务专业化水平

宁波新时代文明实践志愿服务事业的发展要始终突出群众主体地位，坚持把以人民为中心的发展思想作为推进志愿服务事业的根本遵循，把满足人民群众对美好生活的向往放在首位，不断提升志愿服务的专业化和精细化水平。同时，宁波市要积极孵化培育专业化、精准化的志愿服务项目。此外，要充分发挥志愿者、志愿服务组织以及志愿服务工作者的主动性和创造性。根据各区（县市）、乡镇的经济社会发展状况，结合志愿服务的发展规律，宁波市应积极探索特色化、专业化、高效化和新颖化的志愿服务发展路径，以及创新的志愿服务组织模式，以此更好地推动宁波新时代文明实践志愿服务事业的发展，满足人民群众日益增长的美好生活需要。

（三）加强体系建设，构筑志愿服务工作新格局

进一步加强宁波新时代文明实践志愿服务制度和工作体系建设，坚定不移地推进志愿服务的制度化和常态化。在此过程中，要积极服务于国家战略，并不断提升民生福祉。在此基础上，要在基层党组织的统筹指导下，充分利用党群服务中心、新时代文明实践中心、社会工作服务站等平台，以灵活且多变的系统性思维精准施策。根据本地的志愿服务事业发展状况以及志愿服务人员的构成，宁波市要及时调整志愿服务工作的主要方向和关键着力点。此外，宁波市还应鼓励混合所有制企业、非公有制企业、新经济组织、新社会组织以及新就业群体等支持和参与志愿服务。同时，基层群众性自治组织也应搭建志愿者与社会组织、社会工作者的合作平台，共同构建志愿服务的全新工作格局，从而进一步推动志愿服务事业的发展，使其更好地服务于民。

（四）加强服务保障，优化志愿者优待礼遇措施

要加快构筑宁波新时代文明实践志愿服务工作新格局，宁波市应积极鼓励有条件的地区设立志愿服务专项基金，加大政府购买服务的力度。同时，要鼓励志愿服务组织和志愿服务队伍参与公益创投，提升其自我造血能力。广泛开展优秀志愿者的典型选树工作，创新志愿者表扬嘉许制度，以提升志愿者的成就感和荣誉感。为志愿者提供充分的礼遇措施，对优秀志愿者在就业、就医、就学以及公共服务方面给予适当的优待和礼遇。宁波市还应鼓励在公务员考录、企事业单位招聘以及学生考学升学时，将参与志愿服务的情况纳入考察范围，以此进一步激发志愿者的积极性，促进志愿服务事业的健康发展。

（五）加强科技支撑，助力志愿服务精细化发展

在推进宁波新时代文明实践志愿服务信息化建设的进程中，宁波市应充分发挥互联网、大数据、区块链等新技术的优势，建立宁波新时代文明实践

志愿服务协同平台，不断强化科技对志愿服务的支撑作用，实现数字赋能，让志愿服务得到更好的发展。数字技术有助于志愿服务供需双方的精准对接，进一步推动志愿服务事业的数字化、精细化发展。宁波市还要不断拓展志愿服务系统平台的应用场景和服务功能，促进志愿服务的专业化运行和项目化管理。此外，宁波市应加强志愿服务协同平台对重大活动、专项行动的支持，为数据智能互通、统一指挥调度和全程精准管理等提供有力保障，确保志愿服务更加高效地运行及更好地满足社会的需求。

（六）打造"志愿外交"，推进志愿服务国际化发展

城市的国际化与志愿服务的国际化是相辅相成的。城市的国际化可以吸引更多的国际游客和投资者，增加国际交流的机会和需求。同时，志愿服务的国际化能够进一步提升城市的软实力和国际形象。两者相互促进、共同发展，推动宁波向更高的国际化水平迈进。打造"志愿外交"，通过引导本地志愿者"走出去"，到世界各地开展志愿服务，不仅能提升志愿者的跨文化交流能力，还能向世界展示宁波的友好形象。同时，吸引外籍志愿者"融进来"，到中国各地开展志愿服务，能加强国际交流与合作，推动文明交融。为打造独具"宁波特色"的国际志愿者体系，宁波市需要注重品牌建设，通过创新服务项目、优化服务流程、提升服务质量等方式，树立良好的品牌形象。同时，加强与国内外志愿者及志愿服务组织的合作与交流，共同推广国际志愿服务理念，扩大宁波在国际志愿服务领域的影响力。建立专业的国际志愿者培训团队，为志愿者提供跨文化沟通、语言交流、服务技能等方面的培训。大力推进国际志愿者基地的发展，宁波市需要加大投入，提供充分的资源支持，鼓励社会各界参与国际志愿者基地的建设，形成多元化的投入机制，推动志愿服务的国际化发展。

专题报告 ▷

B.2
宁波新时代文明实践志愿服务
数据分析报告

王露瑶　丁健*

摘　要： 2023 年，宁波市持续深化拓展新时代文明实践志愿服务阵地，广泛开展各类新时代文明实践志愿服务活动，推动实现了接地气、有活力、有高度的新时代文明实践工作局面，有效促进了宁波新时代文明实践志愿服务工作的高质量发展。通过大数据分析发现，宁波新时代文明实践志愿服务取得新成效，注册志愿者人数、志愿服务岗位/活动数、志愿服务时长、志愿服务场次数、志愿服务参与人次创新高，志愿服务类型丰富多样，各区（县市）、乡镇街道志愿服务蓬勃发展。但是，目前仍然存在一些制约宁波志愿服务工作发展的因素：志愿服务发展不平衡，私营企业从业者、灵活就业者的参与度和活跃度相对较低，每万人活跃志愿者率仍有较大提升空间。

---

* 王露瑶，中央党校（国家行政学院）社会与生态文明教研部博士研究生，研究方向为志愿服务、社会保障与社会治理；丁健，宁波市志愿者服务指导中心工作人员。

关键词： 宁波市　志愿服务　大数据分析

为准确把握宁波新时代文明实践志愿服务的发展情况，本报告对 2023 年宁波新时代文明实践志愿服务的总体情况和宁波市各区（县市）、乡镇街道新时代文明实践志愿服务的发展概况，以及宁波新时代文明实践志愿服务组织的发展情况进行了数据分析。本次调查数据均来源于"志愿浙江"回流数据和宁波市"We 志愿"数字化平台。本报告通过大数据分析发现，宁波新时代文明实践志愿服务取得新成效，注册志愿者人数、志愿服务岗位/活动数、志愿服务时长、志愿服务场次数、志愿服务参与人次创新高，志愿服务类型丰富多样，各区（县市）、乡镇街道志愿服务蓬勃发展。但是，目前仍然存在一些制约宁波志愿服务工作发展的因素：志愿服务发展不平衡，私营企业从业者、灵活就业者的参与度和活跃度相对较低，每万人活跃志愿者率仍有较大提升空间。

一　宁波新时代文明实践志愿服务的总体情况

（一）2023年宁波新时代文明实践志愿服务数据总体创新高，取得显著成绩

如表 1 所示，2023 年宁波新时代文明实践志愿服务总体开展状况良好，不仅呈现蓬勃发展的良好局面，在多个关键指标上也取得了显著成绩。具体来看，2023 年宁波市注册志愿者人数达到了 2145965 人，按宁波 2022 年底常住人口计算，每 4.5 个宁波人中就有一名注册志愿者，反映了宁波居民对于新时代文明实践志愿服务事业的热情参与和广泛支持。在新时代文明实践志愿服务活动的数量上，宁波市也取得了长足进步。We 志愿平台发布，2023 年共开展了 63078 场形式多样的新时代文明实践志愿服务活动；志愿浙江平台发布，2023 年共开展了 1122402 场新时代文明实践志愿服务活动，涵盖教育、环保、医疗、文化等多个领域，吸引 2063719

人次积极参与，充分展现了新时代文明实践志愿服务在促进社会和谐、推动文明进步方面的积极作用。在新时代文明实践志愿服务时长方面，新时代文明实践志愿服务信用时长累计达到了7241779.2小时，与此同时，新时代文明实践志愿服务荣誉时长也有497191.5小时。总的来看，2023年宁波新时代文明实践志愿服务在各个方面都取得了令人瞩目的成绩，截至2023年底，宁波市志愿服务综合活跃度为62.59%，新时代文明实践志愿服务不仅深入人心，还推动了社会实践的发展，为未来继续推动新时代文明实践志愿服务事业的发展奠定了坚实基础。

表1 2023年宁波新时代文明实践志愿服务相关数据

注册志愿者（人）	We志愿平台发布志愿服务活动(场)	志愿浙江平台发布志愿服务(场)	志愿服务参与人次	志愿服务信用时长（小时）	志愿服务荣誉时长（小时）
2145965	63078	1122402	2063719	7241779.2	497191.5

数据来源：We志愿、志愿浙江数字化平台。

（二）宁波新时代文明实践志愿服务中青年志愿者是绝对主力

从宁波新时代文明实践志愿者的年龄结构来看，18~45周岁的志愿者占比最高，达到了53.65%，说明中青年群体是宁波市志愿者的主力军，积极参与各项新时代文明实践志愿服务，为文明实践贡献力量。紧随其后的是45~60周岁的志愿者，占比为23.91%。中老年群体拥有丰富的经验和稳定的生活状态，在新时代文明实践志愿服务中发挥重要作用。60周岁及以上的志愿者占比为14.62%，一些"新老人"刚步入晚年，仍怀着服务社会、贡献余热的热忱。最后是0~18周岁的志愿者，占7.82%。新时代青少年志愿者是新时代文明实践志愿服务的新鲜血液，展现了新时代青少年的担当与责任，为新时代文明实践志愿服务事业注入了新的活力与希望。总体来看，宁波新时代文明实践志愿者的年龄结构呈现多元化的特点，各个年龄段的志愿者都在用自己的方式为文明实践贡献着力量，共同推动着新时代文明实践志愿服务事业的发展。

表2　宁波市志愿者的年龄分布

单位：%

0~18周岁	18~45周岁	45~60周岁	60周岁及以上
7.82	53.65	23.91	14.62

（三）宁波新时代文明实践志愿者性别结构呈现相对均衡的状态

从宁波新时代文明实践志愿者的性别结构来看，女性注册志愿者人数稍占优势，占比达到了51.2%，男性注册志愿者人数占比为48.8%。整体来看，宁波新时代文明实践志愿者的性别结构呈现相对均衡的状态。这一数据表明了宁波市在推动文明实践志愿者队伍建设时，注重性别平衡和多元化的发展策略。这种性别结构的相对均衡，一方面得益于宁波新时代文明实践志愿活动的广泛推广，让不同性别的市民都有机会和动力参与到新时代文明实践志愿服务的行列中；另一方面，也得益于宁波市对巾帼志愿服务的重视和推进，通过搭建巾帼志愿服务平台、开展丰富多彩的巾帼志愿服务活动，为女性志愿者和队伍的壮大提供了有力支持。巾帼志愿服务的推动不仅让更多的女性市民有了展示自我、服务社会的机会，也进一步提升了宁波女性在社会中的影响力和地位。整体来看，宁波新时代文明实践志愿者的性别结构不仅体现了新时代文明实践志愿服务的广泛性和包容性，也展现了新时代文明实践活动的蓬勃生机和旺盛活力。

表3　宁波市志愿者的性别分布

单位：%

男性注册志愿者	女性注册志愿者
48.8	51.2

（四）宁波新时代文明实践志愿服务类型丰富多样

从志愿者参与的新时代文明实践志愿服务类型来看，社区服务无疑是最为常见且重要的志愿服务类型之一,其活动数量达到了 11851 场,占比达到了 28.37%。这一数据充分展现了社区服务在新时代文明实践志愿服务中的核心地位,同时也反映出志愿者对于服务社区、助力社区发展的热情和责任感。紧随其后的是文明建设类志愿服务,其活动数量达到了 5731 场,占比为 13.72%。位列第三的是环境保护类志愿服务,其岗位和活动数量为 4970 场,占比为 11.90%。此外,垃圾分类(10.49%)、平安巡防(9.68%)、医疗健康(8.25%)、文明城市建设(7.60%)、文化建设(5.11%)、关爱服务(4.89%)等不同类型的志愿服务也在宁波市得到了广泛开展。上述数据表明,宁波新时代文明实践志愿服务活动越发丰富多样,参与新时代文明实践志愿服务已经成为越来越多人的选择。

表 4　宁波新时代文明实践志愿服务的类型及其岗位/活动情况

单位:个(场),%

	岗位/活动	占比
社区服务	11851	28.37
文明建设	5731	13.72
环境保护	4970	11.90
垃圾分类	4380	10.49
平安巡防	4043	9.68
医疗健康	3445	8.25
文明城市建设	3175	7.60
文化建设	2134	5.11
关爱服务	2042	4.89

(五)"文明建设""社区服务""平安巡防"类志愿服务的活跃度高

从各宁波新时代文明实践志愿服务类型的具体参与情况来看,文明建设、社区服务和平安巡防的活跃度较高。在参与人数上,文明建设以 583354 人的规模位居榜首,显示出宁波市民对于提升城市文明水平的热情和期待;社区服务以 466555 人的参与人数紧随其后,体现了宁波市民对于服务社区、助力社区发展的积极态度；平安巡防则以 297764 人的参与人数位列第三，展现了宁波市民对于维护社区治安、保障居民安全的责任感。在参与人次方面，平安巡防以 437174 人次的参与量位居第一，这可能与平安巡防服务需要定期或不定期地巡逻和值守相关，因而参与人次相对较高。接下来分别是文明建设和社区服务的 331582 人次和 270510 人次。从产生时数来看，文明建设类志愿服务的社会效益比较显著，达到了 2393060.79 小时，体现了文明建设志愿服务在推动社会进步、提升市民生活质量方面的重要作用。社区服务以 1680363.11 小时紧随其后，平安巡防则以 1503143.91 小时位列第三。这些数据充分反映了宁波新时代文明实践志愿服务活动的活跃度和社会效应。

表5　宁波新时代文明实践志愿服务的类型及其参与情况

单位：人，小时

	参与人数	参与人次	产生时数
社区服务	466555	270510	1680363.11
文明建设	583354	331582	2393060.79
环境保护	215436	125720	686027.77
垃圾分类	90164	198862	708134.84
平安巡防	297764	437174	1503143.91
医疗健康	42512	121626	367505.10
文明城市建设	51400	125206	420694.29
文化建设	29709	72830	224669.15
关爱服务	19681	49673	166186.36

二　宁波市各区（县市）、乡镇街道新时代文明实践志愿服务的发展概况

（一）宁波市各区（县市）志愿者人数差异显著，呈现发展不平衡的特点

在宁波新时代文明实践志愿服务活动的广泛推进中，各区（县市）的

注册志愿者人数呈现明显的差异，这一差异既是各地区社会经济文化发展的缩影，也反映了各区（县市）在新时代文明实践志愿服务活动中动员与组织能力的不同。其中，北仑区注册志愿者的占比最高，达到了34.19%。这一数据不仅远超其他区（县市），更充分展现了北仑区在新时代文明实践中的领先地位，庞大的志愿者队伍也为北仑区的新时代文明实践志愿服务活动注入了强大的活力与动能，推动了该区在文明建设、社区服务、环境保护等多个领域的全面发展。紧随其后的是鄞州区（30.85%）、海曙区（27.67%）、江北区（27.65%），这些区在志愿服务方面同样有着扎实和广泛的群众基础。相比之下，奉化区（19.01%）的注册率较低，但其也在积极推动志愿服务的发展。综上所述，宁波市各区（县市）的注册志愿者人数差异显著，这既与各地区的经济社会发展水平、文化传统等因素有关，也反映了各区（县市）在志愿服务方面的动员和组织能力差异。但无论如何，地区差异都是新时代文明实践志愿服务事业中不可避免的现象，关键在于如何充分利用各地区的资源和优势，推动志愿服务在全市范围内的均衡和全面发展。

表6　宁波市各区（县市）注册志愿者情况

单位：人，%

	注册志愿者	总人口	注册志愿者占比
北仑区	153676	449532	34.19
鄞州区	304678	987720	30.85
海曙区	178012	643291	27.67
江北区	78327	283276	27.65
镇海区	82438	301731	27.32
慈溪市	276459	1069100	25.86
余姚市	191256	830862	23.02
象山县	113372	538839	21.04
宁海县	131493	629770	20.88
奉化区	90613	476570	19.01

（二）宁波市各区（县市）举办各类志愿服务活动，设置多样化的志愿服务岗位/活动

2023年，宁波市各区（县市）在志愿服务岗位的提供和各类文明实践志愿服务活动的举办上呈现明显的差异。据统计，慈溪市在这一年里共计提供了210730个岗位/活动，这一数字远超其他各区（县市）。宁海县和海曙区在志愿服务岗位/活动的提供数量上也表现出色，分别以64155个和48313个位列全市第二和第三。它们通过举办各类活动、设置多样化岗位，积极动员、组织广大市民参与到新时代文明实践志愿服务中。相比之下，鄞州区、镇海区、余姚市、奉化区、北仑区、江北区以及象山县所提供的志愿服务岗位/活动数量则相对较少。虽然这些地区在岗位/活动数量上未能达到全市平均的44489个，但也在根据自身实际情况和特色，有针对性地开展志愿服务工作。总体来看，宁波市各区（县市）在志愿服务岗位的提供和文明实践活动的举办上呈现多元化和差异化的特点。这不仅反映了各区（县市）在经济文化发展方面的差异，也展现了各区（县市）在推动新时代文明实践志愿服务方面的不同思路和举措。

表7 宁波市各区（县市）2023年志愿服务岗位/活动数

单位：个

	岗位/活动		岗位/活动
慈溪市	210730	余姚市	21128
宁海县	64155	奉化区	13419
海曙区	48313	北仑区	12875
鄞州区	31186	江北区	12562
镇海区	24391	象山县	6129

（三）宁波市各区（县市）信用时数差异显著

从宁波新时代文明实践各区（县市）2023年的信用时数来看，鄞州区

的信用时数远超各区（县市），达到了 4398629 小时，居全市之首。接下来是慈溪市的 1901072 小时和海曙区的 1336358 小时，二者都超过了全市平均的 1126632 小时。再然后是镇海区（709116 小时）、宁海县（625217 小时）、江北区（547290 小时）、象山县（494919 小时）、北仑区（470778 小时）、奉化区（427393 小时）、余姚市（355551 小时）。相比之下，它们的志愿服务信用时数与鄞州区、慈溪市和海曙区存在较大差距。

表 8　宁波市各区（县市）2023 年志愿服务信用时数

单位：小时

	信用时数		信用时数
鄞州区	4398629	江北区	547290
慈溪市	1901072	象山县	494919
海曙区	1336358	北仑区	470778
镇海区	709116	奉化区	427393
宁海县	625217	余姚市	355551

（四）宁波市各区（县市）活跃志愿者人数较多

活跃志愿者人数不仅能够反映市民对于志愿服务的认识度和参与度，还能反映志愿服务活动的多样化和常态化，更能反映志愿服务的工作体系和组织网络的系统性。从宁波新时代文明实践各区（县市）2023 年的活跃志愿者数据来看，各区（县市）平均活跃志愿者人数达到了 36265 人，但不同区域的活跃志愿者人数却呈现显著的差异。鄞州区的活跃志愿者人数远超各区（县市），达到了 162932 人，显示出较强的志愿服务黏性，这得益于其完善的志愿服务体系和良好的志愿服务氛围。北仑区的活跃志愿者人数较为可观，达到了 41521 人，也超过了全市平均活跃志愿者人数。其他区（县市）的活跃志愿者人数则相对较少。海曙区（27884 人）、慈溪市（25631 人）、镇海区（23679 人）、余姚市（15722 人）、象山县（12325 人）、奉化区（11621 人）的活跃志愿者人数均低于全市平均水平。这些地区虽然也在积极开展志愿服务活动，但在志愿者队伍的建设和志愿服务活动的推广方面仍需加强。此外，江北区和宁海县的活跃志愿者人数更是低于1万人，分别为9807人和7582人，其主要原因在于宣传力度不够、组织动员不到位、服务内容不够丰富、志愿者参与度不高等，需要采取更加有力的措施来推动其发展。从综合活跃志愿者①人数来看，位列前三的是鄞州区（267899人）、慈溪市（237208人）、海曙区（163924人）。相比之下，象山县（94004人）、奉化区（78679人）、镇海区（60237人）、江北区（40886人）的综合活跃志愿者人数较少，均低于10万人。

表9　宁波市各区（县市）2023年活跃志愿者人数

单位：人

	活跃志愿者		活跃志愿者
鄞州区	162932	余姚市	15722
北仑区	41521	象山县	12325
海曙区	27884	奉化区	11621
慈溪市	25631	江北区	9807
镇海区	23679	宁海县	7582

表10　宁波市各区（县市）2023年综合活跃志愿者人数

单位：人

	综合活跃志愿者		综合活跃志愿者
鄞州区	267899	宁海县	123977
慈溪市	237208	象山县	94004
海曙区	163924	奉化区	78679
北仑区	143781	镇海区	60237
余姚市	136061	江北区	40886

①　综合活跃志愿者指信用时长、荣誉时长、历史时长相加不为0的志愿者。

（五）相较于2022年，宁波市志愿者信用活跃度增幅较大

从志愿者信用活跃度①的变化来看，各区（县市）在不同时期志愿服务方面的发展态势呈现鲜明的对比。其中，鄞州区的进步尤为显著。2023年，鄞州区的信用活跃度达到了53.48%，较2022年有了大幅提升，增幅高达40.50%。这一数据不仅显示出鄞州区在志愿服务方面的强劲增长势头，更凸显了该区市民对志愿服务活动的高度参与热情。紧随其后的是镇海区，该区在志愿服务方面的发展也不容小觑。2023年，镇海区的信用活跃度为28.72%，较2022年增加了10.12%。海曙区同样取得了不错的成绩，2023年，该区的信用活跃度为15.66%，较2022年增加了7.47%，体现了海曙区在志愿服务方面的持续努力。然而，与上述三个区相比，慈溪市、余姚市和宁海县在志愿者信用活跃度方面则表现出一定的下降趋势。具体而言，慈溪市的信用活跃度较2022年降低了19.02%，余姚市降低了2.47%，宁海县降低了2.85%。然而，从志愿者综合活跃度②变化来看，仅有象山县较2022年降低了7.18%，这表明象山县要常态化开展志愿服务活动，加强志愿服务创新，同时加强志愿服务组织和宣传等工作，以吸引更多市民参与，促进志愿服务的长效发展。

表 11 宁波市志愿者信用活跃度变化

单位：%

	2023 年信用活跃度	较 2022 年变化幅度
鄞州区	53.48	40.50
镇海区	28.72	10.12
北仑区	27.02	2.23
海曙区	15.66	7.47
奉化区	12.82	2.85

① 志愿者信用活跃度＝上年活跃志愿者人数/各区（县市）注册志愿者数×100%。

② 志愿者综合活跃度＝信用时长、历史时长相加不为0的志愿者人数/各区（县市）注册志愿者人数×100%。

续表

	2023 年信用活跃度	较 2022 年变化幅度
江北区	12.52	3.42
象山县	10.87	0.38
慈溪市	9.27	−19.02
余姚市	8.21	−2.47
宁海县	5.77	−2.85

表 12 宁波市志愿者综合活跃度变化

单位：%

	2023 年综合活跃度	较 2022 年变化幅度
宁海县	94.28	10.98
北仑区	93.56	9.96
海曙区	92.09	35.29
鄞州区	87.93	36.03
奉化区	86.83	9.53
慈溪市	85.80	12.50
象山县	82.92	−7.18
镇海区	73.07	18.17
余姚市	71.04	9.44
江北区	52.20	12.60

（六）相较于2022年，宁波市多数区（县市）信用时数增幅较大

从宁波市各区（县市）的信用时数统计结果来看，相较于 2022 年，绝大多数区（县市）的增幅较大，其中，海曙区的表现尤为突出。该区 2022 年的信用时数仅为 480465.99 小时，而到了 2023 年则激增至 1336358.72 小时，增幅高达 178.14%。这一巨大的增长幅度充分展示了海曙区在志愿服务方面的强劲势头和广大市民的积极参与。鄞州区也从 2022 年的 3145730.18 小时增长到了 2023 年的 4398629.21 小时，增幅也达到了 39.83%。这表明鄞州区在志愿服务领域持续保持着良好的发展趋势。此外，

象山县的志愿服务事业也取得了显著进步，其信用时数从 2022 年的
3964495.94 小时上升到 2023 年的 4948483.83 小时，增幅达到了 24.82%。
除上述三个区县外，江北区等五个区（县市）的信用时数均有不同程度的
增长。然而，值得注意的是，北仑区和奉化区的信用时数却出现了下降。
北仑区的信用时数减少了 18.58%，奉化区更是减少了 23.67%。这两个区
的下降趋势需要引起相关部门的重视，要进一步分析原因并采取有效措施
加以改进和提升。

表 13　宁波市各区（县市）2022 年、2023 年信用时数对比

单位：小时，%

	2022 年	2023 年	增幅
海曙区	480465.99	1336358.72	178.14
鄞州区	3145730.18	4398629.21	39.83
象山县	3964495.94	4948483.83	24.82
江北区	441653.13	547290.91	23.92
镇海区	626573.13	709116.45	13.17
慈溪市	1688674.23	1901072.38	12.58
余姚市	329234.37	355551.92	7.99
宁海县	580506.81	625217.20	7.70
北仑区	578202.87	470778.63	-18.58
奉化区	559944.66	427393.16	-23.67

（七）乡镇街道的志愿服务展现出了不同的特色与亮点

乡镇街道作为志愿服务的基层末梢，承载着大量志愿服务活动的组织与
落地工作。从 We 志愿平台发布的乡镇街道志愿服务数据来看，各乡镇街道
的志愿服务活跃人数与岗位/活动发布数展现出了不同的特色与亮点。在志
愿服务岗位/活动的发布数量上，北仑区的新碶街道以 3623 个岗位/活动居
于榜首。紧随其后的江北区洪塘街道和甬江街道分别以 3248 个和 2131 个位
列第二、第三。值得一提的是，志愿服务岗位/活动发布数排名前十的乡镇

街道中，江北区占据了四个席位，北仑区和鄞州区则各占三席。这一数据分布不仅显示了这些区域在志愿服务工作上的均衡发展，也凸显了其在推动志愿服务事业上的积极成效。在活跃人数方面，鄞州区表现出色。从排名靠前的乡镇街道活跃人数来看，五分之四的活跃志愿者来自鄞州区。其中，姜山镇以19934人位列第一，中河街道和潘火街道分别以13357人和11690人紧随其后，彰显了鄞州区在志愿服务工作上的强大号召力，也体现了该区市民对新时代文明实践的积极响应和热情投入。

表14　乡镇街道志愿服务岗位/活动发布数以及活跃人数

按岗位/活动发布数排序		按活跃人数排序	
乡镇街道	岗位/活动数（个）	乡镇街道	活跃人数（人）
新碶街道（北仑区）	3623	姜山镇（鄞州区）	19934
洪塘街道（江北区）	3248	中河街道（鄞州区）	13357
甬江街道（江北区）	2131	潘火街道（鄞州区）	11690
大碶街道（北仑区）	1917	邱隘镇（鄞州区）	11150
外滩街道（江北区）	1756	东钱湖镇（鄞州区）	8936
庄桥街道（江北区）	1700	大碶街道（北仑区）	8914
瞻岐镇（鄞州区）	1433	钟公庙街道（鄞州区）	8790
东钱湖镇（鄞州区）	1164	云龙镇（鄞州区）	8650
小港街道（北仑区）	1009	福明街道（鄞州区）	8479
姜山镇（鄞州区）	870	观海卫镇（慈溪市）	7839

（八）慈溪市的乡镇街道在志愿服务岗位设置和活动发布上表现出了显著的优势

从乡镇街道发布活动的场次统计结果来看，慈溪市的乡镇街道在志愿服务岗位设置和活动发布上表现出了显著的优势。在排名前十的乡镇街道中，有九个席位被慈溪市占据，展现了慈溪市在志愿服务工作上的组织创新能力。具体来看，慈溪市的龙山镇、宗汉街道、周巷镇位列前三，其发布场次分别为52077场、23315场、18776场。从回流时长来看，海曙区的古林镇脱颖而出，以 370565 小时的回流时长荣登榜首，体现了古林镇在志愿服务工作上的持续投入。慈溪市的横河镇和周巷镇则分别以 246547 小时和 194638 小时的回流时长位列第二、第三。这两个乡镇在回流时长上的优异表现，进一步反映了慈溪市志愿者在志愿服务事业上的广泛参与和深厚底蕴。值得一提的是，在回流时长排名前十的乡镇街道中，五分之三来自慈溪市，五分之二来自海曙区。这一数据分布不仅展示了慈溪市和海曙区在志愿服务工作上的突出表现，也体现了这两个区域在推动志愿服务事业上的协同发展和互融互鉴。

表 15 乡镇街道志愿服务发布场次数及回流时长

单位：小时

按回流活动场次数排序		按志愿浙江回流服务时长排序	
乡镇街道	发布场次数	乡镇街道	回流时长
龙山镇（慈溪市）	52077	古林镇（海曙区）	370565
宗汉街道（慈溪市）	23315	横河镇（慈溪市）	246547
周巷镇（慈溪市）	18776	周巷镇（慈溪市）	194638
观海卫镇（慈溪市）	17649	古塘街道（慈溪市）	194527
掌起镇（慈溪市）	12868	高桥镇（海曙区）	174293
横河镇（慈溪市）	11337	宗汉街道（慈溪市）	168244
胜山镇（慈溪市）	10243	观海卫镇（慈溪市）	167519
古塘街道（慈溪市）	9858	逍林镇（慈溪市）	142500
西门街道（海曙区）	7785	西门街道（海曙区）	113338
新浦镇（慈溪市）	7300	洞桥镇（海曙区）	112212

三 宁波新时代文明实践志愿服务组织的发展情况

（一）宁波市总工会志愿服务支队信用时数遥遥领先

从行业部门志愿服务组织和专业志愿服务组织的信用时数统计来看，宁波市总工会志愿服务支队在信用时数上表现卓越，高达 221641 小时。宁波市总工会志愿服务支队下辖的劳模工匠技术攻关、职工悦读、工会法律服务、职工文艺、关爱新业态劳动者、守护"小候鸟"等一系列接地气、受欢迎、成效显著的工会志愿服务优秀团队和品牌项目不断涌现，时时处处传递着工会的服务温度。紧随其后的是宁波市卫健委健康天使志愿服务总队，其信用时数也达到了 90335 小时。作为医疗健康领域的专业志愿服务组织，医疗志愿者们充分发挥专业优势，在医疗健康知识普及、健康咨询、疾病预防控制等方面开展了大量富有成效的服务，陆续为企业、农村、社区带去了专业、科学的医疗卫生志愿服务。此外，宁波市城市管理义务工作者协会也表现出色，其累计信用时数为 43445 小时，在城管知识宣传、环境卫生监督、文明意识倡导、公共设施维护等领域广泛提供了志愿服务，成为宁波志愿服务工作中一张亮丽的名片。总的来说，从行业部门志愿服务组织和专业志愿服务组织的信用时数来看，宁波市在志愿服务方面取得了显著成效。这些组织在各自的领域内发挥了重要作用，为推动社会和谐文明进步做出了积极贡献。同时，这也表明宁波市在志愿服务方面的组织化程度和社会参与度正在不断提高。

表 16　信用时数排名前十的志愿服务组织

单位：小时

	信用时数
宁波市总工会志愿服务支队	221641
宁波市卫健委健康天使志愿服务总队	90335
宁波市城市管理义务工作者协会	43445
宁波市公安局治安志愿服务总队	12031
国电浙江北仑第一发电有限公司志愿者协会	11202
宁波市文化广电旅游局志愿服务总队	7524
宁波海关"甬关爱"志愿者协会	7076
宁波慈善义工	6206
共青团宁波市委青年志愿服务队	5614
宁波千人交通志愿团	3264

（二）宁波市志愿服务组织标准化、规范化发展

志愿服务签到作为记录志愿服务时长的关键环节，是志愿服务活动规范性的直观体现，更是志愿服务组织活跃度和参与度的重要表现。宁波市总工会志愿服务支队举办了 1944 场活动，反映了该组织在志愿服务工作上的高度组织化和规范化。接下来是宁波市公安局治安志愿服务总队的 1795 场、宁波市城市管理义务工作者协会的 1408 场，前三名均突破千场。除了前三名，其他志愿服务组织也在各自的领域内积极开展志愿服务活动，其签到活动数分别为宁波市卫健委健康天使志愿服务总队的 246 场、宁波市民政局志愿服务总队的 244 场、宁波慈善义工的 172 场、宁波千人交通志愿团的 148 场、宁波市科技志愿服务总队的 122 场、宁波市委老干部局"甬耀银辉"的 103 场、宁波法治志愿服务总队的 99 场。总的来看，宁波市各行业部门志愿服务组织在志愿服务领域都展现出了较高的活跃度和参与度。

表 17　签到活动数排名前十的志愿服务组织

单位：场

	签到活动数
宁波市总工会志愿服务支队	1944
宁波市公安局治安志愿服务总队	1795
宁波市城市管理义务工作者协会	1408
宁波市卫健委健康天使志愿服务总队	246
宁波市民政局志愿服务总队	244
宁波慈善义工	172
宁波千人交通志愿团	148
宁波市科技志愿服务总队	122
宁波市委老干部局"甬耀银辉"	103
宁波法治志愿服务总队	99

（三）宁波市志愿服务组织累计信用时数较高

从志愿服务累计信用时数来看，位列前三的分别是宁波市第四医院白鸥

青年志愿服务队的 34643 小时、宁波大学附属第一医院"心心相随"志愿者联盟的 30061 小时、宁波市志愿者服务指导中心的 28643 小时。宁波市第四医院白鸥青年志愿服务队自 2016 年 12 月底成立以来，不断拓展志愿服务领域，创新服务模式，丰富服务内容，组织集团党员团员、带动集团职工、联合社会志愿者广泛开展院外志愿服务，包括扶贫助弱、爱心义诊、过期药品回收、健康宣教等。宁波大学附属第一医院"心心相随"志愿者联盟是一支由本院职工、社会爱心人士、大专院校学生以及病后康复病员等共同组成的志愿服务组织，为市民提供了健康检查、医疗咨询和智慧医疗推广等服务，并聚焦慢病管理，助力"积极老龄化"，广泛地开展了自助机协助、志愿帮扶、文明倡导、信息无障碍等志愿服务活动。宁波市志愿者服务指导中心作为全市志愿服务工作的指导机构，不仅在组织协调、资源整合等方面发挥了重要作用，还积极参与各类志愿服务活动，用实际行动引领和推动全市志愿服务事业的发展。

表 18　志愿服务累计信用时数排名前十的志愿服务组织

单位：小时

	服务时长
宁波市第四医院白鸥青年志愿服务队	34643
宁波大学附属第一医院"心心相随"志愿者联盟	30061
宁波市志愿者服务指导中心	28643
奉化区锦屏街道总工会志愿服务中队	23519
鄞州区天天文化志愿者协会东吴分队	22364
宁波大学附属妇女儿童医院	20460
衷心服务志愿者服务队	20453
红蕾青年志愿服务队	18587
宁波市第二医院"华美天使"志愿者俱乐部	18498
象山县公安局法治志愿服务小分队	18244

（四）宁波市志愿服务组织常态化开展各类服务，志愿者活跃人数较多

从年度活跃志愿者人数排名前十的志愿服务组织来看，宁波大学园区图

书馆的活跃人数位列第一，为 2456 人。高校图书馆作为大学生们获取知识与信息的重要渠道，发挥着不可或缺的作用，同时高校图书馆作为高等院校实施教育职能的重要场所，也发挥着举足轻重的作用。宁波大学园区图书馆长期开展"开卷有益、益行助力"等志愿服务活动，吸引众多青年志愿者加入到志愿服务行列中，实现了志愿服务活动常态化开展。接下来是宁波市第四医院白鸥青年志愿服务队的 1502 人和宁波财经学院校青年志愿者协会的 1394 人。紧随其后的分别是宁波大学附属第一医院"心心相随"志愿者联盟（1271 人）、宁波财经学院国际经济贸易学院（1110 人）、宁波财经学院金融与信息学院（1038 人）、雍城社区新时代文明志愿服务队（1023人）、宁波市奉化区图书馆（1013 人）、宁波市志愿者服务指导中心（825人）、宁波财经学院财富管理学院（705 人）。总的来看，宁波市各类志愿服务组织不仅为志愿者提供了多样化的志愿服务选择，也为志愿者提供了展示自我、服务社会的平台。随着更多人的参与和支持，宁波市的志愿服务事业将会迎来更加广阔的发展前景。

表 19　年度活跃志愿者人数排名前十的志愿服务组织

单位：人

	活跃人数
宁波大学园区图书馆	2456
宁波市第四医院白鸥青年志愿服务队	1502
宁波财经学院校青年志愿者协会	1394
宁波大学附属第一医院"心心相随"志愿者联盟	1271
宁波财经学院国际经济贸易学院	1110
宁波财经学院金融与信息学院	1038
雍城社区新时代文明志愿服务队	1023
宁波市奉化区图书馆	1013
宁波市志愿者服务指导中心	825
宁波财经学院财富管理学院	705

四 面临的问题及对策建议

2023 年，宁波市持续深化拓展新时代文明实践志愿服务阵地，广泛开展各类新时代文明实践志愿服务活动，推动实现了接地气、有活力、有高度的新时代文明实践工作局面，有效促进了宁波新时代文明实践志愿服务工作的高质量发展。但大数据分析发现，目前仍然存在着一些制约宁波市志愿服务工作发展的因素。

（一）宁波市志愿服务效果整体较好，但区（县市）、乡镇街道存在不平衡问题

如前所述，宁波市各区（县市）之间以及乡镇街道之间的志愿服务与精神文明建设发展存在不平衡现象，差距较为明显。在区（县市）层面，一些志愿服务工作投入力度较大、信息传播渠道更加畅通的区（县市）的志愿服务效果相对较好。相反，一些志愿服务和推广活动资源、投入相对较少，同时信息传播渠道不够畅通、难以有效地传递信息和志愿服务内容的区（县市）的志愿服务效果相对较差，其志愿服务与精神文明建设工作相对滞后。在乡镇街道层面，由于各乡镇街道在经济发展水平、社会公共服务以及信息传播渠道等方面存在差异，其志愿服务与精神文明建设发展也存在不平衡现象。一些乡镇街道的志愿服务资源更加丰富，信息传播渠道更加畅通，因此志愿服务相对更加活跃和有效。而一些乡镇街道的志愿服务资源相对有限、信息传播渠道不够畅通、志愿服务工作相对滞后，使得其志愿服务效果相对较差。为了解决这种不平衡问题，宁波市应采取相应的措施加以引导和支持，以促进志愿服务在区（县市）间、乡镇街道间均衡发展。

（二）私营企业从业者、灵活就业者的志愿服务参与度和活跃度相对较低

相较于私营企业从业者及灵活就业者等社会群体而言，宁波市行业部门

志愿服务的活跃人数较多、时长较长。私营企业、灵活就业者通常更加注重自身的业务运营和经济效益，对于宁波市志愿服务的重视程度相对较低，参与志愿服务的需求和动力不足。此外，私营企业从业者、灵活就业者等社会群体的志愿服务参与度不佳或与志愿服务的内容和方法有关，一些志愿服务项目缺乏针对性和吸引力，或是志愿服务方法过于单一和陈旧，难以与私营企业从业者及灵活就业者等社会群体的需求和兴趣相匹配，也会导致其志愿服务参与度不佳。综上，私营企业从业者及灵活就业群体的志愿服务参与度相对较低，难以达到预期的志愿服务目标。

（三）每万人活跃志愿者率仍有较大提升空间

每万人活跃志愿者率不仅是评价志愿服务活动普及广度的重要指标，更是市民参与新时代文明实践活动热情与持久性的直观体现。宁波市各区（县市）的每万人活跃志愿者率尚存在一定的提升空间。相关数据显示，宁波市各区（县市）的每万人活跃志愿者率较低，从高到低依次是宁海县（18.02%）、北仑区（16.39%）、慈溪市（14.66%）、鄞州区（14.11%）、余姚市（14.00%）、镇海区（13.87%）、海曙区（13.66%）、奉化区（13.40%）、江北区（11.04%）。这一数据反映出宁波市在志愿服务活动的普及和动员工作上仍需加大力度，尤其是在宣传和组织方面。随着宁波市对志愿服务发展工作的全面推进，可以预见，宁波市各地区的志愿服务仍有巨大的发展潜力，并会持续稳步前进。特别值得关注的是，如何进一步缩小地区间每万人活跃志愿者率的差距，共同提升每万人活跃志愿者率，将直接影响到宁波市整体志愿服务风貌的提升以及志愿服务事业更加均衡、全面地发展。

B.3
宁波新时代文明实践志愿服务组织队伍建设报告

吴　曈　冯静波*

摘　要：　志愿服务作为全面推进新时代文明实践建设的重要组成部分，已经深度融入全面推动中国特色现代化建设的进程中。志愿服务组织是整个志愿服务体系的枢纽，它们既是志愿者活动的平台，也是志愿服务的引领者。宁波新时代文明实践志愿服务组织和队伍建设展现了多元、协同、创新的发展格局。本报告结合相关文献材料以及宁波市志愿服务组织与队伍的典型案例梳理，发现宁波市志愿服务组织的发展经历了初期社区互助、注册多元化、技术与社会创新三个主要发展阶段，枢纽型、支持型、服务型志愿服务组织在不同领域发挥着重要作用。宁波志愿服务队伍在政府、社会组织、广大市民的共同努力下建设成了涵盖领域广泛、多类别、技术与专业并存的高质量队伍。最后，本报告从进一步提升宁波市志愿服务组织与队伍建设的可持续性、社会融合性、智能性三个层面对未来工作提出建议。

关键词：　宁波市　志愿服务组织　组织建设

志愿服务精神是现代社会文明的重要组成部分，志愿服务是人类社会文明进步的重要标志。《中共中央关于制定国民经济和社会发展第十四个五年

---

* 吴曈，中国社会科学院大学社会与民族学院博士研究生，研究方向为志愿服务与社会治理；冯静波，宁波市志愿者服务指导中心副主任。

规划和二〇三五年远景目标的建议》中明确提出，要"健全志愿服务体系，广泛开展志愿服务关爱行动"。[①] 党的二十大报告也进一步指出要"完善志愿服务制度和工作体系"，[②] 以此作为提高社会文明程度的路径之一。2023年2月23日，习近平于"把雷锋精神代代传承下去——纪念毛泽东等老一辈革命家为雷锋同志题词六十周年"座谈会上强调："新征程上，要深刻把握雷锋精神的时代内涵，更好发挥党员、干部模范带头作用，加强志愿服务保障和支持，不断发展壮大学雷锋志愿服务队伍"。志愿服务作为新时代全面推进精神文明建设的重要组成部分，已经深度融入全面推动中国特色现代化建设的进程中。在志愿服务中，组织和队伍的建设显得尤为关键。志愿服务组织是整个志愿服务体系的枢纽，它们既是志愿者活动的平台，也是志愿服务的引领者。组织的健全和队伍的壮大不仅直接影响到志愿服务的深度和广度，更关系到志愿服务事业的可持续发展。

在中国志愿服务的大潮中，宁波以其独特的社会背景和持续创新的服务模式成为全国志愿服务的重要支点，占据着不可忽视的地位。近年来，宁波志愿服务事业发展紧跟中央指示，秉承因地制宜的发展理念，不断推陈出新，形成了一系列创新服务模式。其中，良好的组织体系是志愿服务活动的重要保障。宁波新时代文明实践志愿服务组织和队伍建设展现了多元、协同、创新的发展格局。通过建立良好的组织体系、积极引导企业参与、注重志愿者队伍的建设、强化创新理念，不仅提高了志愿服务的质量，也使得志愿服务更好地服务社区和推动社会的进步。因此，对宁波市志愿服务组织与队伍建设状况进行梳理与总结既是对既往发展状况的考察，也对后续志愿服务工作的可持续、高质量开展具有高度的借鉴意义。

---

① 《中共中央关于制定国民经济和社会发展第十四个五年规划和二〇三五年远景目标的建议》，https：//www.gov.cn/zhengce/2020-11/03/content_5556991.htm，最后检索时间：2024年1月3日。

② 习近平：《高举中国特色社会主义伟大旗帜　为全面建设社会主义现代化国家而团结奋斗——在中国共产党第二十次全国代表大会上的报告》，https：//www.gov.cn/xinwen/2022-10/25/content_5721685.htm，最后检索时间：2024年1月3日。

一 宁波市志愿服务组织与队伍建设的成就与发展历程

宁波作为"大爱之城",曾获全国文明城市"六连冠",14 次蝉联"中国最具幸福感城市"的殊荣,以"在宁波,看见文明中国"为城市名片奋力打造全国文明城市。这些成就表明了宁波市有着进行精神文明创建工作的历史传统,其中,志愿服务工作是联系居民、下沉社区的关键举措之一。20 世纪 80 年代正是中国社会逐渐走向开放的时期,改革浪潮席卷全国各地,也深刻影响了宁波市。社会结构在这一时期发生了翻天覆地的变革,人们的生活方式和价值观念也产生了深刻的调整。在社会变革的大潮中,人们对社区事务的参与兴趣逐渐增强。社区不再只是一个抽象的概念,而是作为具象的表征成为个体与社会相互联系的纽带。志愿服务逐渐在宁波市的社会舞台上显露端倪。最初,它以邻里之间的互助和社区自发性的小规模志愿活动为表现形式,逐步为志愿服务在宁波扎根奠定了坚实的基础。这一时期的志愿服务活动虽然规模较小,却承载着居民对社区发展的热切期望和积极参与。它们象征着一种社会转变的开始,也反映了人们对社会责任和公民参与的日益关注。

2017 年 6 月 7 日国务院第 175 次常务会议通过的《志愿服务条例》将志愿服务组织定义为"依法成立,以开展志愿服务为宗旨的非营利性组织"。[①] 2021 年 11 月 25 日,由浙江省第十三届人民代表大会常务委员会第三十二次会议审议通过的《宁波市志愿服务条例》中也明确指出"志愿服务组织可以依法采取社会团体、社会服务机构、基金会等组织形式"。[②] 可见,当前的志愿服务组织类型呈现多样化的特点,然而从根本性质上考究,

---

[①] 《志愿服务条例》,https://www.gov.cn/zhengce/content/2017-09/06/content_5223028.htm,最后检索时间:2024 年 1 月 3 日。

[②] 《宁波市志愿服务条例》,https://www.nbrd.gov.cn/art/2022/3/29/art_1229575964_1740161.html,最后检索时间:2024 年 1 月 3 日。

这些组织仍然属于非营利性质。要理解这一点，就需要追溯到志愿服务组织的发展历程，将其起源考察置于以"互助"为核心的社区邻里意识，这为其非营利性的组织性质奠定了基础。

（一）宁波市志愿服务组织与队伍的发展历程

1. 初期互助与奠定基础（20世纪80~90年代）

在20世纪80年代至90年代，宁波市志愿服务还处于初期发展阶段。社区小组是最早形成的志愿组织，它们主要由居民自发组织，以解决邻里问题、协助老弱病残群体为主要目标。这些组织起源于对社区和谐共建的热切愿望，是社区参与的有力表现。在这个阶段，志愿服务的主体是由居民自发组成的社区小组。这些小组通常由热心居民牵头，他们怀着对邻里互助的初心，自愿组织起来，旨在共同解决社区内的实际问题。社区小组的活动主要集中在解决邻里问题上，如协助搬迁、照顾生病邻居、开展文娱活动等。这些看似简单的活动实质上是在推动社区和谐共建，通过小组内部的密切合作，居民们建立了更加紧密的联系，增强了社区凝聚力。

社区小组的形成是社区参与的有力表现。这些小组由社区内的居民自愿组织，关注社区内的方方面面，真正体现了居民自己为自己办事的理念。1998年4月，宁波市成立110支志愿服务大队，以这些队伍为基础，逐渐带动了宁波市志愿服务事业朝向组织化、专业化、社会化发展。志愿服务初期正是在这种社区参与的活跃氛围中逐渐壮大，为后来宁波市志愿服务的多元化发展埋下了坚实的基石。

2. 快速发展与多样化（2000~2010年）

随着21世纪的到来，宁波市的志愿服务步入了一个全新的发展时期。在这个时期，政府逐渐认识到志愿服务对社区建设的积极影响，开始鼓励并支持志愿服务组织注册。政府的支持举措推动了一批专业化、有组织化管理的志愿服务组织的崛起。这些组织在提供志愿服务方面发挥了更为有效的作用，使得志愿服务工作更加规范化和系统化。

2000~2010年是宁波志愿服务事业多样发展的时期，涌现出一批专业性、有组织化管理的志愿服务组织，其中以宁波市志愿者协会等为代表。新时期的志愿服务组织不仅在数量上有所增加，更在组织结构和管理水平上得到提升。它们通过专业化的管理团队和科学的组织结构，有效整合和调动社会资源，为志愿者提供更为规范的培训和服务项目。

注册组织的崛起带来了志愿服务领域的多元化发展。这些组织通过更为有效地整合社区资源，使得志愿服务项目的覆盖领域更加广泛。除了传统的邻里互助，志愿者们还参与到教育、文化、环保等更加专业和全面的服务领域中。这不仅拓展了志愿服务的影响力，也使得志愿者在参与服务时能够更好地发挥自身专长和特长。

3. 创新发展阶段（2010年至今）

近年来，随着信息技术和社会创新的迅猛发展，宁波市志愿服务组织进入数字时代。在线注册、活动发布、志愿者培训等环节通过数字平台的支持，实现了信息的快速传递和管理的精细化，大大提高了志愿服务的组织效率。一些志愿服务组织利用社交媒体平台推动志愿服务的传播，吸引更多年轻人参与，如宁波"We志愿服务平台"作为全省最早将数字技术应用于志愿服务的项目，为城市的志愿者和组织搭建了一座数字桥梁。全市范围内，1.3万多个志愿服务组织在这个平台上随时发布岗位，招募志愿者，而228万名志愿者则可随时认领岗位、参与活动。"We志愿服务平台"的数字化实践在宁波志愿服务领域树立了典范，为数字时代的志愿服务开辟了崭新的篇章。同时，一些新型组织如技术志愿者团队等开始充分发挥科技优势，推动志愿服务的创新发展。

这一时期的志愿服务组织变得更加多样化，通过融合传统社区参与和现代科技手段，促进志愿服务更加广泛、深入地融入社会生活。志愿服务的形式与领域不断扩展，为宁波市的社会发展注入了更多积极的力量。

（二）宁波市志愿服务组织的类型与功能

1. 宁波市志愿服务组织与队伍数量概况

2022~2023年，宁波市志愿服务迎来巨大发展。据宁波"We志愿服务平台"数据显示，截至 2023 年底，宁波市志愿服务组织数量共计 1.35 万个，注册志愿者数量达 223.3 万人，其中，女性志愿者占比为 51%，男性志愿者占比为 49%，累计总服务时长达 8094.28 万小时。从志愿者年龄结构分布来看，宁波市的志愿者群体呈现多层次的年龄结构，显示出跨越多个年龄段广泛参与的特点。以下是宁波市志愿者的年龄结构分布。

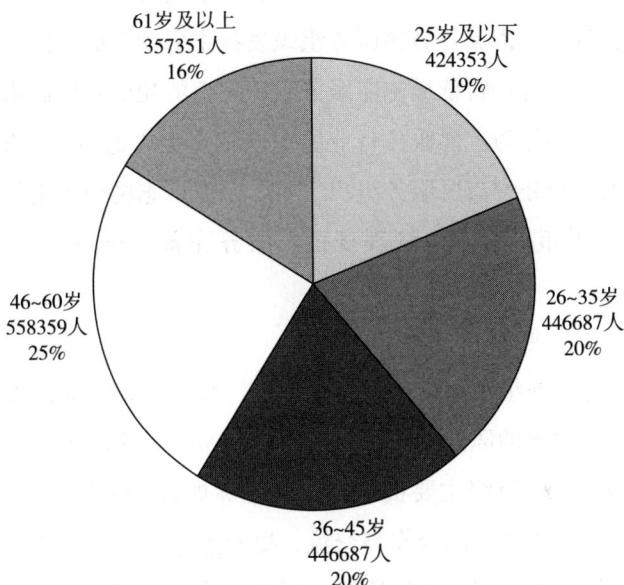

图 1 宁波市志愿者年龄分布

可见，宁波市的志愿者群体年龄分布相对均衡，覆盖了从年青一代到老年人的广泛范围。其中，26～60 岁的群体占比较高，表明中青年和中年人群在志愿服务中的积极参与。此外，61 岁及以上的志愿者也占据一定比例，反映了宁波市老年人群体对志愿服务的热情贡献。整体而言，宁波市志愿者的年龄结构多元，各个年龄层次都在为社会贡献力量。

从"信用活跃志愿者人数"以及"综合活跃志愿者人数"两个指标来看，市直单位志愿服务组织前五名为宁波市文广旅游局、宁波法治志愿服务总队、宁波市总工会、宁波市综合行政执法（城市管理）局、宁波市卫生健康委，并且二者统计指标结果具有高度重合性。可见，公共部门在组织和引领志愿服务中发挥着关键作用。政府机构和行业协会等组织在志愿服务中的积极参与为社会提供了服务方向和引导。

2. 宁波市志愿服务组织的类型

《志愿服务条例》从性质、功能、是否注册登记等方面对志愿服务组织进行了总体性规定。志愿服务组织依据不同的任务呈现出不同的组织形态。宁波市志愿服务组织依据各志愿服务组织发挥主要功能的不同，呈现出多元化的发展特点。本报告将依据志愿服务组织发挥的功能对宁波市志愿服务组织进行划分，主要分为志愿服务行业组织（枢纽型志愿服务组织）、支持型志愿服务组织、服务型志愿服务组织三类。宁波市志愿服务组织体系通过科学分类，形成了布局合理、管理规范、服务完善、充满活力的志愿服务网络。

（1）枢纽型志愿服务组织

枢纽型志愿服务组织通常作为行业组织，履行反映行业诉求、推动行业交流和促进事业发展的职能。同时，它们也会参与具体的服务项目，为其提供指导和协调。这类组织主要负责行业的统筹规划、资源整合和政策倡导，促进各志愿服务组织之间的合作与交流，提升志愿服务行业的整体水平。枢纽型志愿服务组织通过制定和推广行业标准、政策和规范，推动志愿服务事业的健康发展。它们积极参与政策制定，提供专业意见和建议，确保志愿服务事业能够在规范化和标准化的轨道上稳步前行。宁波市志愿服务联合会作为地方性的枢纽型志愿服务组织，负责统筹和协调全市的志愿服务工作，推动志愿服务的规范化和标准化。为进一步推动宁波市志愿服务专业化、规范化、标准化运作，2022年9月28日，宁波市成立志愿服务联合会，也推动宁波市开启"志愿之城"新篇章。2023年7月，宁波市志愿服务联合会依据《宁波市志愿服务条例》《宁波市志愿服务联合会章程》及相关规定，发布宁波市志愿服务联合会专业委员会通则及职责，并结合数字化、智能化的平台优势，统筹全市志愿服务高质量发展。宁波市志愿服务联合会建立了全市统一的志愿服务信息平台——"We志愿"，实现了志愿服务的数字化管理。该平台不仅具有志愿者注册、项目管理、服务记录等基本功能，还通过大数据分析为志愿服务的科学决策提供支持。宁波市志愿服务联合会还积极整合各类资源，促进志愿服务组织之间的合作与交流，提升资源利用效率，如依托宁波市志愿服务基金会筹措、管理、使用资金，为全市志愿服务开展提供物质保障。

（2）支持型志愿服务组织

支持型志愿服务组织主要通过提供经济、文化等资源和专业支援，助力其他志愿服务组织的发展。它们通常以基金会、培训中心等形式运作。这类组织专注于提供资金、智力支持和能力建设，为志愿服务组织提供培训、咨询和技术支持，帮助其提升服务能力和管理水平。宁波市志愿服务指导中心在提升本地志愿服务的专业化水平方面发挥着至关重要的作用。该中心通过提供专业培训、项目咨询和管理指导，极大地增强了志愿服务组织和志愿者的能力和素质，为宁波市志愿服务事业的持续发展提供了坚实保障。

①专业培训

宁波市志愿服务指导中心建立了系统化的培训体系，涵盖了志愿服务的各个方面。培训内容包括志愿服务的基础知识、服务技能、项目管理、团队建设等。培训方式灵活多样，包括集中授课、线上培训、实地演练等，确保志愿者能够全面掌握必要的知识和技能。培训对象不仅限于志愿者，还包括志愿服务组织的管理人员。通过对管理人员的培训，提升他们的项目策划和管理能力，从而提高整个组织的服务水平和效率。

②项目咨询

宁波市志愿服务指导中心为志愿服务组织提供专业的项目咨询服务，内容包括项目策划、资源整合、活动组织、风险管理等。中心的专家团队通过实地考察、项目评估、方案设计等方式，帮助志愿服务组织优化项目设计和实施过程，提高项目的科学性和可操作性。咨询方式多样化，既有面对面的咨询，也有电话、邮件、线上平台等远程咨询方式。无论是大型项目还是小型活动，中心都能够提供精准、有效的咨询服务。

③管理指导

宁波市志愿服务指导中心还为志愿服务组织提供全面的管理指导，包括组织架构设计、内部管理制度建设、团队建设、绩效评估等。通过科学的管理指导，帮助志愿服务组织建立健全管理体系、提升内部管理水平。管理指导在理论和实践操作两个层面为志愿服务人员提供系统性服务。专家团队会定期到各志愿服务组织进行现场指导，帮助其解决实际操作中的问题，并提供个性化的解决方案。

（3）服务型志愿服务组织

服务型志愿服务组织以实现具体的、特定的服务功能为目标，直接面向服务对象开展志愿服务活动。这类组织覆盖面广，服务内容丰富。根据服务对象和服务内容的不同，服务型志愿服务组织可以细分为多个类别，如养老服务、扶贫助困、助残服务、环保服务等。它们通过具体的志愿服务项目，满足社会多样化需求。例如：鄞州区红蚂蚁助老志愿服务队、宁波市李惠利医院"惠民利民"志愿服务队等开展的助老、健康等志愿服务活动；宁波市镇海区九龙湖黄背包志愿者协会以"绿动青春，拥抱自然"为主旨，开展常态化巡河护水、山林清理、垃圾分类和文明宣讲等生态环保志愿活动，为宁波市生态环境持续向好提供了重要支持；宁波市健康天使志愿服务组织在甬城地区发挥着积极的医疗专业力量，致力于推动健康义诊、青年公益宣讲等志愿服务项目，广泛涉足医疗服务、社会服务、医学科普、健康守护等多领域活动，为社区群众提供便捷服务；宁波市科协紧紧围绕培育和践行社会主义核心价值观、大力弘扬新时代科学家精神，联合市文明办、市教育局、市科技局等单位，广泛发动全市科技工作者进社区、进乡村、进学校、进企业、进园区开展科技惠民、科学普及活动，无私奉献、合作共享的科技志愿服务。

宁波市志愿服务组织在不同服务领域形成了多层次、多元化的发展格局。各类组织通过协同合作，共同构建了一个丰富而活跃的志愿服务生态系统。未来，随着社会需求的不断变化，宁波市志愿服务组织将继续在各个领域创新服务模式，为社区的可持续发展和社会的进步做出更多贡献。

二 宁波市志愿服务组织与队伍建设的特色政策与扶持措施

宁波市在推动志愿服务事业的发展过程中，制定并实施了一系列具有地方特色的政策和扶持措施。这些政策措施不仅促进了志愿服务的规范化、专业化和制度化建设，也为志愿服务组织和志愿者提供了有力支持。宁波市的志愿服务政策与扶持措施是在国家政策的引导下制定的。国家高度重视志愿服务事业的发展，并出台了一系列政策文件，如《志愿服务条例》和《关于推进志愿服务制度化的意见》，这些文件为地方政府制定志愿服务政策提供了指导和依据。宁波市政府积极响应国家号召，结合本地实际情况，制定了一系列政策措施，推动志愿服务事业的发展。宁波市文明办、宁波市宣传部等部门在志愿服务政策的制定和实施中发挥了重要作用，通过立法、规划和专项行动等方式，推动志愿服务事业的规范化和标准化建设。以下从资金扶持、培训机制、制度建设、典型案例等方面，详细阐述宁波市志愿服务的特色政策与扶持措施。

1. 资金扶持

宁波市政府设立了志愿服务专项基金，用于支持志愿服务组织的运作和项目开展。专项基金的设立，为志愿服务组织提供了稳定的资金来源，解决了其在活动开展过程中面临的资金不足问题。为了确保专项基金的规范使用，宁波市成立宁波市志愿服务基金会，用于统筹专项资金的使用范围、申请条件、审批流程和监督管理，确保资金使用公开、透明和高效。以资助志愿服务项目、扶持志愿服务组织、奖励优秀志愿服务者等方式为宁波市志愿服务组织与队伍建设提供了坚实的物质保障。

2. 培训机制

宁波市建立了系统化的志愿者培训体系，为志愿者提供全面的培训和指导。培训内容涵盖志愿服务的基础知识、服务技能、项目管理、应急救援等，确保志愿者能够全面掌握必要的知识和技能。培训方式灵活多样，包括集中授课、线上培训、实地演练等，以满足不同志愿者的需求。宁波市还定期举办志愿者培训班、研讨会和交流活动，为志愿者提供学习和交流的平台。其中，最为典型的是宁波志愿者学院，该学院为不同类型的志愿服务组织开展了一系列培训班，内容涉及项目策划、组织孵化、志愿者服务技巧等。通过这些培训，志愿者的能力得到了显著提升，志愿组织与队伍建设更具专业性，志愿服务活动也因此更加丰富多彩、成效显著。

3. 制度建设

2002 年 11 月 19 日，宁波市十一届人大常委会第 41 次会议通过《宁波市青年志愿服务条例》，2011 年以及 2021 年先后两次修订的《宁波市志愿服务条例》都为志愿服务的开展提供了制度保障，使其更具规范性和可持续性。该条例明确了志愿服务的法律地位和志愿者的权利义务，为志愿服务组织的运行和管理提供了制度支持。

宁波市政府积极推动志愿服务信息化建设，建立了志愿服务信息平台，实现志愿服务的在线招募、培训、管理和评价。这些信息平台不仅提高了志愿服务的管理效率，也方便了志愿者和志愿服务组织之间的对接。其中，值得关注的是宁波市志愿服务信息平台"We 志愿"的建立，使得志愿者和志愿服务组织能够更加便捷地进行信息交流和资源共享。志愿者可以通过平台在线报名参加志愿服务活动，志愿服务组织也可以通过平台发布项目需求和活动信息，极大地提升了志愿服务的效率和效果。另外，志愿组织与志愿服务队伍的服务数据公开透明，也形成了良性的竞争氛围。信息化是提升志愿服务效率的重要手段。

三　新时代文明实践中的志愿服务组织与队伍建设

新时代文明实践是党的十九大以来的一项重要战略部署，旨在通过广泛开展群众性文明实践活动，弘扬社会主义核心价值观，增强人民群众的获得感、幸福感和安全感。文明实践志愿服务高度契合党中央赋予新时代文明实践中心的使命任务和功能定位，是新时代文明实践中心建设的重点工作。宁波市作为中国东南沿海的重要城市，积极响应国家号召，全面推进新时代文明实践中心建设。通过构建覆盖城乡的文明实践网络，推动志愿服务与文明实践的深度融合，宁波市努力将新时代文明实践中心建设成为弘扬社会主义核心价值观的重要阵地。

新时代文明实践中的志愿服务项目覆盖面广泛，包括文明宣讲、文化传播、健康服务、环境保护、应急救援等。这些项目不仅满足了人民群众多样化的需求，也提升了社会的文明程度和治理水平。2019 年，中共中央宣传部和中央文明办联合印发了《关于新时代文明实践志愿服务机制建设的实施方案》。这一方案旨在进一步加强新时代文明实践中心的志愿服务机制建设，推动志愿服务的制度化和常态化发展。方案中明确指出志愿者队伍是新时代文明实践的重要力量，加强志愿者队伍建设，包括招募、培训、管理和激励机制等，是提高志愿服务质量的关键。以宁波市为例，在落实方案过程中，宁波市积极建设新时代文明实践中心，并通过科学规划和统筹管理、加强志愿服务组织与队伍建设、实施多样化志愿服务项目推动志愿服务的制度化和常态化。其中，最为典型的是宁波市北仑区"红领之家"社会服务中心开创了以党建为主体、志愿服务为主业、社会治理为主导，将志愿服务的理念融入新时代文明实践、社会治理中。

"红领之家"社会服务中心的成立初衷是借助党建力量和志愿服务推动社会治理的全面发展。截至 2023 年 7 月，该中心注册志愿者数量达到 1205 名，累计开展活动 4692 次，服务时长达到 94160 小时，惠及服务群众超过80 万人次。这一数字背后，是组织在志愿服务领域的积极探索和创新，同时也反映出志愿者们对社会服务的热忱和奉献。通过"红领五制"（成员实名制、活动申报制、服务积分制、积分兑换制和项目互动制）的创新管理模式，"红领之家"保障了文明实践活动的常态化开展。这种系统性的管理机制为志愿者提供了更加有序和规范的服务平台，也使得志愿服务的各个环节更加透明和可控。

"红领之家"在 11 年的发展过程中，不仅将志愿服务推向专业化、品牌化的方向，还积极推动"专职+兼职"模式，配备了 5 名持证专职社工，并建立了由讲师、律师、心理咨询师等 70 余人组成的"专家库",使得志愿服务队伍更具专业性。这一专业团队的构建为志愿服务提供了更为全面的支持和服务。在服务内容方面,"红领之家"的项目涵盖了多个领域。党员志愿服务、红星乡邻志愿服务、社会治理等 12 个项目的实施,使得其志愿服务的覆盖面更加广泛。其中,"红星乡邻"新时代走关东扶贫扶志项目被评为 2020 年度全国学雷锋志愿服务"四个 100"最佳服务项目,彰显了其在社会服务方面的卓越表现。

"红领之家"通过成立"红领文明实践联盟",联动推广"红领精神",带动 463 家志愿服务组织、1.5 万名党员志愿者、16 万名群众长期参与新时代文明实践。这一联盟的建立形成了"一个组织带动一群人、一群人温暖一座城"的良好局面,推动了社区文明实践行动的深入开展。

四　对策建议

宁波市志愿服务组织与队伍建设在党的领导下,紧贴国家宏观政策,在制度化建设、专业化建设、队伍素质建设等方面取得了一系列的成就。在志愿服务组织与队伍系统性的统筹下,志愿者数量迅速壮大,更在服务内容、专业化发展、社会影响等方面取得了显著进展。通过专业化管理、创新服务模式以及对社会问题的深刻理解,宁波市志愿服务组织与队伍建设不仅实现了志愿服务的规模化,同时为整个志愿服务领域提供了有价值的经验。而随着我国特色现代化建设的持续推进,如何实现宁波志愿服务的高质量发展也成为宁波志愿服务组织与队伍建设下一步要考虑的重要议题。基于此,本报告将从以下三个层面对未来宁波志愿服务组织与队伍建设提出建议。

(一)进一步推进宁波志愿服务组织与队伍建设的可持续性

可持续性问题是志愿服务组织与队伍建设面临的首要挑战。志愿者的参与热情可能随着时间的推移而减弱,志愿服务组织也可能面临人力资源短缺、项目资金匮乏等问题,如大型赛事志愿服务团队面临的志愿者培训成本高与高校青年志愿者流失的问题、文化志愿服务团队面临的服务内容较难创新与志愿者参与兴趣降低的问题、各类志愿服务团队所面临的项目资金短缺的共性问题等。这些挑战需要系统性的解决方案。从宏观政策层面来看，国家和宁波市政府可以进一步针对性地出台相关法规和政策，明确支持志愿服务机构的长期发展。并且，宁波各志愿服务组织与队伍应进一步细化志愿服务规范，明确志愿者的权益和义务，促进更加稳定的志愿者队伍的形成。通过设立专项基金，提供项目资金和志愿者培训补贴，宁波市政府可以为志愿服务组织提供更为可靠的支持。另外，宁波市各类志愿服务组织与队伍应该提高自身"造血"功能，积极吸纳社会性融资。

（二）进一步促进宁波志愿服务组织与队伍建设的社会融合

在志愿服务组织与队伍建设的过程中，社会融合性问题是一个亟待解决的问题。这一问题涉及志愿服务机构与社区居民之间的沟通、合作以及如何更好地服务社会的方方面面。从更深的层面来讲，这一问题涉及志愿服务项目的设计与实施同受益对象的需求匹配程度。

社会融合的核心是建立起志愿服务组织与社区居民之间的有效沟通机制。然而，在实际操作中，志愿服务机构可能面临对社区需求了解不足、沟通方式单一等问题。志愿者队伍与社区居民之间的信息传递和理解存在一定的障碍，这影响了志愿服务的精准性和社会效果。一些志愿服务机构的项目设计可能相对单一，无法满足社区居民的多样化需求。社区的差异性和多样性需要志愿服务项目能够更全面地加以考虑，但一些组织可能因资源有限或了解不足而难以提供多样化的服务。这导致一些社区居民感受不到志愿服务的实际帮助，降低了志愿服务的社会融合度。此外，志愿者队伍的多样性是社会融合性的关键因素之一。然而，由于志愿者的年龄、职业、文化背景等的多样性，组织队伍并确保协同合作可能存在一定困难。不同群体的志愿者可能对服务的理解和期望存在差异，如果管理不善，可能导致团队协作效果降低，甚至出现内部矛盾。宁波市志愿服务组织创新性地以各类驿站为志愿服务站点，较大范围覆盖了宁波市各类公共服务。在后续的建设过程中，应进一步对各类站点所覆盖社区的人口结构、职业结构、需求结构等进行更为系统的评估，加强志愿服务组织与队伍同社区居民的联系，从而提高志愿服务组织与队伍建设的社会融合性。例如：①提高组织的社区洞察力。志愿服务组织应加强对所服务社区的深入了解，建立起多层次的社区洞察机制。②多样性项目设计与实施。志愿服务机构在项目设计时，应该考虑到社区居民的多样性需求。③构建多元文化团队。组织可以加强团队建设和培训，鼓励不同文化背景的志愿者相互学习、尊重差异。④引入社区居民参与机制，通过设立社区志愿者代表、成立志愿者委员会等方式，让社区居民有更多的话语权和决策权，有助于建立起志愿服务的共同体感，提高社区居民对志愿服务的认同度。

（三）进一步发展宁波志愿服务组织与队伍建设的智能性

大数据和智能技术的快速发展给志愿服务领域带来了深刻的影响，对提升效率、拓展服务领域以及推动项目创新产生了积极的效果。宁波市志愿服务以"We志愿"为数字平台，实时监测与统筹宁波志愿服务的开展，创造性地以"信用""活跃"等指标对志愿服务组织与队伍进行激励，取得了较好的成效。但宁波市志愿服务对大数据与智能技术的应用仍停留于较为初级的层面，在后续的志愿服务组织和队伍的建设过程中应进一步提升其智能性。

首先，宁波在后续的志愿服务组织和队伍的建设中要善于利用大数据技术对志愿者和服务对象的信息进行收集、整理和分析，更准确地匹配志愿者与服务需求；利用智能调度系统可以根据志愿者的位置、专业技能等因素，快速、精准地安排志愿者参与服务，提高志愿服务的响应速度和服务效率。其次，进一步拓展志愿服务领域。大数据等智能技术可以揭示社区和群体的需求趋势，帮助志愿服务组织与团队更好地了解社会问题和服务痛点。通过智能技术，志愿服务可以更广泛地涉足医疗、社会矫正、心理健康等领域。例如，通过分析社区的健康数据，可以有针对性地组织健康讲座或提供相关服务，实现对不同需求群体的精准服务。最后，进一步提高志愿服务质量。

大数据和智能技术的使用有助于实现志愿服务的个性化和差异化。通过对志愿者和服务对象的信息进行深入分析，志愿服务组织与团队可以制订更加个性化、精准化的服务计划。同时，智能技术可以在服务过程中提供实时的反馈和指导，有助于志愿者提高服务水平和服务质量。

B.4
宁波新时代文明实践志愿服务
培训发展报告

詹 斌 李 硕*

摘 要： 在推动新时代文明实践志愿服务培训的过程中，宁波市以习近平新时代中国特色社会主义思想为指导，深入贯彻党的二十大精神，以宁波志愿者学院为桥梁，围绕全市志愿服务工作的重点展开志愿服务培训工作。宁波市依托社会组织进行志愿服务培训的模式提供了一条深度整合社区资源与专业能力的新路径，极大地提升了培训效率和服务质量。宁波市通过建立常态化的培训机制，确保了志愿服务活动与社会需求之间能持续对接，有效地推动了社会治理的现代化。这一模式的推广和应用，为其他地区提供了宝贵的参考经验，具有较高的借鉴价值和实用性。

关键词： 志愿服务 志愿服务培训 宁波志愿者学院

　　宁波市作为中国东部沿海的重要城市，其志愿服务培训工作在国内具有示范性的地位，特别是在新时代文明实践中心的建设过程中，宁波市通过创新和实践，推动了志愿服务质量的显著提升。本报告深入探讨宁波市依托社会组织进行志愿服务培训的实践模式，系统地梳理了宁波市在新时代文明实践志愿服务培训中的具体策略和成效。宁波市新时代文明实践志愿服务培训的特色在于其深度整合了相关社会组织的资源与专业能力，通过与各类社会

---

* 詹斌，宁波市志愿者学院执行院长，研究方向为志愿服务；李硕，吉林大学哲学与社会学院硕士研究生，研究方向为志愿服务与社会治理。

组织的合作，不仅实现了资源共享，更重要的是实现了专业技能与经验的互补。在此基础上，宁波市实施了"两延伸""三联动""四工程"等一系列策略，优化了培训的结构与流程，确保了培训活动的系统性和连续性，显著提升了培训的覆盖面和质量。为推广有效的志愿服务培训模式、进一步推动全国志愿服务事业的发展、实现志愿服务与社会治理现代化的深度融合，本研究将从宁波新时代文明实践志愿服务培训的发展背景、实施策略、存在问题与发展建议等四个方面展开，旨在全面系统地分析和评估宁波新时代文明实践志愿服务培训的模式和效果，为未来志愿服务培训提供理论依据和实践指导。同时，为促进志愿服务活动的持续健康发展，为培养出一支更加专业、更有爱心、更有责任感的志愿者队伍，为社会的和谐与进步贡献力量。

一 宁波新时代文明实践志愿服务培训的总体情况

宁波市作为新时代文明实践中心建设的领跑者，其志愿服务培训不仅覆盖面广泛，而且深入到群众生活的每一个角落，极大地提升了服务的质量和效率。这种全面而精细的服务体系，确保了文明实践不仅在表面上融入市民生活，而是实实在在提升了市民的生活质量。通过宁波市系统的志愿服务培训，群众能够享受到更加便捷、便利的服务，这些服务项目紧密对接群众需求，充分体现了宁波市的专业优势。2021年12月3日，宁波市人民代表大会常务委员会发布《宁波市志愿服务条例》，指明了志愿服务的总体目标、关键任务、主要措施和预期成效，确保了全市志愿服务工作的系统性和前瞻性。其中，着重强调了志愿服务培训落实到基层，促进志愿服务培训实践与群众深度融合，通过提升志愿者的专业能力和服务水平，使志愿服务成为推动社区发展和社会治理现代化的重要力量。

在政策的引导下，2023年，宁波市以宁波志愿者学院为支撑，深入贯彻习近平新时代中国特色社会主义思想及党的二十大精神，以创新的"两延伸""三联动""四工程"战略，全面提升志愿服务培训的质量和效果。这一年，宁波市成功完成了97场专题培训，直接培训人次达到28958人。

通过这些培训，宁波市扩大了志愿服务的社会影响力，特别是通过向安徽滁州市、来安县、全椒县、台州临海市等地区提供专门的培训，进一步扩展了志愿服务的辐射半径。此外，宁波市还举办了中央社会工作部成立后的全国首个志愿服务专题培训班——2023 全国文物和文化遗产保护志愿服务暨博物馆志愿服务工作培训班，进一步提升了培训的专业水平和实用性。

宁波市在深化志愿服务理论研究方面也取得了显著成果。通过开展"中国式现代化视域下志愿服务的省域研究""新时代志愿服务体系建设的宁波样本研究""区域性志愿服务高质量发展对策研究"等五个层级的委托性研究课题，宁波市不仅丰富了志愿服务的理论体系，也为实践提供了科学的指导和策略支持。这些研究成果的应用转化，帮助宁波市在实际工作中更好地解决问题、优化服务策略，确保每一项服务都能精准有效地响应社会和群众的需求。通过这些系统的理论与实践活动，宁波市在全国志愿服务培训领域的领导地位得以巩固，对推动全国志愿服务事业的发展产生了深远的影响。

二 宁波新时代文明实践志愿服务培训的发展模式

宁波新时代文明实践志愿服务培训模式在新时代文明实践中心建设的背景下，展示了其独特的发展模式与多层次的战略实施，特别是通过"四个工程"、"三级联动"和"双向延伸"等策略，构建了一个全面、系统且高效的志愿服务培训体系。这种模式不仅提高了志愿服务的质量和效率，而且促进了社会组织平台的完善，加强了社会组织网络的建设，并显著提升了培训的广泛性和深入性，从而使宁波市在全国志愿服务培训领域保持领先地位。

（一）以"四个工程"进一步优化培训主体，打造志愿服务的社会组织平台

2023 年，宁波志愿者学院以构建本土化的师资为核心，以丰富的课程体系为支撑，以专业化的志愿服务工作者为推手，以优秀的志愿服务阵地、领袖、骨干和项目为主体，推动建设宁波市志愿服务生态体系。启动"四

个工程",即以全市 100 个志愿服务阵地负责人、100 个志愿服务领袖、100 个志愿服务骨干、100 个志愿服务项目负责人为培训对象的"百优"提质工程;以基层、职能部门、企事业单位和高校(中职)志愿服务工作者为培训对象的"领航者"培育工程,并首次推动企业志愿服务培训班的开办;在第一批师资快速成长的背景下,继续遴选一批政治站位高、业务能力强、专业功底深、实践经验丰富的志愿服务领域能人,启动志愿服务师资"30+"成长工程,力争在 2024 年底前为全市培养不少于 30 名优秀师资;以志愿服务微课为形式,以数字化平台为载体,启动宁波志愿者学院"数字学院"建设工程,首批微课(10 节)已完成拍摄并上线,力争通过三年时间构建完成全国领先的志愿服务结构化课程体系。

(二)以"三级联动"进一步完善培训策略,搭建志愿服务的社会组织网络

通过三年连续举行的全省志愿服务项目大赛,省域范围内的志愿服务专业化发展已成为共识。通过加强省级、市级和区级范围内的教育培训资源的共享,建立"三级联动"机制,持续推动全市志愿服务工作的高质量发展,扩大影响力和"朋友圈"。2023 年,宁波与安徽省的合作进入深水区,尤其是安徽天长市分院建设进入实质性筹备阶段。与温州、湖州、台州、绍兴志愿者学院以及杭州志愿服务联合会的培训课程和培训师资共享机制也基本形成,互派师资已成为基本共识。通过省级联动,既向各地分享了宁波的志愿服务教育培训成果,也吸收了各地的志愿服务先进经验。同时,宁波志愿者学院与上级主管部门以及市志愿服务联合会秘书处积极沟通,在已经挂牌成立各区(县市)志愿者学院的基础上,建立市、区学院两级联席会议机制,每季度召开至少 1 次联席会议,实现业务沟通常态化,尤其是与北仑区、奉化区、鄞州区、镇海区的"双向联动",促进了区级志愿服务核心教育培训团队的形成,为区域性志愿服务工作的可持续高质量发展提供了有力保障,有效实现了全市志愿服务教育培训一体化,更好地推动全市志愿服务的人才培养和理论研究。

（三）以"双向延伸"进一步扩展培训对象，提升志愿服务的数量与质量

宁波市志愿者学院通过总结分析近三年全市志愿服务的发展情况，针对培训对象趋同、培训范围狭窄、培训课程单一等制约因素，积极拓展培训对象、扩大培训范围、丰富课程内容，并发布了《开局就奔跑，起步就提速——2023年宁波志愿者学院课程总纲》，向全国推介全新课程体系、师资队伍和教学点，充分展现了新冠疫情结束后，学院加速高质量出发的决心。在具体工作的开展上，具体抓好两个方向的培训延伸。一是对内从区（县市）向职能部门延伸。继续做好区（县市）志愿服务的培训指导工作，承办和参与镇海区、象山县、北仑区文明办委托的志愿服务工作者培训班，推动和支持宁海县、奉化区、镇海区、江北区、鄞州区志愿服务项目大赛工作。同时，加强与职能部门、群团组织沟通，继续做好总工会志愿服务专题培训和志愿服务项目大赛，推动市退役军人事务局志愿服务项目大赛工作，完成2022年度中央财政支持项目"宁波市志愿服务领域社会组织骨干培训班"，承办全国文物和文化遗产保护志愿服务暨博物馆志愿服务工作培训班。二是对外从省内向省外延伸。继续推动包括杭州、绍兴、温州、台州、金华等省内兄弟城市志愿服务的培训体系建设，并进一步拓展至安徽、山东等地。承接安徽省滁州市来安县、肥东县、全椒县，上海市金山区和台州临海市等省内外委托培训班11个，并通过线上线下相结合的方式，为内蒙古文明办、安徽省退役军人事务厅、山东省委宣传部等单位开展了相关培训5场。全程参与了安徽省退役军人志愿服务项目大赛指导工作，还参加了浙江省志愿服务项目大赛决赛评审工作。

三 典型案例

（一）全国文物和文化遗产保护志愿服务暨博物馆志愿服务工作培训班

2023年11月27日至12月1日，全国文物和文化遗产保护志愿服务暨

博物馆志愿服务工作培训班在浙江省宁波市开班。培训由中央社会工作部五局、中央社会工作部志愿服务促进中心、国家文物局博物馆与社会文物司主办，中国博物馆协会、中国志愿服务联合会联合承办，宁波市文明办、宁波市文化广电旅游局、浙江省博物馆学会、中国博物馆协会志愿者工作委员会、宁波市志愿服务联合会、宁波市文物考古博物馆学会、宁波博物院、宁波志愿者学院联合协办，旨在深入贯彻落实习近平总书记关于志愿服务的重要论述和系列重要指示批示精神，更好提升文物和文化遗产保护志愿服务特别是博物馆志愿服务工作水平，促进该领域志愿服务高质量发展。中央社会工作部五局副局长张其胜出席开班仪式并讲话，宁波市委宣传部副部长、市文明办主任、市志愿服务联合会会长邓晓东，宁波市文化广电旅游局党组副书记、副局长王辅橡，中国博物馆协会理事长刘曙光，以及国家文物局博物馆与社会文物司副司长何晓雷在开班仪式上分别致辞。培训由理论教学、主题研讨、现场教学组成。来自各省市志愿服务联合会、文明办相关负责同志及国家博物馆、故宫博物院等文博机构的 220 多位相关负责人参加了本次培训。人民网、腾讯网、中国志愿等新闻媒体、网络媒体对 2023 年全国文物和文化遗产保护志愿服务暨博物馆志愿服务工作培训班都有相关报道。

相较于其他培训班，本次培训具有四个鲜明特点：一是本次培训班是全国性的志愿服务工作者和博物馆志愿服务负责人共同参加的培训班；二是理论教学、学员经验分享、现场实地教学为一体的培训班；三是由中国志愿服务联合会和中国博物馆协会共同承办培训班；四是筹备工作时间紧环节多、任务重、要求高的培训班，具有重要创新意义和示范作用。培训包含理论课程讲座、优秀学员经验分享和现场教学三个部分。培训开设 6 场专题讲座，中国博物馆协会刘曙光理事长以《习近平文化思想与博物馆高质量发展》开启第一课。他指出习近平文化思想在我国社会主义文化建设中展现出了强大伟力，为做好新时代新征程宣传思想文化工作、担负起新的文化使命提供了强大思想武器和科学行动指南。博物馆作为国家文化建设的重要主体，是传播中华优秀传统文化的主力。同时，刘曙光理事长也指出了我国博物馆事业发展中存在的显性和隐性问题。上海海洋大学新时代文明实践与志愿服务研究中心常务副主任张祖平教授为大家讲授题为《文博志愿服务项目设计与品牌打造方法》。中国社会科学院社会发展战略研究院志愿服务研究室主任，中国志愿服务研究中心常务副秘书长，研究员，博士生导师田丰则和学员一起分享了中央机构改革调整后，文物与文化遗产保护志愿服务和博物馆志愿服务发展方向的一些思考。河南博物院社教部主任，中国博物馆协会志愿者专委会副主任委员单位负责人，河南省博物馆学会社教专委会主任委员单位负责人林晓平从激励的概念入手，与在座的学员探讨了有关博物馆激励志愿者的机制和案例，使博物馆志愿者服务工作得到科学有序发展。复旦大学文物与博物馆学系教授、博士生导师魏峻从志愿服务基础概念出发，分析博物馆志愿者管理中的理论成果与具体方法，并提出有关评估的初步构想。

作为志愿者交流和互动的平台，本次培训班特意设置了主题研讨交流会。云南省博物馆副馆长韦坚、秦始皇帝陵博物院社会教育部主任农茜、长沙市博物馆公共服务部主任王倩、宁波博物院志愿者项目管理人员李潇洁上台分享了各自志愿者团队的经验和做法。为期五天的培训不仅在会场进行，还在宁波博物院和天一阁博物院设置了现场教学。在宁波博物院教学点，学员们在志愿者的带领下参观了宁波博物院志愿者之家，还现场观摩了志愿者项目设计研讨、业务工作分析等日常工作开展过程。"小小文博人"现场讲解更是为现场教学"锦上添花"，获得培训班学员们的一致好评。此次与培训班同期开展的中国博物馆志愿服务工作主题展示在宁波博物院（宁波博物馆馆区）三楼举行。穿过"志愿者之心"的爱心门，中国博物馆志愿服务工作展馆以志愿主题展板内容、实物展示和视频形式展现了中国博物馆志愿者和近年来全国博物馆的优秀志愿服务项目。2023年11月29日晚上，宁波博物院一楼大厅"致敬志愿者 博物馆之夜"活动精彩亮相，本台晚会由宁波博物院志愿者团队、宁波交响乐团和鄞州越剧团共同参与完成表演，来自不同行业的志愿者们齐聚一堂，用舞台剧、交响乐，以及宁波传统戏剧——越剧等不同形式展现志愿者风采。

近年来，志愿者构成更加复杂，志愿工作不断深入到博物馆工作的方方面面。公众对博物馆志愿工作的参与热情不断攀升，也对志愿管理工作，包括招募培训机制、工作管理方式、团队建设模式、志愿岗位设置等提出了更高的要求，新的公众需求和时代变化给博物馆带来了新的挑战、提出了新的问题。借由本次培训班，全国博物馆将深度交流博物馆志愿工作实践，畅想博物馆志愿工作的未来，不断推动中国博物馆志愿事业的创新发展。

（二）全市优秀志愿服务项目负责人培训班

为助推 2023 年宁波市新时代文明实践志愿服务项目大赛顺利举行，提高各参赛项目的综合水平，受宁波市志愿服务项目大赛组委会委托，宁波志愿者学院于 2023 年 6 月 9 日顺利开办了全市优秀志愿服务项目负责人培训班。来自全市的参加 2023 年宁波市新时代文明实践志愿服务项目大赛各申报项目负责人参加了本次培训，共计 150 余人。

培训由宁波市委宣传部志愿服务处三级调研员孙志军作开班动员讲话，他首先对此次培训的安排进行了说明，并着重强调了其目的和意义。宁波的志愿服务水平在全省始终处于领先位置，但我们仍要继续挖掘和不断完善新的优秀项目，通过培训做好梳理总结工作，打造出全新的宁波志愿服务项目品牌，推动志愿服务项目化、专业化、品牌化发展。通过本次培训，希望各项目团队要继续挖掘自身潜力和特色，提升自我优势，为 2023 年市赛和省赛助力！

培训采用理论授课和经验分享的教学模式，邀请了宁波志愿者学院特聘讲师为学员们授课。锋之社爱心服务协会副秘书长、锋之社社工中心理事长沈斌华通过大量案例，从最基本的志愿服务项目定义、分类入手，再到把握项目设计思路和技巧，最后到怎样才能避免项目设计雷区进行了多方面展开，详细阐述了如何做好志愿服务项目设计与管理；江北区向阳花社会工作发展中心负责人蔡莉丽围绕该从哪些方面继续深挖各项目的特色，从而完善志愿服务项目书的撰写展开讲述；北仑区洛可社会工作服务中心负责人沈庆和"我为烈士修遗物"志愿服务项目团队骨干成员林佳琪则与学员们交流分享了如何从应赛角度做好一个志愿服务项目的经验。参加完本次培训的学员纷纷表示收获颇丰，学习到了很多有用的知识和经验，继续努力为接下来的比赛做好充分准备。

（三）宁波市巾帼志愿服务工作培训班

为深入学习习总书记关于妇联和妇女工作的重要论述，全面贯彻落实"七一"重要讲话精神，结合党史学习教育，进一步提升宁波市巾帼志愿服务组织的综合素质能力，更好地发挥巾帼志愿服务团队示范引领作用，2021年11月4日~5日，宁波市巾帼志愿服务工作培训班在我院顺利举办。参与此次培训的人员有各区县（市）妇联、各园区妇工委分管领导、宣教部部长和巾帼志愿服务团队负责人，共40人。这是宁波市首次举行针对巾帼志愿者的专题培训班。培训班由杨晶部长主持，谭再琼副主席作开班仪式动员讲话。针对开展此次培训的意义，谭副主席说道，首先要大力弘扬志愿服务精神，积极推进志愿服务常态化工作；其次要营造志愿服务的良好氛围；最后要激发大家对志愿服务工作的热情，树立更多优秀典型。

培训以课程讲授和经验分享的形式开展，邀请了全省知名的社会工作和志愿服务专家授课辅导。宁波志愿者学院执行院长詹斌以"巾帼志愿服务项目的产生与设计"为主题，通过大量案例，阐释了挖掘巾帼志愿服务项目特色、完善项目设计和创新项目运作模式等问题。天宜社会工作服务社总干事张露娜围绕"志愿服务组织的社区融入"以及"项目路演技巧"这两个方向，介绍了如何了解需求方的服务需求，以更好地进行社区融入和组织管理，提高活动执行技巧。学员们纷纷表示十分受用，好评不断！在经验分享环节，宁波市首批师资班成员、余姚市志愿者学院执行院长王红岩、慈溪市古塘街道妇联主席徐婷和慈溪市青禾爱心俱乐部理事长徐旭利针对当前余姚和慈溪地区仍在大力开展的优秀志愿服务项目作交流发言。

（四）临海市新时代文明实践志愿服务骨干培训班

为进一步扎实做好新时代文明实践志愿服务建设工作，浙江省台州市临海市组织赴宁波市学习考察，借鉴宁波市志愿服务相关工作的先进经验。2023 年 2 月 18～19 日，受临海市委宣传部委托，由宁波志愿者学院承办的临海市新时代文明实践志愿服务骨干培训班顺利举办。来自临海市新时代文明实践志愿服务的骨干成员共 15 人参加了此次培训。

培训班以新时代文明实践为重点，邀请了宁波市志愿服务优秀讲师授课。宁波志愿者学院特聘讲师、奉化区锋之社爱心服务协会副秘书长沈斌华和宁波市慈善总会副秘书长侯金辉分别作"志愿服务项目促进志愿服务组织发展"和"志愿服务资源筹措"主题分享，通过大量案例，就如何引领志愿服务组织规范化建设和志愿服务组织如何进行资金筹措等方面和学员们进行经验交流以及理论和实操指导。培训采取"理实一体化"授课模式，除理论学习外，学员们还前往宁波市健康家园公益服务中心进行了参观学习。学员们纷纷表示此次跨市培训不虚此行，收获颇多，学习到了很多的实用经验。

（五）肥东县文明城市创建专题培训班

为扎实推进建设文明城市创建工作，改善广大居民的生活环境。2023 年 5 月 8～13 日，受安徽省合肥市肥东县委宣传部委托，由宁波志愿者学院、哈尔滨工业大学威海校区承办的肥东县文明城市创建专题培训班于宁波成功举办，来自肥东县的 84 位党员代表参加了此次培训。

此次培训班紧紧围绕文明城市常态化建设、志愿服务品牌项目的设计与管理、城市文明交通秩序管理、职能部门以志愿服务为媒介开展的公共服务工作等模块，邀请了宁波市在文明城市创建领域有丰富理论和实践经验的专家学者，通过案例剖析、专题介绍等进行专业化授课。其中，宁波市委宣传部城乡文明建设处一级主任科员朱凯获围绕"学习贯彻习近平总书记关于精神文明建设重要论述高水平高质量推进精神文明创建工作"进行专题讲座；上海海洋大学教授、博士生导师，宁波志愿者学院院长张祖平就"志愿服务品牌项目的设计与管理"展开授课；宁波市交通管理局道路秩序处勤务管理科科长孙继凯作"城市文明交通秩序管理"专题授课；宁波市房屋安全和物业管理中心副主任曹宁勤围绕"强化党建引领，完善公共服务，推进城镇老旧小区改造"进行理论授课及经验分享；宁波市生活垃圾分类指导中心考核监督科科长陈泽州以"职能部门以志愿服务为媒介开展公共服务的实践与探索"为主题授课分享交流经验做法；北仑区市场监督管理局市场合同监管科科长朱琦峰以"农贸市场长效管理经验交流"为中心与学员们展开探讨；鄞州区委宣传部网络宣传管理科科长肖圣华围绕"突发事件及危机处理中网络舆情的面对与引导"这一主题，为学员们介绍了理论知识，分享了工作经验。学员们纷纷表示此次培训受益匪浅，大家认真倾听，主动互动，不断破解难题，提出解决方案，为创建文明城市贡献自己的力量。

培训采取"理实一体化"授课模式，除理论学习外，还进行了现场实务教学。其间，学院组织学员们依次参观走访了鄞州区东柳街道樟树街区和月季社区、鄞州区钟公庙街道惠风社区、江北区孙家菜市场、鄞州区明楼街道明南社区、甬城泊车——智慧停车场、宁波市志愿者服务指导中心和慈溪市钱海军志愿服务中心。本次培训坚持以"创城"引领民生工作，提高群众幸福感和满意度，坚持"创城"践行初心使命，提升党员干部为民情怀和责任担当，为期6天的培训，学员们纷纷与宁波的志愿服务骨干进行了友好交流。

（六）来安县新时代文明实践志愿服务培训班

为进一步做好新时代文明实践志愿服务工作，借鉴新时代文明实践志愿服务的相关工作先进经验，2023年3月28~31日，安徽省滁州市来安县新时代文明实践志愿服务培训班在宁波志愿者学院顺利举办。参与此次培训的人员有来安县委宣传部（文明办）干部，各乡镇（街道）、村（社区）分管志愿服务工作负责人，新时代文明实践站负责人和青年志愿者协会骨干共52人。开班仪式上，来安县委宣传部副部长、县文明办主任邵德明作动员讲话："进一步扎实做好新时代文明实践志愿服务建设工作，是文明城市创建的重点工作，要认识到这项工作的重要性。这次培训，是来安县委宣传部第一次组织省外培训，县委领导高度重视。大家来到荣获文明城市六连冠的宁波，要遵守学习纪律，多学多看，学习借鉴宁波市新时代文明实践志愿服务工作的好经验好做法。"

培训班以新时代文明实践志愿服务为重点，邀请了宁波市志愿服务领域的专家授课辅导。宁波志愿者学院执行院长詹斌就"学习习近平总书记关于社会主义精神文明建设论述及新时代文明实践志愿服务工作的实践意义"，对志愿服务的作用、基本概念和发展困境等十个问题展开了深入浅出的讲解。与此同时，学院还邀请了三位特聘讲师进行专题授课。北仑区洛可社会工作服务中心负责人沈庆从如何进行志愿服务项目设计及后续创新方面展开讲授；宁波市健康家园公益服务中心主任吴滨滨通过经典案例详细阐述了如何做好宣传工作，打造特色志愿服务品牌；宁波大学附属第一医院社工部主任岑利波围绕"志愿服务团队的组建与激励"这一主题，为学员们介绍了理论知识，分享了工作经验。学员们纷纷表示："讲师们独具特色的个人风采、精彩而务实的授课方式，给我们带来了全新的体验，开阔了专业视野，更新了工作理念，收获满满。"

培训采取"理实一体化"授课模式。除理论学习外，还进行了现场实务教学。学员们先后前往奉化锋之社爱心服务协会、慈溪市钱海军志愿服务中心、慈溪市附海镇东海村和鄞州区新时代文明实践中心进行了实地参观学习。分别从"志愿服务项目促进组织发展"、"国有企业社会责任行使方式的探索与实践"、"全民参与志愿服务背景下的乡村社会治理集体人格的形成与应用"和"文明实践活动常态化促进地区高质量发展"四个角度，与宁波的志愿服务骨干进行了友好交流。

四　宁波新时代文明实践志愿服务培训中的问题与建议

（一）存在问题

宁波新时代文明实践志愿服务培训在推动志愿服务发展方面取得了显著

成效。通过系统的培训，宁波的志愿者队伍得到了壮大，服务能力和专业水平显著提升。志愿者们在服务过程中展现出了高度的责任感和奉献精神，为社会带来了积极的影响。同时，宁波志愿服务培训还注重培养志愿者的创新意识和实践能力，鼓励他们积极探索新的服务模式和方法，以满足群众日益多样化的服务需求。然而，尽管宁波志愿服务培训取得了一定的成绩，但在发展过程中也暴露出一些问题，需要进一步优化培训资源配置，加强培训内容和形式的创新，提高培训的针对性和实效性，从而更好地服务于宁波市志愿服务的发展。

宁波市的志愿服务培训在运行过程中存在显著问题，主要体现在培训形式单一、内容匮乏和缺乏长效机制等方面。这些问题不仅抑制了志愿者的学习热情和参与度，还严重影响了培训的实际效果。单一的教学模式限制了志愿者之间的互动和实践，使得知识难以应用到实际服务中，培训内容缺乏系统性和逻辑性，未能满足志愿者的多样化需求，影响了他们的学习动力和技能应用。而缺乏长效培训机制则导致培训无法持续更新，难以适应社会和科技发展的步伐，限制了志愿者的持续成长和服务质量。

1. 培训形式相对单一

宁波新时代文明实践志愿服务培训在形式上相对单一，过于依赖传统的教学模式，这种模式不仅抑制了志愿者的学习热情和参与度，还可能导致培训效果大打折扣。在现有模式下，信息传递往往是单向的，即从培训者向志愿者灌输知识，缺乏互动性和双向交流，这限制了志愿者之间以及志愿者与培训者之间的深入交流和思想碰撞，使得知识难以真正应用到实际的志愿服务中，实践效果不佳。例如，在宁波市环境保护志愿者培训项目中，培训主要内容集中于环境保护的基本知识和政策法规的宣讲，这些内容虽然重要，但在实际的培训过程中，却主要依赖于讲师的单方面讲解，缺乏实际操作和互动环节。志愿者在听取了大量的理论知识后，缺乏相应的实践操作，使得他们在实际开展环境保护活动时，仍面临许多困惑和问题无法解决。部分培训往往与出征仪式结合，成为一种象征性的动员和提醒，缺乏系统性和持续性的内容支撑。这种象征性的培训形式虽然在短期内能够激发志愿者的热情，但由于缺乏深度的知识讲解和系统的培训内容，志愿者在实际服务中难以发挥应有的作用。培训内容偏重理论宣讲，采用传统的"填鸭式"教学方法，忽视了必要的交流互动和实践体验环节，这在很大程度上削弱了培训的质量和效果。志愿者在接受培训时，往往被动接收信息，缺乏主动参与的机会，这不仅影响了他们的学习效果，也降低了培训的实际应用价值，亟须引入更多元化和互动性强的培训形式，以提升培训的整体效果和志愿者的实践能力。

2. 培训内容有待丰富

宁波市的志愿服务培训在地方志愿服务发展中扮演着至关重要的角色，然而，当前培训内容的体系化程度尚显不足，这在很大程度上影响了培训效果的最大化。具体而言，培训内容缺乏统一的框架和明确的进阶路径，导致各知识点之间缺乏必要的逻辑联系，难以构建一个完整且系统的知识体系。这种零散的培训模式使得志愿者难以获得连续性的学习体验，且不利于他们对志愿服务的全面和深入理解。这样的培训结构无法满足志愿者的深入学习需求，限制了他们在实际救援工作中的应用能力。此外，不成体系的培训内容也可能忽视了对志愿者个性化需求的关注，导致培训无法充分满足不同背景和层次志愿者的实际需求。这种情况可能会影响志愿者的学习动力，限制他们将所学知识和技能有效应用于实际服务中。因此，宁波市的志愿服务培训需要建立一个系统化、模块化的内容体系，这个体系应涵盖志愿服务的各个方面，包括志愿服务理念、法律法规、专业技能、沟通技巧、团队协作、应急处理等，形成一个完整的知识结构。同时，培训内容的设计还应当充分考虑志愿者的个性化需求，提供多样化的学习路径和选择，以适应不同志愿者的特点和需求，从而提高培训的整体效果和志愿者的实际应用能力。

3. 缺乏长效培训机制

宁波市的志愿服务培训目前存在的一个显著问题是缺乏长效培训机制。这种缺失意味着培训通常只是一次性的活动，缺乏持续性和连贯性，从而使得志愿者无法获得持续的学习和成长机会。培训往往仅在志愿者参与特定活动前进行，活动结束后，相关的学习和发展支持就戛然而止，这使得志愿者难以在服务过程中不断进步和深化理解。例如，在紧急救援志愿者培训中，志愿者们在活动开始前接受了一次集中培训，培训内容涵盖了基本的救援知识和技能。然而，在培训结束后，没有进一步的学习资源和指导，使得志愿者在实际救援行动中遇到新的问题和挑战时无法获得及时的支持和解决方案。这不仅限制了志愿者的个人成长，也影响了他们在实际服务中的表现。此外，缺乏长效培训机制还意味着培训内容和方法难以与时俱进，不能适应社会的变化和志愿者需求的发展。随着社会的不断进步和志愿服务领域的拓展，新的知识和技能、新的问题和挑战不断涌现，如果培训内容无法持续更新和改进，就难以保持其前瞻性和实效性。在当今科技迅速发展的背景下，许多新的技术和工具可以应用于志愿服务中，但由于缺乏长效培训机制，这些新技术和方法无法及时传达给志愿者，导致他们在服务过程中无法充分利用这些先进的资源，从而影响了服务质量和效率。宁波新时代文明实践志愿服务培训在缺乏长效培训机制的情况下，难以确保志愿者在服务过程中的持续成长和技能提升，培训内容和方法也难以跟上社会和科技发展的步伐，限制了志愿服务的整体水平和发展潜力。

（二）宁波新时代文明实践志愿服务培训全面发展的优化方向

针对上述问题，宁波市应以社会工作的机构改革为契机，以志愿服务与社会工作高度融合为主要方向，以高素质社会工作人才培养为主要目标，为全市志愿服务事业的持续健康高质量发展提供智力保障。为构建多样化、系统化和持续性的培训体系，提升志愿者的综合素质和服务能力，宁波市可以通过采用互动式学习和现代信息技术，增强培训的参与性和实用性，确保志愿者能够在实践中有效应用所学知识。同时，通过系统化的培训内容体系，包括基础知识、核心价值和专业技能，为志愿者提供全面发展的路径。为了保持培训的适应性和前瞻性，宁波市应制订详细的定期培训计划，并注重培训的评估与反馈，以不断优化培训质量和效果，最终目标是培养出更多高素质的志愿者，推动志愿服务事业的持续健康发展。

1. 建构多样化的志愿服务培训形式

宁波市在构建多样化的志愿服务培训形式方面，应采取更加多元和创新的方法，以提升培训质量和效果。例如，通过引入互动式学习，如小组讨论、角色扮演、模拟演练等方式，可以大大促进志愿者之间的交流和对知识的深入理解。这样不仅能激发志愿者的参与热情，还能通过互动和实践加强他们对所学内容的掌握和应用能力。此外，增加实践操作的机会也是提升培训实用性和有效性的重要手段。让志愿者能够在模拟或真实的服务场景中应用所学知识，不仅可以提高他们的实际操作能力，还能让他们在实践中发现问题、解决问题，积累实际经验。例如，在一次急救培训中，志愿者不仅学习了理论知识，还通过模拟演练进行了心肺复苏和急救包扎的实际操作，这种培训方式显著提高了志愿者在紧急情况下的应对能力。利用现代信息技术也是构建多样化培训形式的重要途径。依托"志愿宁波"数字平台，通过在线学习平台、移动应用、虚拟现实（VR）和增强现实（AR）等技术手段，可以实现培训内容的可视化、培训方式的多样化、培训时间的灵活化、培训教师的互动化以及培训效果的可控化。通过这些技术集成的方式，志愿者可以在任何时间、任何地点进行学习，同时还能获得即时反馈和支持。例如，通过VR技术，志愿者可以身临其境地参与到模拟场景中进行培训，这不仅提高了学习的趣味性和参与度，还能让志愿者在虚拟环境中反复练习，直至掌握技能。此外，数字平台的应用还可以实现培训过程的全程记录和追踪，确保每一位志愿者的学习时长、学习内容和学习效果都能被详细记录和评估，从而为个性化的培训调整提供数据支持。这种多元化和技术集成的培训形式，不仅可以满足不同志愿者的学习需求，还能不断提升志愿服务培训的整体质量和实效性。

2. 形成系统化的志愿服务培训内容

宁波市的志愿服务培训需要构建一个更加系统化和模块化的内容体系，这个体系应涵盖志愿服务的基础知识、核心价值、法律法规、专业技能、沟通协作、应急处理等多个方面，形成一个层次分明、循序渐进的学习路径。同时，培训内容的设计必须充分考虑志愿者的多样性，提供差异化和个性化的培训选项，以满足不同志愿者群体的特定需求。并具备一定的灵活性和开放性，与时俱进，能够根据社会需求的变化和志愿服务领域的最新发展，不断吸收新的理念、技术和方法，以保持其前瞻性和实效性。基础培训作为培训体系的基石，为志愿者提供志愿服务的基本原则和理念，帮助他们理解志愿者的角色、权利与义务。专业技能培训是提升志愿者服务能力的重要环节，涉及具体的服务领域知识和技能，如急救技能、心理咨询、法律援助等，确保志愿者能够在各自的服务领域内提供专业有效的帮助。实践操作培训通过模拟真实的服务场景，增强志愿者的实际操作能力和问题解决技巧。持续教育机制鼓励志愿者在服务过程中不断学习新知识、新技能，保持其服务技能的现代性和相关性。交流与分享平台为志愿者提供了一个相互学习、相互启发的环境，促进团队合作和集体智慧的形成。评估与反馈机制是培训体系中不可或缺的一部分，通过定期的培训效果评估，收集志愿者和受益者的反馈，为培训内容和方法的持续改进提供依据。权益保护措施确保志愿者在服务过程中的合法权益得到充分保障，增强志愿者的安全感和归属感。文化培养通过强化志愿服务文化，提升志愿者的内在服务动力，培养志愿者的社会责任感和奉献精神。技术支持利用现代信息技术，如在线学习平台和移动应用，为志愿者提供便捷的学习资源和工具。激励机制的建立对于激发志愿者的积极性和创造性至关重要，通过表彰优秀志愿者、提供职业发展机会等方式，鼓励志愿者长期参与志愿服务活动。通过这些综合措施，志愿服务培训体系能够不断自我完善和发展，为社会培养出更多高素质的志愿者，推动志愿服务事业的持续健康发展。

3. 构建持续性的培训服务机制

宁波市的志愿服务培训需要建立一个持续的、动态的、适应性强的长效性机制，以确保志愿者能够不断提升自己的技能和知识水平，适应社会需求的不断变化。其一，需要制订规律的培训计划，通过系统的培训需求分析，结合相关志愿活动的工作安排，遵循标准化、普遍性、有效性等原则，制订和实施详细的志愿者培训计划。这个培训计划应将培训目标具体化和可操作化，根据既定目标合理安排学制、课程、教师、教学方式、教材、考核、设施和场所等培训要素，以确保培训项目能够制定出切实可行的操作方案，从而最大化培训成果。规律的培训计划是志愿服务培训体系中不可或缺的一环，不仅有助于志愿者及时更新自己的知识库，还能使他们掌握最新的服务理念和技能方法，以适应社会需求的不断变化。例如，宁波市在年度环保志愿者培训计划中，定期安排有关生态保护、垃圾分类、绿色能源等最新环保知识的课程，并结合实地考察和互动讨论，使志愿者能够紧跟环保领域的发展动态。其二，注重培训的评估与反馈是确保培训质量和效果的关键步骤。培训评估是对培训效能和培训目标实现程度进行科学分析、比较、综合和判断的过程。任何一种培训都必须接受效果评估，否则培训将流于形式，起不到任何实际作用。及时评估和反馈不仅能够监控培训是否达到预期的目标，还能够为未来培训的改革和优化提供重要依据。通过定期的培训效果评估，收集志愿者和受益者的反馈，不仅可以检验培训的最终效果，还可以规范培训相关人员的行为，从而确保培训的科学性和有效性。

领域报告 ⟩

B.5
宁波市行业部门新时代文明实践
志愿服务发展报告

张书琬　徐配燕*

摘　要： 宁波市各部门充分意识到行业志愿服务在推进公共事业成长及驱动社会发展方面的重要贡献，采取多种措施积极展开志愿服务活动，以促进公益事业的持续扩展和推广。为确保志愿服务的高效实施，宁波团市委、政法委、妇联等部门根据自身职责，以志愿服务精神为指导，制定明确的目标、精心设计计划并大力宣传，以让志愿服务覆盖更广泛的领域、满足各类群体的需求。在体制机制建设、制度建设、阵地建设、队伍建设和项目建设等维度发力，以平安志愿服务创新社会治理体制，以城乡社区综合志愿服务激发社会活力，以巾帼志愿服务凝聚妇女力量，以退役军人志愿服务传承红色基因，以"银辉"志愿服务强化政治引领，以生态环境志愿服务构建现

---

* 张书琬，中国社会科学院中国式现代化研究院助理研究员，研究方向为社会发展、社会治理与志愿服务；徐配燕，吉林大学哲学社会学院博士研究生，研究方向为城乡社会学。

代环境治理体系，以健康志愿服务关注社会需求，以工会志愿服务团结引领广大职工群众，以国际志愿服务为城市代言。但目前宁波行业部门志愿服务存在各部门联动不足、活动载体不够多元、志愿服务规范化不足、品牌创建能力有待进一步加强等困境。为进一步完善宁波新时代文明实践志愿服务发展，未来需要不断强化志愿者规范化管理，加强监督考核机制建设，强化部门联动、提升各部门志愿服务品牌孵化能力等。

关键词： 志愿服务　部门行业志愿服务　志愿服务建设

一　宁波市行业部门志愿服务发展现状

党的二十大报告强调要"完善志愿服务制度和工作体系"以提高全社会文明程度，"新时代志愿服务高质量发展研究"被民政部列为持续推动民政事业高质量发展需要深化研究的民政重点难点问题。各行业部门志愿服务在社会发展中具有举足轻重的作用。一是为不同领域的需求提供了关键支持，有力推动了社会整体进步。二是补充公共服务资源，通过志愿服务，各行业部门可以在有限的财政预算和人力资源情况下更有效地满足公共服务需求，提高公共服务水平和社会福祉。三是提升部门形象，志愿服务倡导的公益精神和服务宗旨有助于改善部门形象，增强公众对部门的信任和支持。四是激发社会创新及文明进步，志愿服务鼓励社会各行业部门在公益领域探索新方法、新技术、新途径，从而培育创新精神，推动社会文明进步。五是弘扬和传递社会正能量，各行业部门志愿服务能够展示正能量，促进社会共融、包容、和谐，帮助弱势群体及时得到关爱，提升人们的道德观念和精神状态。六是培养公民责任意识，志愿服务让民众更加关注社会发展、参与到各行业的公益事业中，培养了市民的公民责任意识和参与精神。七是促进社会资源优化配置，行业部门志愿服务可以有效地将社会资源重新整合和调配，通过有效的组织和管理，使资源发挥出最大的价值，助力社会保持和谐稳定。八是人才培养和锻炼，志愿服务为参与者提供了一个实践锻炼、提升自我能力的平台，使个人成长得到促进，从而为社会发展输出更多负责任、有能力的人才。总之，各行业部门志愿服务在保障民生、促进社会公益、弘扬道德风尚、推动创新等方面具有重要作用。

宁波市各部门充分认识到行业志愿服务在促进公共事业发展和推动社会进步中的积极作用，采取措施积极开展志愿服务活动，以实现公益事业的不断发展与推广。为了确保志愿服务的有效实施，各部门从自身职能出发，明确目标，精心策划，大力推广，使志愿服务覆盖更多领域，满足不同群体的需要。宁波市各部门还加强了跨领域、跨部门的协作与合作，以便志愿者们能够得到更好的资源支持和培训，为市民提供更优质的服务。同时，各部门还注重组织宣传和培训活动，提高市民对行业志愿服务的参与度和认可度。他们充分利用各种宣传载体、网络媒体以及志愿者团队，积极向社会普及和宣传志愿服务的意义、内容和方法，激励更多人参与志愿服务。在各部门的共同努力下，宁波市部门行业志愿服务逐渐形成了蓬勃发展的局面。各部门（宁波市委政法委、宁波市民政局、宁波市妇联、宁波市退役军人事务局、宁波市老干部局、宁波市卫健委等）不仅在自身领域为市民提供了优质的公共服务，还结合实际需求，开展了一系列针对性强、实用性高的志愿服务项目，如青少年素质教育、支教、环保、公益诉讼、文化传播等。

二 宁波市行业部门志愿服务发展的主要成就

（一）体制机制建设

1. 工作体系建设

为更有效地整合并动员全市的力量和资源，统筹规划和协调全市各方面的志愿服务工作，宁波市委于 2015 年牵头成立了由 30 个市级主要部门组成的宁波市志愿服务工作委员会，为宁波市志愿服务事业的协同管理和发展提供了坚实的组织架构。市志愿服务工作委员会下设办公室，市委宣传部部长兼任办公室主任，市文明办主任、团市委书记以及市民政局分管副局长分别担任办公室副主任，并明确了"市文明办牵头、民政部协助管理、共青团组织实施"的志愿服务职责分工，避免了志愿服务在组织上出现无人牵头、各部门各自为政、职责模糊导致的混乱现象，促进了宁波市特色志愿服务体系的构建。

2. 制度建设

宁波市在志愿服务事业方面不断追求卓越与创新，尤其致力于将志愿服务制度化建设提升到一个更高的水平。一是完善法律法规和政策支持。宁波市不仅致力于建立完整的志愿服务相关法律法规体系，明确志愿服务的权益与义务，还在政策层面为志愿服务事业提供有力的支持。2022 年 3 月 1 日，宁波市正式出台了《宁波市志愿服务条例》。这一条例的制定旨在进一步强化对宁波新时代文明实践志愿服务事业的发展指导，为市民参与志愿服务提供法律依据和保障，激发全市范围内积极拓展志愿服务的热情。二是强化组织协调与管理。宁波市积极搭建跨部门、跨领域的志愿服务协作机制，加强各个部门之间的沟通与协调，以共同推进志愿服务工作有序进行。三是提升志愿服务质量。为确保志愿服务的高质量和效果，宁波市加强对志愿服务活动的监督与指导，同时鼓励充分发挥各部门、企事业单位以及其他社会组织的专业优势，开展针对性强、实践性高的志愿服务项目。四是健全激励机制与评价体系。宁波市将继续完善志愿服务的嘉奖激励制度，确保对表现优秀的志愿者和组织给予表彰与奖励。同时，建立全面的评价体系，对各类志愿服务活动进行公正、客观的评估，以便不断优化和调整志愿服务计划。2022 年 7 月 6 日，中共宁波市委建设平安宁波领导小组办公室、宁波市文明办、宁波市民政局、共青团宁波市委、宁波市志愿者协会联合发布了《关于进一步加强我市平安志愿者队伍建设的通知》，旨在进一步推动宁波市志愿者队伍的健康发展，强化平安志愿者在维护社会治安、预防风险事故等领域的作用，提升市民的安全感和满意度。2023 年 4 月 17 日，为了激励志愿者积极投身于各类志愿服务活动，提高志愿服务质量和效果，中共宁波市委宣传部与宁波市民政局等 24 个部门联合印发了《宁波市新时代文明实践志愿服务嘉许激励实施办法（试行）》。该办法明确了志愿者在参与公益活动中可获得的激励与荣誉，强化了对志愿服务成果的认可和嘉奖。《宁波市志愿服务嘉许激励实施办法（试行）》为我市志愿服务工作提供了制度保障和激励措施。通过这一办法，宁波市旨在调动更多市民参与志愿服务，展示公益精神，为整个社会树立榜样，同时也在充分调动市民积极性的前提下，进一步提升了全市志愿服务质量、影响力和成果。

（二）阵地建设

2023年，宁波市在志愿服务事业中不断加强阵地建设，以创造更多的资源、空间以及便利条件供志愿者提供更优质的服务。一是建设志愿服务基地，积极推动各地创建和完善志愿服务基地，为志愿者提供一个舒适、便捷、功能齐全的服务场所。同时，鼓励社会各界参与基地建设，形成互助、协同的志愿服务氛围。二是创新志愿服务阵地，鼓励各地设计和建设一批创新、特色、实效的志愿服务阵地，加强志愿服务资源的整合利用，提升阵地综合服务能力。三是构建志愿服务文化，在志愿服务阵地内，注重营造志愿服务文化氛围，通过布置、故事分享、交流活动等方式，让志愿者深入了解和传承志愿服务精神，激励他们更好地服务社会。四是优化志愿服务网络布局，根据地域特点、需求特性，优化志愿服务阵地布局，提高服务效率，实现全市范围内的快速覆盖和高效响应。五是强化阵地建设与管理，对志愿服务阵地进行长期规划和投入保障，完善设施设备，加强阵地的日常管理和维护，确保阵地在志愿服务事业中充分发挥作用。六是拓展志愿服务合作网络，积极建立宁波新时代文明实践志愿服务阵地与其他城市、国际友好城市之间的交流与合作关系，引进先进的志愿服务理念、项目与技术，促进宁波市新时代文明实践志愿服务事业实现高质量发展。

（三）队伍建设

宁波市在志愿服务事业中始终注重志愿者队伍的建设与发展，以提高服务水平、扩大服务范围，满足市民日益增长的需要，为志愿服务事业"加油",为社会文明和谐"续航"。2023年4月25日,宁波市委宣传部、宁波市文明办等二十多个部门联合印发《宁波市志愿服务嘉许激励实施办法》(以下简称《办法》),全文共40条,从嘉许激励、信用激励、优待措施、关爱保障等方面,处处礼遇志愿者,鼓励更多市民参与志愿服务。《办法》规定,以志愿服务数字化系统数据为基础,综合考虑志愿者服务时长、服务质量等因素,认证一批星级志愿者。志愿服务记录时长累计达到100小时、300小时、600小时、1000小时和1500小时的,分别依次评定为一至五星级志愿者。星级认证由统一的志愿服务数字化系统生成并标注,市、区(县市)志愿服务联合会(志愿者协会)可以结合志愿者信用、守法、评价等情况,授予志愿者星级徽章及证书。《办法》明确,星级志愿者可享受14条激励措施,如在个人和单位评先评优方面优先推荐星级志愿者纳入各类表彰推荐范畴,在评选优秀共产党员、道德模范、最美人物、宁波好人、慈善奖、五一劳动奖章、优秀共青团员、三八红旗手等各类先进典型时将参与志愿服务情况作为参考条件等嘉许激励措施。在招录招聘方面,鼓励教育、科技、交通、文旅、卫健、体育、城管等公共服务领域的主管部门、行业协会,将志愿服务情况纳入相关职业从业人员评价内容。人民团体、群众团体和社会团体在会员入会、评优评先时可将志愿服务情况纳入考察、评价内容。在信用激励方面,参与志愿服务情况统一纳入宁波市征信体系。《办法》明确将志愿服务时长作为金融机构贷款授信的参考依据,鼓励金融机构加大对优秀志愿者的信贷支持,出台相关优惠政策。

为更好"礼遇"志愿者,宁波各职能部门发布20多项优待措施、礼遇回馈。《办法》提出多部门优先向符合条件的优秀志愿者提供培训、文艺、体育、公共交通、健康、通信、观展等优待服务。志愿服务联合会发动社会各界支持志愿服务事业,在志愿浙江·宁波We志愿服务平台或志愿服务"We站",向全市注册志愿者、星级志愿者和获评志愿服务先进典型的志愿者提供礼遇回馈,包括但不限于医疗卫生、公共交通、学习培训、社会保障、创业就业、文化生活等领域。《办法》明确"志愿浙江·宁波We志愿服务平台"设置"社会礼遇"专区,注册志愿者可凭本人有效积分,在市级或特色专区中兑换文化宣传品、日用物资、各类优惠券、培训课程、相应服务等。

（四）项目建设

近年来，宁波市在志愿服务事业的发展中持续加强项目建设，以满足各类公益需求、提高服务质量、增进人民福祉。一是优化项目设计和管理，从市民需求出发，定期评估和调整现有志愿服务项目，以便更好地满足实际需求，提高项目的实施效果。同时完善项目管理制度，确保项目的顺利开展。二是推出创新项目，鼓励探索创新志愿服务项目，借鉴国内外先进经验，尝试新的服务模式和方法，促进宁波新时代文明实践志愿服务事业的可持续发展。三是拓展多元化合作，加强与各级政府部门、企事业单位、社会组织等所有合作伙伴的沟通与协作，共同发起、组织和筹备志愿服务项目，形成协同发力的合作局面。四是关注民生需求，紧扣民生事关领域，如教育、医疗、养老、环保、扶贫等，设立更多针对性强的志愿服务项目，确保人民群众在各方面的需求得到有效满足。五是重视项目评估与总结，定期对志愿服务项目进行评估和总结，通过分析项目的成果和存在的问题，为后续项目的实施及改进提供重要参考。六是加强项目宣传和推广，充分利用各类媒体，宣传志愿服务项目的成功案例和成果，激发市民的公益激情，吸引更多志愿者和组织参与。

三　宁波市行业部门志愿服务的亮点经验与特色案例

（一）以平安志愿服务创新社会治理体制

党的十八届三中全会明确提出要求，要改进社会治理方式，激发社会组织的活力。在进一步深化平安建设的过程中，发动社会力量参与到平安志愿组织中这一形式日益显得重要和关键。宁波市不断加强平安志愿服务探索，在市委政法委、市政府及有关单位的大力支持和积极引导下，围绕平安宁波建设总目标，积极参与平安创建活动，重点在防范化解安全隐患、维持社会治安秩序、排查化解矛盾纠纷和宣传平安知识等方面有效发挥作用，为平安宁波建设做出重大贡献。

一是建立健全组织体系，不断完善工作机制。按照中央和省委关于加强群防群治工作和平安志愿者队伍建设的部署要求，宁波市委平安办进一步发挥统筹协调和指导督促作用，于 2023 年 9 月发文成立宁波市平安志愿者支队，并根据实际工作需要，下设市级 11 支系统（行业）平安志愿者大队，包括宁波公安平安志愿者大队、宁波市平安交通志愿者大队、宁波市应急救援志愿者大队、宁波市蓝青志愿者大队、宁波市"护校安园"平安志愿者大队、宁波城管平安志愿者大队、宁波文广旅游平安志愿者大队、宁波市"健康天使"志愿服务队、宁波市青年平安志愿者大队、宁波市快递小哥平安志愿者大队、宁波市巾帼平安志愿者大队。其中，支队负责全市平安志愿者组织的管理、指导、协调等工作，由市委政法委平安综治督导处负责日常联系协调，相关市级牵头单位负责本系统、本行业平安志愿活动的组织实施、人员管理、基层指导等工作。另外，10 个区（县市）、2 个开发区平安办也分别牵头组建了相应的平安志愿者大队，各街道（镇乡）组建平安志愿者中队，村（社区）组建平安志愿者分队，形成纵向贯穿市、区（县市）、街道（镇乡）、村（社区）四级，横向覆盖各相关行业、系统的平安志愿者队伍组织体系，全力构建市级层面统筹推进、区（县市）组织实施、街道（镇乡）固本强基、村（社区）落细落实的管理模式和运行机制，积极搭建各类平安志愿服务的平台和载体。根据各地上报的数据，目前平安志愿者支队注册志愿者约 12 万人。

二是落实落细职责任务，不断丰富服务内涵。各级各系统平安志愿者队伍围绕服务中心大局，广泛开展各类平安志愿服务活动。具体包括：①参与维稳安保活动。在重大活动、敏感节点等重要时期，协助有关部门做好秩序维护、人员疏散、交通疏导等工作。②参与基层平安创建。积极参与平安村（社区）、平安家庭、平安校园、平安交通等基层系列平安创建活动，为本地、本系统、本行业平安建设贡献力量。③开展治安巡防守护。积极参与辖区社会治安巡逻防范工作，及时发现并报告治安隐患。④参与矛盾纠纷调处。协助参与邻里纠纷、劳资纠纷、征地拆迁纠纷、房产物业纠纷等社会矛盾纠纷调处化解。⑤防范公共安全隐患。协助参与各类安全隐患的防范化解工作，排查收集报告安全隐患信息。⑥宣传平安建设知识。深入居民群众，广泛宣传平安建设、法治建设、社会治理工作等相关知识，提高群众防范意识和能力。近年来，我市广大平安志愿者围绕疫情防控、护航"二十大"、护航亚运会等重要任务开展了卓有成效的工作，为协同织密筑牢平安防线做出了积极贡献。

三是创新优化方式方法，不断提升工作实效。各地纷纷结合工作实际，积极探索平安志愿服务实践新模式，如江北区洪塘街道为保障小餐饮店燃气用气安全，试点开展"送气工任安检员"行动，构建"送气工+网格员+执法力量"联动的小餐饮店燃气用气隐患排摸队伍，协助发现、上报、处置安全隐患；前江街道组建以快递小哥为群体的平安宣传队伍，在投送快递的同时派发反诈宣传单，积极开展反诈宣传；余姚市泗门镇推动建立"娘家平台"，聘任外地籍有威望的热心党员担任联谊会负责人，在各村委设立办公室，为流动人口提供沟通协调、说法评理的"娘家平台"。

特色案例："春风化雨"调解志愿者参与信访接待和个案调解项目

每年，宁波市信访局接待超过两万名群众，其中大约4%的人因为诉求缺乏合理性、不符合政策或不在受理范围内而未能得到解决。这种持续的上访行为不仅对他们的心理健康、社交生活和社会观念产生了负面影响，也削弱了他们对政府的信任，造成了双方关系的疏远。面对这种情况，传统的政策解释和劝导手段在解决信访问题上显得力不从心。此时，社会第三方机构以其中立、公正和专业的立场，能够提供更多的帮助。宁波市鄞州区的"春风化雨"调解志愿者项目，由鄞州区平安建设志愿者联合会与行思小娘舅调解服务中心联合推出，将民间调解和志愿服务有效结合，利用其温和的特性，以柔和的方式参与到信访工作中，旨在减轻信访负担、分散案件压力，并在一定程度上解决长期积压的问题或减少上访的次数。

项目旨在缓解全市信访压力，帮助近4%因诉求得不到满足而长期信访的群众解决问题或者引导其正确合法维权，一定程度化解信访积案或者降低信访诉求、次数等，帮助其回归正常生活。项目服务内容包括：一是聚焦"情理之中、法理之外"的信访难题。将因诉求过高、无政策依据或反映问题不属于信访受理范围，导致信访诉求得不到满足而长期信访的人群列为重点工作对象，引入多元优质资源、重建沟通渠道，帮助信访人缓解情绪、解决问题或者引导其合法维权，推动化解信访积案或者降低信访诉求。该市每年接待的来访群众中约有4%此类人员，通过志愿者介入努力推动事心双解。例如，针对鄞州区王某因民间借贷二审败诉而长期上访情况，提供法律援助、心理辅导等服务，助其启动再审程序，最终实现了案结事了。二是聚焦"群众关切、领导关注"的急难愁盼。将初次信访接待中的重点事项、敏感问题、过激人员等纳入工作对象，引入心理咨询、法律援助、矛盾调解等专业力量，做好来访人员的思想工作，全力化解矛盾纠纷。三是聚焦"涉及面广、务求妥善"的突出矛盾。针对群体性问题，在应急处突中引入专家联动，通过集体会诊、调解矛盾、说服教育等方式，形成客观、公正的处理意见，引导信访人明辨是非、依法信访，放弃不当或无理诉求。在全省"两非"整治期间，历时半年完成了涉及3个镇32户种植户联名上访案件的协调化解工作，协助解决其合理诉求，实现了息访罢诉。

项目创新做法如下。

第一，参与"坐诊式"接访调解服务。调解志愿者轮流"坐诊"信访一线，通过对信访案件前端进行精准分类，将适合介入的案件分流到不同的志愿者，如涉法涉诉案件引流至法律顾问、需要心理辅导的引流至心理咨询师、民事纠纷问题引流至调解志愿者，充分发挥志愿者团队的专业性和能动性，为信访人员提供法律咨询、心理慰藉、动机转移、矛盾调解等服务。项目志愿者大多具有多年的基层工作经验并有良好的群众基础，以第三方非政府机构身份参与接访，更容易消除来访群众抵触情绪，有效减少过激行为的发生，并与来访人员建立起良好的沟通渠道，从而推进信访矛盾化解。统计显示，近12%案件得到现场化解。

第二，开展"包案式"调处化解服务。针对一些疑难纠纷或者信访积案，通过个案结对和长期跟踪，一定程度化解积案或者降低信访诉求、次数等。志愿者主动接触信访群众，聆听他们上访的艰辛历程，缓解其精神压力，同时针对不同信访人员的特点视情况解决一些困难或者其他矛盾纠纷，获取信访人员的信任，从而推进整个信访化解进程。建立分级目标化解机制，针对信访人员的个性化利益诉求定制化经营：对一些可以通过调解化解的纠纷，调解志愿者主动介入，做到"化解矛盾、案结事了"，如某行政中心内进出商品超市老板在招标期间意外死亡、某展览馆保洁员意外死亡等纠纷便通过志愿者的及时介入调解顺利化解纠纷；对于涉法涉诉的信访案件，则积极引导其通过司法途径来解决，从根本上改变信访人员思维模式，通过为其提供法律援助和长期心理辅导，运用焦点解决模式帮助信访人员最终通过合法有效途径解决问题；对有心理障碍或疾病的信访人员提供长期帮扶，进行心理治疗，引导他们理性看待信访行为，释放精神压力，回归正常生活，如林某、李某某一些老访户通过长期个案结对，慢慢改变了对信访的态度，签订了息访承诺书；对于"老访户""无理访"，则以专业手段帮助其转移关注点、降低诉求度，有效降低复访次数或者杜绝非访、越级访。

第三，构建"联动式"信访多元化解机制。与检察院、法院等多部门达成合作协议，建立多向"联动式"信访多元化解机制。例如与鄞州法院合作，通过"信访调解+共享法庭"的模式，顺利解除了钱某某与某知名房产央企之间的租赁合同。今年3月，宁波市检察院邀请特聘调解员屠昱共同参与化解"余某某交通事故赔偿案"，最终通过"信访调解+民事检察"的模式成功化解了这起长达5年的因诉讼小案引起的信访纠纷，而该案件也入选最高检第二批民事检察典型案例。

第四，实现"零接触"数字化信访服务。利用小娘舅的"移动调解室"在线平台，信访问题可以便捷地通过互联网进行申请、处理、调解和解决，实现了全流程的数字化服务。这种"零接触"的服务模式已经成功协助超过300名群众解决了他们的信访问题。此外，该系统还开创性地在全省范围内首次推出了电子版人民调解协议书，极大地提升了效率和便捷性。目前，该数字化系统的用户数量已经突破了一千人。使用数字化系统进行信访调解类案收集整理，打造协同参与类案调处模型及风险研判机制，为轨道交通、学校等部门开展突发事件处理、信访接待等培训17场；拍摄《扳手哥维权记》系列趣味信访知识宣传小视频14期，帮助信访群众找到合理维权途径，引导文明有序信访，平均点击量超过10万。

项目运营保障：一是专业化团队。项目由行思小娘舅和鄞州区平安建设志愿者联合会联合执行，汇集了"小娘舅握握团""老潘工作室"等优秀调解资源，并与北京康达（宁波）律师事务所、同舟律师事务所党支部建立合作伙伴关系，共同参与项目运作。目前，团队包括33名调解志愿者、29名律师志愿者和4名心理志愿者。二是成熟的机制。项目制定了独立的信访志愿者管理规定，确立了交流学习、考核评估、项目督导等制度。每年至少举办一次培训，每季度至少开展一次交流会，定期评选优秀志愿者，并优先推荐参与各级志愿服务和专业领域的先进评选。通过社会招募和导师制度，团队规模已从最初的11人扩展至76人，鄞州区老娘舅协会的2000余名调解员成为项目的潜在志愿者资源。三是资金支持。宁波市信访局每年提供20万元资金支持，用于志愿者补贴和信访案件处理经费。同时，鄞州平安公益基金（善治基金）提供配套资金，确保项目顺利推进。

（二）以城乡社区综合志愿服务激发社会活力

城乡社区综合志愿服务在维护社会和谐、提升社会发展水平方面具有重要意义。它发挥着至关重要的作用，通过志愿者的无私付出与不懈努力，使得城乡社区能够拥有更为轻松、充满活力的生活环境。首先，城乡社区综合志愿服务通过满足居民多样化的需求，缩小社会资源差距。志愿者们针对不同年龄、职业和社会背景的群体提供个性化服务，如老年人陪伴、儿童教育、残疾人帮扶等，旨在增进人们的幸福感和归属感。其次，志愿服务为社区创造积极的氛围，促进居民彼此沟通交流。人们在参与各类志愿活动时，自然而然地加深了彼此了解，共同营造宜居、和谐的邻里环境。再次，城乡社区综合志愿服务还有助于培养社区居民的公民意识。在志愿活动中，人们学会关爱他人、关注社会公益，逐步形成了积极参与社会事务的习惯。同时，志愿服务激发了社区居民的创造力与创新精神。志愿者们发挥自身优势，共同开展针对性的社区服务项目，不仅解决了社区实际问题，还为社区发展提供了源源不断的动力。最后，城乡社区综合志愿服务在环境保护及提升领域做出了贡献。志愿者们积极参与环境整治、提升城市绿化等活动，使社区环境日益美丽、宜居。宁波市民政部近年来坚持以志愿服务精神为指导，强化城乡社区综合志愿服务建设。

第一，推进志愿服务规范化发展。登记的社会组织符合条件的可以标识为志愿服务组织，主要通过党建、年报、抽查、执法、评估等多种途径，积极引导志愿服务组织依照法律法规和规章制度组织开展志愿服务活动，通过组织标识、标准化建设、行政处罚等方式，强化内部治理结构，规范对志愿服务活动的管理。新增标识志愿服务组织 31 家（累计 201 家），志愿服务记录与证明累计抽查 150 家（2024 年全覆盖）。

第二，推进志愿服务专业化建设。持续探索"社会工作+志愿服务"联动服务模式，发挥社工的专业优势，培育志愿者队伍，共享资源、融合发展，围绕应急救援、公益环保、扶弱济困、助孤助残、社区治理等重点领域，聚焦"一老一小"和特殊群体，开展特色志愿服务活动，打造志愿服务品牌项目，如"金燕筑甲——外来农村青年群体反诈教育普及项目""关心下一代'五站式'普法驿站实践项目""绿'聚'人——企业垃圾分类提升项目"等，发挥自身示范带动作用，进一步推动志愿服务组织向精准化、专业化、品牌化方向发展。

第三，构建联动体系，形成资源合力。有效打破志愿服务项目、资源之间的壁垒，充分联动各志愿服务队信息资源，推动全区志愿服务活动深入开展。一是联结党政事业单位，获取优势资源。社会组织普遍缺乏自我造血能力，而党政机关事业单位等则拥有较为丰富的资源，如北仑区志愿者协会与北仑公安分局共同成立"朝霞反诈突击队"，开展防范电信网络诈骗宣传教育进商圈、进学校、进社区、进农村等活动。二是依托社会组织服务中心打造信息枢纽平台，实现"信息共享"，为有需求的公众、机构链接合适的志愿服务组织，为志愿服务组织寻找所需资源，推动各志愿服务队伍的信息共建共享、高效沟通。三是积极挖掘社区志愿服务力量，深化志愿服务品牌化。深化社区、社会组织、社会工作者、社区志愿者和社会慈善资源协同治理机制，形成统筹配置、注重实效、多方参与的"五社联动我先行"服务供求清单。依托已建成的社会工作站，打通服务民生的最后一公里。鼓励、引导更多志愿者参与社会服务，着力培养志愿者骨干，形成互补、互助的服务机制。持续探索"社会工作+志愿服务"联动服务模式，在全市156个乡镇（街道）社会工作站、197个社会工作机构均设立志愿服务站点，发挥专业社工优势，培育志愿者队伍，共享资源、融合发展，聚焦扶弱济困、助孤助残、社区治理等重点领域，以及"一老一小"和特殊群体，开展特色志愿服务活动。

第四，强化组织策划，树立活动品牌。坚持分众化、专业化、创新化推进志愿服务，不断擦亮志愿品牌。一是坚持分众化。紧扣群众需求，从小切口入手，针对"一老一小"、独抚女性、困难家庭、残疾人等不同群体，有针对性地开展志愿服务活动。二是坚持专业化。紧跟政策形势、重点任务，强化政府部门与志愿服务队伍的联合，通过公益创投项目和平台入驻等方式，加强对志愿服务队伍的专业指导和资金扶持。三是坚持创新化。以创新理念推动志愿服务项目的策划、实施和推广，挖掘培育一批优质志愿服务项目和品牌，通过新时代文明实践志愿服务项目大赛，指导志愿服务组织从"可拓展、可推广、可深挖"等方面将项目做得更加完善，扩大志愿品牌影响效应。

（三）以巾帼志愿服务凝聚妇女力量

近年来，宁波市妇联将巾帼志愿服务作为提高妇女思想政治引导、培养和实践社会主义核心价值观，以及参与社会治理的关键途径。组织广泛的巾帼志愿者深入城乡社区，进行丰富多样的志愿服务活动，展现了巾帼志愿服务的独特风采。一是广泛深入基层工作，以习近平新时代中国特色社会主义思想凝聚妇女力量。二是提供对口服务，不断满足妇女、儿童和家庭对美好生活的新期望。发挥妇联六级组织的优势，以及改革后基层专兼职队伍的作用，强调"邻里守望·姐妹相助"的特点，调动巾帼志愿者，逐步在城乡社区开展扶弱帮困、法制宣传、健康咨询、文化体育、环保等志愿服务。这些服务保障了妇女的合法权益、呵护了儿童健康成长、协助解决困境家庭困难，让党的关爱传递到千家万户。推行"家家幸福安康工程"，开展"好家风好家教"大巡讲，引导广大妇女传承优良家风、培养良好家教、建设幸福家庭，将社会主义核心价值观带到每个家庭。三是参与社区治理，创造团结友好、和谐温馨的社会氛围。引导各地妇联履行引导、服务、联系的职责，组织熟悉社区民情、关心公共事务的巾帼志愿者参与邻里纠纷调解、婚姻家庭矛盾调整，激发基层群众自我管理、自我服务、自我教育的内在动力。此外，还培育了大量巾帼志愿服务示范团队，涌现出一批明星服务品牌。

巾帼志愿者不同于其他志愿服务队伍，他们或以专业（医疗社工）、或以年龄（青年志愿者）、或以身份（党员志愿者、退役军人志愿者）加入志愿者队伍，宏观上讲，巾帼志愿者是唯一以性别来划分的志愿服务组织，具备除性别以外的广泛性。从市妇联日常管理操作层面来讲，巾帼志愿者主要是指各级妇联组织所属的志愿服务团队成员，其中不乏男性同胞。从部门角度看，宁波新时代文明实践志愿服务工作之所以蓬勃发展，显著特点之一是形成各部门的工作合力，一呼百应。面对庞大的妇女群体，妇联组织主要是做志愿服务理念普及、巾帼志愿者发动动员、志愿服务典型示范引领工作。宁波市妇联志愿服务工作三年三步走，2020 年面向各级妇联干部和核心志愿服务团队，委托宁波志愿者学院开展大规模培训，普及理念。2021 年以培训+赛事的形式，征集全市妇女儿童家庭领域志愿服务项目 40 余项，经过三轮筛选及参加决赛项目一对一辅导，举办宁波市首届巾帼志愿服务大赛。同年，宁波慈溪古塘街道妇联"银杏暖心"失独母亲心灵重启巾帼志愿服务项目获评"全国巾帼志愿服务十大优秀项目"。2022 年，在市文明办大力指导下，由全国妇联推荐，"逐梦乡村——帮扶红美人橘农志愿服务项目"获评 2022 年度全国学雷锋志愿服务"四个 100"先进典型。市妇联有四支核心志愿服务团队：妇女儿童权益保障团队（律师妈妈团）、公益红娘团队、家庭教育志愿者团队、生态环保志愿者团队。在妇女活动中心建有 38 号"We 站"。在区（县市）层面，慈溪市妇联是全国妇联首批（仅 2个）新时代文明实践站点，慈溪市妇女活动中心是全国巾帼志愿服务阳光站。宁波市的注册志愿者中，有一半是女性志愿者。市妇联巾帼志愿服务工作群众基础好，巾帼志愿者和团队群体庞大，队伍众多，作用突出，可以积极利用良好的基础优势，以打造出一批具有宁波特色的巾帼志愿团队、培养出更多的优秀巾帼志愿者为目标，着力开展巾帼志愿服务规范化、专业化、品牌化建设，实行了一些有益的探索。

特色案例："银杏暖心"志愿服务队

慈溪市古塘街道妇联"银杏暖心"志愿服务队的组织宗旨是帮助失独母亲走出痛苦和封闭的世界，为她们提供精准化、个性化志愿服务，创造美好温暖的生活环境，帮助她们进行心灵的重启，走出失独伤痛，走向幸福人生。通过项目实施吸引更多的人关注"失独母亲"特殊群体，形成全社会共同关爱"失独母亲"的良好社会氛围。服务范围为慈溪市古塘街道辖区内的失独家庭母亲（户口在古塘街道和居住在古塘街道）。活动品牌为慈溪市古塘街道"银杏暖心"志愿服务项目。

通过前期对辖区内失独家庭进行走访和慰问，开展一对一、个性化志愿服务，古塘街道妇联"银杏暖心"志愿服务队 162 名巾帼志愿者为失独母亲提供长期的志愿服务活动，累计开展志愿服务活动 395 次，参与志愿者达到 2285 人次，解决问题 196 个。项目获得 2019 年度、2020 年度慈溪市新时代文明实践志愿服务项目大赛银奖、2021 年度宁波市新时代文明实践志愿服务项目大赛银奖、2021 年度宁波市最佳志愿服务项目、第二届浙江省志愿服务项目大赛优秀奖、第四届全国巾帼志愿服务征集展示十大优秀项目等。

项目的独特性为服务对象特殊和服务内容有特色，以及共性化和个性化相结合的志愿服务模式，一人一套志愿服务内容，并根据实际情况随时优化。项目旨在通过共性化和个性化相结合的服务策略为失独母亲提供全面的支持，助力她们摆脱心理困扰，恢复社会功能，并激发她们的社会参与热情。"六个一"共性化服务包括：日常走访每周一敲门；邮政投递每人一报纸；健康体检每年一安排；精神慰藉每节一慰问；意外守护每人一保险；旅游活动每年一组织。个性化服务则为：为30位失独母亲量身打造了个性化服务清单，充分考虑了每位母亲的个性特点、兴趣爱好以及生理、心理和精神需求，致力于探索并培养她们的特长和兴趣，促进她们的个人成长和社会融入。

目前，我们根据30户家庭的实际情况提供共性化和个性化相结合的志愿服务，组织不同的活动，帮助许多失独家庭母亲走出了伤痛。

（1）根据心理咨询师评估，25位失独母亲发生了明显的改变：5位原来不肯开门的，愿意打开门让我们进去坐；9位原先跟我们见面泪流满面的，现在可以主动跟我们聊天谈心；5位原先身体不好的，现在通过锻炼、医生的健康提醒，慢慢地身体好起来了；6位失独母亲主动加入志愿者队伍，去帮助别人……志愿者们在精神上、情感上的陪护和生活上的帮助鼓励，帮助了失独母亲走出伤痛，安度晚年。

（2）通过"两代表一委员"的提案建议撰写，给民政、计生部门提供相关数据和资料，吸引更多的人关心关注失独母亲特殊群体，形成全社会共同关爱的良好社会氛围，帮助她们走向健康、快乐的生活。

（3）慈溪市妇联在全市推广该志愿服务模式，各乡镇街道开展"六个一"志愿服务，关爱失独母亲。市相关部门计划出台相关文件，全方位关心关爱失独母亲，帮助她们安享晚年生活。

（四）以退役军人志愿服务传承红色基因

宁波市退役军人事务局近年来在市委、市政府的有力领导下，深入学习习近平总书记关于退役军人工作的重要论述，全面落实党中央及市委、市政府的部署要求，坚定地树立不辱使命的创新争优意识、不负来者的开局立标意识、不进则退的攻坚克难意识。自 2019 年起，宁波市积极利用退役军人服务保障体系，鼓励退役军人投身志愿服务领域，以此推动退役军人志愿服务的品牌化、服务内容的精准化和需求的清单化，从而显著提升服务的整体质量。目前，宁波市已组建 750 支退役军人志愿服务队伍，拥有超过 11000 名志愿者。他们累计开展了 13.5 万次志愿服务活动，累计服务时长达到 29.6 万小时，受益人数超过 120 万人。2022 年 8 月，宁波市的"甬尚老兵"退役军人志愿服务总队荣获浙江省慈善奖中的志愿服务奖，这是对团队贡献的肯定。

第一，通过创新平台和树立典型，推动退役军人志愿服务项目的品牌化发展。其一，通过集结经验丰富的"五老"群体，形成"志愿讲师团"，他们利用重要节日深入各个社区进行红色宣讲，有效传承了红色基因。目前，已有超过 170 个宣讲团和 450 名讲师，宣讲活动超过 1300 场，触及了 30 万受众。其二，宁波市挑选了 100 个"新时代退役军人红色驿站"作为模范点，通过线上线下相结合的方式，常态化开展"点亮驿站"行动，促进了志愿服务的专业性提升和互学互鉴的氛围。例如，鄞州区东福社区的军嫂红娘队自 2021 年 4 月开始，定期举办相亲活动，成功帮助 78 对现役或退役军人找到伴侣。此外，宁波市还通过评选"最美退役军人"、表彰"十佳志愿者"和举办志愿服务项目比赛等活动，挖掘和宣传志愿服务中的典型人物和事例，利用多媒体平台形成了宣传矩阵，提高了全市退役军人志愿服务的知名度和影响力。至今，已有 217 名退役军人和 44 个项目获得表彰，其中"我为烈士来寻亲"项目的发起人孙嘉怿荣获 2023 年全国最美拥军人物称号。

第二，强化规范和服务，提升退役军人志愿服务的精准度和效率。首先，通过市文明办和志愿者协会等平台，制定了包括《退役军人志愿服务管理办法》在内的多项规范，确保了志愿服务的常态化和规范化运作。海曙区退役军人事务局联合多个部门，建立了跨行业的志愿服务联盟，有效统筹了退役军人的志愿服务活动，目前已注册 167 支服务队伍，拥有 1070 名志愿者。其次，宁波市利用退役军人服务管理系统，根据志愿者的专业特长，组建了医疗咨询、应急救援等专业服务队伍，实施了针对性的"一对一"或"多对一"服务，推动了服务从普及型向专业型的转变，实现了需求与服务的精准对接。例如，由 70 岁以上军休干部组成的医疗志愿服务队多次深入乡村提供医疗服务，惠及 1500 余名群众；余姚战狼户外公益救援队则参与了 100 多次救援行动，展现了退役军人的专业能力和奉献精神。最后，宁波市制定了"老兵模式"志愿服务提升方案，参照全国优秀志愿服务组织的标准，深入应急救援、抗灾救灾等关键领域，通过政府补助、社会捐赠和群众参与，提升了志愿者的组织动员力、快速反应力和应急战斗力。在台风"烟花"和"利奇马"登陆期间，全市 460 支退役军人志愿服务队和 3 万余名志愿者积极参与防台风工作，有效协助 2.8 万人安全转移。

第三，在退役军人志愿服务领域寻求管理上的突破，以实现需求的清单化。通过构建一个由市级总队、区县大队和乡镇街道中队组成的三级服务体系，宁波市建立了全面的指挥调度中心和文明实践志愿服务站点，形成了覆盖全市的志愿服务网络，使得服务需求的接收、分配和评价都能在一个地方完成。这个网络已经成功开展了 4600 多项"订单式"服务，例如江北区的"助茧成蝶"志愿服务队帮助 120 名随军家属解决了就业和生活适应问题。同时，宁波市采取因地制宜的动态管理策略，依据"三个一队"和"三个优先"原则，鼓励退役军人牵头成立具有地方特色的志愿服务队伍。这些队伍不仅提升了服务的可持续性和活力，还确保了服务的实用性和针对性，如宁海县"缑城老兵"志愿服务队满足了 360 个微心愿，为残障人士和独居老人提供了 2700 多次的关爱和帮助。此外，宁波市还通过建立"清单化"工作模式，深入了解并归纳优抚对象的具体需求，创建了一份详细的需求清单。这份清单指导了"五连心"活动，涵盖了生活照料、医疗服务、个案帮扶等六大服务类别，确保了服务的精准性和有效性。例如，奉化区为403 名残疾或患有慢性重病的高龄老兵家庭提供了全面的医疗关爱服务，包括就医陪诊和康复指导。

（五）以"银辉"志愿服务强化政治引领

宁波市"银辉"志愿者联合会大力弘扬"奉献、友爱、互助、进步"的志愿服务精神，本着着眼时代需求、服务中心工作、发挥独特优势的服务要求，不断做优做强"银辉再启航"志愿服务品牌，持续发挥"银辉"正能量。

第一，聚力中心服务大局，"银耀"风采持续闪亮。联合会紧紧围绕中心服务大局，紧贴群众需求，始终坚持为党和国家事业增添正能量。一是围绕"八八战略"实施二十周年，展现"银辉"先锋风采。其中，鄞州分会开展以"八八战略鄞领行　银辉携手迎亚运"为主题的大型志愿服务活动，通过现场志愿服务和文艺演出的方式，向群众宣传党的先进理论，赞颂鄞州区践行"八八战略"取得的成就。"翰墨丹青"志愿服务队举办了"大道直行　感恩奋进"书画展，紧紧围绕"八八战略"实施二十周年这一主题，用书画反映出全区各个领域的亮丽风景和跨越发展。"光影伴你行"志愿服务队经过创作收集整理，收录了 103 张展示鄞州近 20 年来蝶变发展成果的照片，分城市建设、经济发展、美丽乡村、幸福民生四大板块整理成《蝶变·鄞州》摄影作品集，并从中选取了 59 幅作品，制作成展板后，开展巡回展览，让群众更加身临其境地感受鄞州的发展蝶变。二是助力杭州亚运，奉献"银辉"力量。鄞州分会在总会领导下开展以"迎亚运、讲文明、树新风"为主题的系列志愿服务活动，在创建文明城市、构建和谐社会、绿色环保先锋行、垃圾分类等活动中点燃老同志服务亚运、奉献亚运的热情。发挥"银辉"自身专长，结合"八八战略"开展巡回宣讲，讲好家乡蝶变故事，激励全民迎亚运、爱生活、创未来，发挥文化浸润无声的作用，培育亚运文明之风，为杭州亚运增添"银辉"亮色。三是围绕"三服务三助力"，发挥"银辉"优势作用。结合"3·5"学雷锋日、六一儿童节等，组织开展以"银辉助力与爱同行""银辉献爱心　敬老共筑梦"等为主题的助老助残"阳光行动"系列志愿服务活动。

第二，服务基层助力共富，"银辉"作用持续发挥。充分发挥"银色"人才独特优势和积极作用，推动"银辉"先行、示范带动、持续发力，助力共同富裕。一是通过志愿带动，开展"银辉乡村行　同心共富路""银辉闪耀　助力共富"等主题活动，将免费修理小家电、磨刀、理发、义诊等便民服务送到群众家门口，通过送"智慧"、送文化、送温暖的方式助力共同富裕。二是发挥长效机制。例如，鄞州分会通过"富农工坊""银辉共富"等工作室和品牌团队与企业、农户等建立结对帮扶机制，定期走访企业农场，开展农业技术下乡、企业纾困、政策宣传等活动，打通科技兴农、政策助企"最后一米"，助力实现共同富裕。三是助力精神共富，围绕跨越数字鸿沟，通过"点对点"帮扶、专家培训、线上辅导、现场协助、赠送书籍等方式帮助老年朋友学习新知识、体验新科技，切实帮助他们解决生活中遇到的信息技术难题，让他们真正拥抱"数智"生活。

第三，培树品牌建强队伍，"银色"力量不断凝聚。通过健全完善"银辉"志愿服务体系建设、选树最美志愿服务典型、不断加强品牌建设，吸引更多老同志加入到"银辉"志愿服务活动中。一是夯实基地化组织建设。围绕志愿服务内容，充分发挥"银辉"志愿服务团队的优势性和自主性，针对基层社区、学校、阳光家园等地群众的实际需求，不断探索志愿服务基地化建设。二是发展项目化志愿服务。以志愿服务项目为牵引，推动"银辉"志愿服务团队和志愿服务内容专业化发展。三是推动品牌典型培树。以时代性、先进性、多样性为要求，围绕特色品牌，推动"银辉"亮显工程建设。

特色案例一：下应街道"银辉共富工作室"

2008 年，应国铭刚从下应街道农科站站长岗位退休，他放弃了多家企业的高薪聘请，到湾底村担任天宫庄园桑果研究所所长。此时的天宫庄园因白果病虫害颗粒无收，旅游产业损失惨重。应国铭带领病害攻关小组加班加点研究病虫害发生规律，找到了省工节本的防治方案，一举填补国内果桑菌核病防治的空白。消息传开后，附近的受灾果农、科技农业部门等纷纷邀请应国铭前往指导。他从不推辞，总是将自己的研究成果倾囊相授。应国铭说："农民种桑葚的收益，要比种植传统的小麦、玉米的收益高出几十倍。桑果就是使农业增效、农村发展、农民增收的'共富果'。"在他的影响下，多位街道农技、农机退休干部加入了助农队伍。

2020 年起，应国铭团队成为云龙镇顿岙村编外技术顾问。每周，应国铭都要背着斜挎包，骑半个多小时自行车，从金达南路附近的家中赶往云龙镇顿岙村桑果园指导。

2022 年，湾底村启动未来乡村建设，应国铭团队与村青年农技员胡君欢等结对，在乡村大脑驾驶舱成立"银辉共富工作室"。该工作室以地源热泵、光伏板等为能量来源，是湾底村未来乡村农业数字化管理的中枢。应国铭团队积累多年的农业技术经验以算法形式转化应用到农业智能化诊断处理系统中，成效显著。

2023 年以来，应国铭团队 3 次到天官桑果园、水培蔬菜种植基地、草莓园走访，指导了 13 位农民，解决了冬季整枝、怎样施肥等难题，帮助农民增收 1 万余元。同时，应国铭与 40 多名各地桑农保持定期联系，通过跑现场、开视频会议等形式传授种植技术，研究防治桑果树病虫害措施，帮助农户提高产量，服务范围辐射宁波、浙江乃至江西等地。回忆在田间地头服务的这几十年，应国铭说，自己要为乡村共同富裕道路当好"铺路石"。

特色案例二：剑桥社区"爱的 N 次方"新动力公益空间

"爱的 N 次方"工作室成立于 2012 年，位于鄞州区中河街道剑桥社区，占地面积 130 平方米，以 14 名"银辉"志愿者为主力军+近百名常驻志愿者的模式，每年服务群众万余人次。14 名志愿者每周二、周五风雨无阻在 130 平方米的空间内展开健康加油站、爱心维修站、红娘裁缝、按摩推拿、艾灸、免费理发等义务服务，同时不断进行外向联动，充分发挥资源优势，为居民提供牙科、耳科等义务服务。工作室现已发展有常驻志愿者百余名，服务队伍 31 支，每年被服务人次达千余人。"爱的 N 次方"充分发挥阵地作用，形成常态机制和品牌化建设共进，社区于 2016~2018 年陆续孵化了

"文明1+"督导队、"益立方"爱心团队、"平安眼"巡查队社团组织，真正实现社区由居民自治、社区德治，整个社区形成了"我为人人、人人为我"良好氛围。

"爱的N次方"一线牵红娘队是公益空间里最早成立的一支致力于社区居民婚姻介绍、情感辅导、家庭法律咨询等公益服务的志愿者团队。6名退休志愿者阿姨依托社区志愿者活动平台，开展每周二、五上午定时定点的面对面交流咨询服务和24小时电话沟通服务。除了帮助青年男女树立正确的恋爱、婚姻观，促成人间美好姻缘，更在挽救濒危家庭、减少社会离异群体、保护儿童身心健康成长、促进社会和谐方面展现出独有的力量。多年来，她们介绍成功结成伴侣的有50多对，开展家庭情感疏导上百次，极大提升了社区居民婚姻幸福指数。

在进行常态化服务的基础上，"爱的N次方"充分利用辖区资源，联合浙江医药专科学院在校学生，将服务拓展延伸至家庭中，每周上门为80周岁以上行动困难的老年人提供血压测量服务，并记录监测老人身体状况，就此提出相应饮食、运动、就医建议。同时，志愿者还每月定期为特殊残疾病人进行上门理发、按摩服务，积极关注、关怀社区内的弱势群体。2019年，"爱的N次方"又与慈孝帮爱心联盟建立长期合作机制，确定每月20日联合剑桥社区卫生服务站、剑桥社区党委共同开展公益便民广场活动，活动项目包括三清单、垃圾分类宣传、量血压、测血糖、眼科问诊、口腔检查、理发染发、速配钥匙、爱心募捐等，专业的服务收获了居民们的点赞支持。

"爱的N次方"成立以来，享受其便利服务的居民不计其数，也涌现出很多深受居民喜爱的优秀热心志愿者。有退而不休、为居民的健康保驾护航的社区"健康顾问"张志鹏，10余年来，张医生为数不胜数的居民患者看报告单、提供就医咨询、测量血压，还身兼数职，在量血压的间隙帮居民理发，居民对此赞不绝口；有70后"好邻居"维修达人王可人，可人平时在电脑公司上班，工作繁忙，可一旦在业主群里看到求助维修的问题就会主动认领，义务维修。随着居民们的口口相传，找他修理电器的居民越来越多，而他的"业务"范围也从电脑、手机拓展到了微波炉、电饭锅、电风扇、吹风机等小家电。大家都称赞可人不光技术好，而且为人厚道。志愿者们的事迹还被宁波广播电视台、鄞州日报、现代金报、中河街道"乐活中河"公众号等多家媒体报道。

（六）以生态环境志愿服务构建现代环境治理体系

生态环境志愿服务已经成为新形势下构建现代环境治理体系、践行构建人类命运共同体责任担当命题中的主流话语。党的十八大以来，以习近平同志为核心的党中央高度重视生态环境保护和志愿服务事业的发展，以在"全社会牢固树立生态文明理念"为出发点，强调"节约资源、保护环境"的生活方式和生活价值，推进新时代社会治理新格局和现代环境治理体系建设，推动生态环境志愿服务发生历史性、转折性、全局性发展。近年来，宁波市生态环境局深入贯彻落实习近平生态文明思想和全国生态环境保护大会精神，在阵地建设、主题活动、民生服务上凝聚公众磅礴伟力，共画生态环境保护"同心圆"，累计推选成功"美丽中国，我是行动者"十佳公众参与案例5个，数量居全省之首，推动形成了全民共治、生态共享的生动局面。

第一，争当窗口建设排头兵，打造公众参与"新标杆"。宁波市以生态文明教育基地、环保设施向公众开放单位为载体，推进宣教阵地"窗口"建设走深走实。一是打造宣传阵地，服务群众有方。累计建成省市级生态文明教育基地80家，设立市级以上环保设施开放单位50家，获评全国十佳开放单位1家。每年线上线下共开放活动400余次，点击访问量达720余万，有效保障了公众的环境知情权、参与权和监督权，"宁钢体验之旅"公众参与项目成功入选十佳公众参与案例。二是推动场馆建设，树立创新样板。投入300余万元对宁波生态文明教育馆进行升级改造，建成全省首个市级生态文明教育馆。同时，加快提升生态环境治理公众参与力度，启动一批国家生态文明教育场馆、环保设施向公众开放标杆园区（企业），奋力将宁波打造成为环保设施向公众开放特色城市。三是推选典型案例，引领公众参与。大力推进生物多样性体验地建设，积极推进生物多样性保护典型推选，1个案例入选全国典型案例、3个案例入选全省典型案例、3个体验地被命名为省级生物多样性体验地，数量均位居全省第一，生物多样性友好指数位居全省第二。

第二，善为主题宣传主力军，奏响公众参与"新乐章"。以六五环境日、生态日等为载体，讲好新时代美丽宁波故事，扩大公众参与活动影响力。一是开展征集活动，凝聚社会共识。今年，"呵护生态我先行，绿色低碳迎亚运"主题绘画、摄影、短视频作品征集活动，共收到作品456个，阅读量95.2万人次，最终通过公众投票和专家评审评选出20个类别的奖项。2022年，通过宁波生态环境IP形象征集比选，表达具有宁波特色的生态价值观，Q萌亲民的卡通形象深受市民喜欢。2021年，向社会公开征集1500余条准则，择优制订出《宁波市市民生态环境行为准则》，构建了"大家订准则、人人守准则"的良好氛围。二是讲好生态故事，激发参与热情。组织开展"我的生态环保初心故事"短视频大赛，在全市各大媒体和公交地铁等进行宣传展播。举办宁波市首届"我是生态环境讲解员"大赛，在网络投票环节收到了66万+的访问及关注，让公众主动为生态环境发声。上线全省首个生态类慢直播矩阵"宁波生态环境慢直播矩阵"，公众可实时云赏绿意，累计观看人数超760万，点赞数超310万。创新宣传形式，推出"生态环境局长带你打卡美丽宁波"系列，阅读量超195万人次。三是集中展示成效，掀起宣传高潮。举办2023生物多样性友好城市主题活动和国际生物多样性日浙江主场活动，搭建交流合作平台，发布《生物多样性友好乡镇基于自然的解决方案实施指南》地方性技术规范，为如何建设生物多样性友好乡镇提供"中国方案"。举行了2023海洋生态文明主题宣传活动，这是落实全国生态环境保护大会精神的迅速行动，发布《海洋生态文明建设象山宣言》，启动建设国际海洋生物多样性友好体验营地、国家海洋生态文明宣传教育基地和青少年海洋生态环保科普教育基地。围绕"八八战略生态行""绿色低碳迎亚运"等主题，与区（县市）联动，精心策划推出生态环境宣传月活动，奉化"箭岭环境学习中心"正式揭牌，网络直播观看人数5万+。2022年，顺利举办以"绿色共富 美丽浙江"为主题的"浙江生态日"活动，这也是主场活动首次落地我市，以"现场考察+主题活动"的形式推介了全省首个市级生态文明教育馆揭馆和"美丽海湾"建设情况。2023年，在全国低碳日宁波主题宣传活动上，以"活动+体验"的形式倡导市民自觉践行绿色低碳的生产和生活方式。

第三，勇做服务民生先锋队，引领公众参与"新风尚"。从生态环境服务民生着手，有序引导公众参与工作项目化、品牌化，让公众在享受"绿色福利"的同时，凝聚社会力量参与环境保护。一是讲好宁波故事，彰显宁波形象。在COP15第二阶段会议上，发布全国首个《生物多样性友好乡镇规划指南》技术规范，并向全球展示了《离岛归客——守护中华凤头燕鸥》《生死时速——象山人拯救抹香鲸的故事》，获得参会各国代表一致好评，其中镇海炼化白鹭园入选全球《企业生物多样性保护案例集》，《离岛归客——守护中华凤头燕鸥》获评生态环境部2022年度生态环境宣传教育优秀作品。二是培育志愿队伍，发挥先锋示范作用。开展生态环境志愿者骨干和讲解员培训等多项专业化培训，全市17支队伍入驻"志愿浙江"平台，公益时长达2.91万小时。通过评选挖掘志愿者感人事迹，7个个人/组织成功入选"最美浙江人·最美环保人"，2名个人获评全国最美生态环境志愿者。三是坚持普惠共享，厚植民生福祉。宁波市谋划实施《生态环境服务微民生十件事》，其中"美丽地图"探索大美宁波，收录全市2860个生态点位，以数字化形式呈现趣味性内容、惠民性服务。"甬有生态"亲子课堂开展了200余次活动，报名超3.5万人，在寓教于乐中，让生态环保理念春风化雨、润物无声。"生态文化"走村入社项目开展文艺巡演21场，放映环保题材宣传片和电影3049场，观众39万余人次，在民众喜闻乐见的娱乐活动中推动生态文化繁荣兴盛。

（七）以健康志愿服务为契机关注社会需求

2022年以来，宁波市卫生健康委积极弘扬"奉献、友爱、互助、进步"的服务精神，践行社会主义核心价值观，大力推进"健康天使"志愿服务建设，组织开展了一系列"健康天使"名义下的各项志愿服务活动，在疫情防控和全国文明城市创建过程中发挥了积极作用。

第一，完善服务体系，强化队伍建设。宁波市卫生健康委"健康天使"志愿服务队不断完善志愿者相关制度和岗位职责，持续改进提升志愿服务管理能力。一年来，市级"健康天使"志愿服务团队人数不断扩充，目前共有注册志愿者6423名，在"We志愿"服务平台上发布相关志愿服务岗位227个，服务总时数达11.07万小时。各相关单位不断优化团队年龄结构，增加志愿服务岗位的设置，加强对志愿者防护技能、消防知识、心肺复苏等急救技能的培训，提升志愿服务效能，做好人力资源的有效调配，不断提升"健康天使"志愿者的服务能力。

第二，对照测评标准，助力文明创建。志愿服务是彰显城市文明程度的重要标志，卫生健康部门一直是引领文明城市创建的重要部门之一，医院及其周边也是展示城市文明的主要阵地，为助力全国文明城市创建、给患者营造和谐温馨的就诊环境，各相关测评点位医院树立人人参与文明城市创建的理念，不断推进完善志愿服务站建设，公开志愿服务制度、服务内容，增加志愿服务力量，克服疫情防控与日常诊疗双重压力，积极开展各类相关志愿服务活动。在院内，"We志愿站"严格专人在岗，为听障、视障等特殊人群提供全程陪同服务，维持一米线秩序，协助亮码测温，加强就医引导，有效缓解了就诊高峰期预约、挂号、收费等排队压力，提升了患者就医满意度；在院外，积极开展健康教育、义诊咨询、爱心献血、中医保健等专业服务，为创建全国文明城市贡献力量。

第三，服务提质扩面，打造项目品牌。各级"健康天使"志愿服务队伍不断丰富志愿服务项目，开展特色志愿服务活动，精准供需对接。宁波市李惠利医院"惠利护跑家"开展大型护跑活动3次，为近万名跑者保驾护航，"无声世界，有声关爱"让喉癌术后患者重获新生，"生命灯塔"肿瘤患者支持项目的志愿者每周探访患者，鼓励患者勇敢面对疾病；宁波市第一医院"生命至上 向阳而生"志愿者对特殊教育中心学校进行生命健康教育，"爱健康动起来"项目在专业志愿者的带领下，八段锦锻炼活动持续在放化疗病区开展；宁大附院与慈善总会等单位共同推出"如宁所愿"临终关怀志愿者服务项目，获宁波市新时代文明实践志愿服务大赛银奖、慈善公益项目金奖；宁波市妇儿医院的"暖阳进病房"、儿童"天使陪伴"项目给妇女儿童患者带来温暖；宁波市中医院"关爱致肾——透析前心理支持小组活动"帮助患者增强战胜疾病的信心。

第四，加强结对共建，服务基层健康。健康天使志愿服务队伍发挥行业医疗专业阵地作用，积极推进健康义诊进万家、青年公益宣讲等志愿服务项目，广泛开展医疗服务、社会服务、医学科普、健康守护、对口帮扶等服务活动，为群众提供便捷服务，展示温暖形象。宁波市李惠利医院"惠民利民"志愿先锋队的医疗志愿者通过线上线下开展义诊及培训活动34场，服务群众4154人次；宁波市第一医院"暖阳有爱 夕阳有伴"的医务志愿者们为已结对的46户老人上门提供体格检查、用药指导、功能锻炼等医疗服务；宁大附院推出专题志愿服务38余次，涉及社区18个，企事业单位、学校、养老机构等20家，服务群众2000余人次；宁波市妇儿医院积极组织小儿内科、妇科医生等到车站、社区等进行义诊和健康宣教活动，在健康知识进万家专项活动中讲授婴幼儿养育知识；宁波市中医院社工部联合医务科、护理部、工会等开展五十余场下社区、进企业、进学校等义诊活动。通过开展此类志愿活动，"健康天使"志愿者们把卫生健康知识传播到社区基层，有效地提升了甬城市民的健康素养。

（八）以工会志愿服务团结引领广大职工群众

高度重视习近平新时代中国特色社会主义思想，深入贯彻落实习近平总书记关于工人阶级和公会工作的重要论述。以打造模范"重要窗口"为己任，宁波市总工会致力于强化政治意识、先进性和群众基础，同时巩固"不忘初心、牢记使命"主题教育成果。在党的领导下，宁波市总工会积极倡导志愿服务精神，鼓励职工广泛参与，以队伍建设为基石，通过活动组织、信息平台、项目推广和制度完善，不断加强志愿服务的组织和队伍建设。宁波市总工会还致力于推动工会志愿服务向常态化、制度化、网络化和体系化方向发展，以此提升服务水平和工会的整体效能。在深化改革、推动市域治理现代化和实现"两个高水平"建设的过程中，宁波市总工会将发挥关键作用，提升工会的社会影响力，并在新时代塑造宁波工会的新形象，展现其在社会发展中的积极贡献。

宁波市总工会在搭建组织体系、塑造工作品牌、完善运行机制上下功夫，推动工会志愿服务活动常态化、制度化，全力打造工会志愿服务事业发展新格局。

一是组织体系完善。2020 年 11 月宁波市总工会志愿服务支队成立，下设 8 支专业工会志愿服务大队，23 支区（县市）、产业和园区总工会志愿服务大队。各大队最大限度调动社会组织、专业技术人员和爱心人士等社会力量参与工会志愿服务，逐步形成"工会组织+社会组织+志愿者"的工作模式，目前已引导、孵化和培育了工会志愿服务组织 886 个，招募志愿者 2.13 万名，在全市建立起 750 个工会志愿服务站点。

二是服务内容丰富。工会志愿服务工作分为日常服务和主题服务两条线，日常服务主要是通过企业和职工点单、工会下单、志愿者接单的"三单制"服务模式，同时各志愿服务大队也会定期在线上发布技术攻关、法律援助、医疗健康、子女托管、文艺体育等志愿服务内容，企业、职工可随时预约个性化服务。主题服务主要是围绕市委、市政府中心工作，由市总工会志愿服务促进中心每月发布服务主题，号召全市工会志愿服务团队集中力量主动作为，比如开展党的二十大精神宣讲、亚运会志愿服务、防台救灾、春送就业、夏送清凉、金秋助学、冬送温暖、留工优工等活动。截至 2023 年 10 月底，已累计开展志愿服务活动 9533 场，信用时长 112 万小时。

三是保障机制健全。建立健全重点项目培育机制，连续举办工会志愿服务项目大赛，在全市工会系统中培育孵化优秀工会志愿服务团队和项目，并给予资金支持。下发《工会志愿服务工作任务清单》，开展赛马比拼，明确"规定动作"和"自选动作"，鼓励"创新动作"。依托"We 志愿"平台，从组织体系、服务场次、服务时长三个维度定期通报各地工会志愿服务开展情况，打好清单对账的"主动仗"，并将志愿服务工作列入工会工作年度考核。

四是打响工作品牌。围绕高质量发展，聚焦中心大局、职工所需，涌现出劳模工匠志愿服务队、职工文艺志愿服务队、工会阅读志愿服务队、美容美发志愿服务队、海曙"匠道"、象山雄鹰救援队等一大批辨识度高、效果好、叫得响的工会志愿服务品牌。2021年工会志愿服务在全市志愿服务信用时长组织中排名第一；北仑大碶街道灵峰工业社区获评2020年度全国学雷锋"最美志愿服务社区"；宁波市劳模工匠志愿服务队获评为2021年度全国学雷锋志愿服务"最佳志愿服务组织"；海曙工会志愿服务工作在中国社会工作教育协会专题研讨会上交流发言；全国劳模万亚勇获评2022年浙江省"最美志愿者"；市职工服务中心周密益获评2022年宁波市"最美志愿服务工作者"；2023年宁波市新时代文明实践志愿服务项目大赛金奖；等等。

特色案例一：宁波市总工会职工悦读志愿服务大队

2020年9月成立宁波工"惠"悦读志愿服务队，同年12月归建为宁波市总工会职工悦读志愿服务大队。至今团队成员已有100多人。以"宁波市总工会宣网部—工惠悦读工作组—同读班长（各类活动负责人）—志愿者"为项目组织结构，打造了"线上为工'惠'悦读平台，线下为五一广场二楼影院、一楼音乐馆、一楼悦读馆等"服务阵地，为宁波职工提供线上赠书活动有关的服务和线下读书活动有关的服务，以及其他与职工阅读有关的志愿服务，累计服务32696小时。

特色案例二："同读一本书"

工"惠"悦读"同读一本书"旨在推广全民阅读，助力书香宁波建设。自2020年9月至今，已在2000多家企业中建立读书团队，推动10多万名职工参与阅读。

主要做法：一是精选同读书单。以社会主义核心价值观为指导，围绕"发展社会主义先进文化，弘扬革命文化，传承中华优秀传统文化，满足人民日益增长的精神文化需求",通过职工推荐、专家筛选、投票决选,挑选每年书单,制订每月同读计划,优秀同读书籍达 100 多种。二是搭建读书阵地。线上阵地为"工'惠'悦读"平台,用于发布信息、赠读报名、悦读打卡、积分换书等。目前平台上有团队近 1900 个,成员近 6.2 万人,打卡笔记近 250 万条。线下阵地为职工书屋和百家悦读漂流基地,共计 2000 多家。志愿者分工合作,指导建立读书团队,开展同读活动。三是举办读书活动。定期邀请专家学者举办导读讲座 40 多场,读书沙龙 50 余场,悦读观影 35 场,受到职工高度好评。此外,开通"悦读让生活更美好"微信公众号,用于发表职工读后感,刊发文章 900 余篇。

（九）以国际志愿服务为城市代言

推进城市国际化,建设现代国际港口城市,是宁波市委、市政府一个较长时期的目标。实现城市国际化有很多途径,如扩大国际贸易、做强国际大港等,都能提升城市的国际化程度,但加强文化交流、促进文明交融,可以从根本上达到心意相通的目的,无疑是最直接最有效的途径。志愿服务是社会文明进步的重要标志。志愿服务的国际化,引导本地志愿者"走出去"到世界各地开展志愿服务,吸引外籍志愿者"融进来"去中国各地开展志愿服务,既是一种人文交流、一种文明交融,更是在用志愿服务、志愿精神为城市代言。

宁波依托"We 志愿"服务平台积极助推宁波志愿服务国际化发展,形成了一个基地、一个平台、一个项目"三个一"的工作体系。一个基地指建成"16+1 国际志愿者宁波工作站"。该站点由共青团中央书记处书记汪鸿雁、浙江团省委书记朱林森亲自授牌,在服务吸引国际志愿者工作中发挥出重要作用。一个平台指在"We 志愿"服务平台开设中英文双语页面,实现实时互通无障碍。据统计,在"We 志愿"服务平台上用护照注册的志愿者人数为 950 人。一个项目指实施"一带一路"国际志愿服务项目,目前已有超过 200 名宁波青年志愿者参加了"一带一路"沿线 20 多个国家的志愿公益项目。

通过一系列国际赛事和活动，如 APEC 城镇化论坛、中国-中东欧青年研修交流营、宁波·尼斯国际嘉年华等，积极推动志愿服务向国际化发展。自 2016 年起，宁波市已组织了超过 1 万名志愿者参与 39 项大型活动，服务时长累计超过 13 万小时，这些活动不仅提升了宁波的城市形象，也让志愿者们成为宁波爱心和文明的传播者。第一，自 2018 年起，宁波市通过连续两届的世界"宁波帮·帮宁波"发展大会，成功会聚了 1800 多位海外宁波乡贤，联系乡情。在团市委和市志愿者协会的组织下，270 名青年志愿者提供了全面的服务，包括组织协调、接待嘉宾、引导会场、宣传报道和安全保障，确保了大会的顺利进行。第二，通过"未来之桥"中国-中东欧青年研修交流营，为来自 16 个中东欧国家的近 200 名青年代表提供了深入了解中国和宁波的机会。130 名青年志愿者的参与，不仅提供了专业的服务，还促进了中外青年之间的交流与理解，成为宁波对外交流的一张"青年名片"。此外，在 2018 年举办的"宁波·尼斯国际嘉年华"中，460 多名志愿者组成的"小星辰"团队为这一国际性文旅活动提供了为期一周的服务，既为本次活动的成功举办贡献了力量，也再次向世界传递了宁波的城市魅力和志愿者精神。

特色案例一：志愿新时尚——我为垃圾分类献策

2019 年，宁波垃圾分类"强"风正劲，垃圾分类志愿活动如火如荼。来自 10 个国家的 25 名国际志愿者也齐聚在一起，走访、参观、体验、座谈，为宁波的垃圾分类工作献计献策。他们实地调研垃圾处理链，体验废物再利用的手工制作，还入户宣传垃圾分类知识，督导社区垃圾分类，为宁波垃圾分类出一份力。"在日本，扔垃圾是'生存技能'，连一个小小的瓶子也得瓶盖分离。其实不管在哪一个国家，都应该从源头上做好垃圾分类工作，将环保的理念渗透到日常行为中，使每个人都能为美丽家园贡献一份力量。"参加本次活动的一名日本志愿者说。

特色案例二：文化交融——志愿搭起文化沟通桥梁

2018 年，"美丽中国　善行象山"国际志愿者交流活动启动，来自 14 个国家的 54 名国际志愿者参与其中，通过志愿服务实践、志愿服务组织参访，国内外志愿者座谈交流、象山全域文化和中国传统文化体验……一系列丰富多彩的活动架起了中外志愿者之间的文化交流之桥、友谊之桥。不仅如此，宁波"海丝"申遗"功劳簿"上也留下了国际志愿者的重要一笔。作为海上丝绸之路的主要始发港之一，宁波与北海、广州、漳州、泉州、扬州、蓬莱联合申报"海上丝绸之路"世界文化遗产。2017 年，宁波市世界遗产志愿者服务队成立，来自英国、美国、意大利、澳大利亚等国的 8 名外籍人士和本地志愿者一道，了解、寻访宁波的海丝遗迹，唱响"海丝之歌"，将开放、包容、融合、发展的"海丝"精神传播开去。

第三，"一带一路"东风吹，宁波国际志愿服务乘势加快"走出去"。团市委积极推动国际志愿服务海外交流项目，为宁波青年志愿者提供海外志愿服务交流平台，鼓励青年服务世界，实现人生价值。目前宁波每年向 30 多个国家输出国际志愿服务，志愿服务足迹遍布亚太地区、中东欧、非洲及南美地区。

特色案例：海外公益——在异国他乡留下青春的脚印

每年寒暑假，宁波诺丁汉大学 AIESEC 海外志愿者计划都会向志愿者提供具有国际化视野与全球公益性的跨文化交流项目，以培养关注社会热点、具有全球化视野与国际竞争力的青年。今年暑期，270 多名青年跨越世界五大洲，前往 30 多个不同国家和地区参加文化、教育、环保、医疗等领域的海外志愿者项目。这些青年怀着志愿者的热忱，在异国他乡用自己的微薄力量践行着每一个微小却又意义深远的变革。他们中有的奔赴希腊，为难民孩子带去文化的萌芽；有的前往非洲，在问题层出的尴尬中努力提升教学，启发孩子们的成长；有的则南下印尼，物质上的不足也难以浇灭志愿者们的公益热情。

四 宁波市行业部门志愿服务的发展困境及未来展望

（一）宁波市行业部门志愿服务的发展困境

1. 部门之间资源整合度需提升

虽然宁波新时代文明实践志愿服务活动取得了一定的成果，但在各部门志愿服务工作的资源联动上仍存在一定程度的不足。一是信息沟通不畅，在各部门间，信息沟通和资源共享仍存在障碍。有些部门之间对彼此的困境互不了解，或者在志愿服务中存在重复或遗漏的现象。二是缺乏组织协同，各部门在志愿服务活动中，在策划、组织、执行等环节可能会产生分歧和缺乏协同。三是人力资源错配，部门间对志愿者的需求可能存在不同程度的错配，导致部分志愿者不能发挥其专长，部分部门的需求得不到满足。四是目标不统一，各部门在志愿者工作中可能会出现不同的目标，分散志愿者的注意力和资源。五是监督评估缺失，各部门在志愿服务工作中，可能缺乏监督和评估系统。

2. 活动载体不够多元

宁波新时代文明实践志愿服务逐渐成为履行社会责任和传递文化价值的重要载体。尽管各类志愿服务活动已经取得了显著的进展和成果，但在实践中仍有许多细节值得进一步完善。其中，志愿服务活动载体的多元化便是一个至关重要的方面。目前，许多市民和服务场景仍未能充分享受到高质量的志愿服务，这可能在一定程度上影响了整体志愿服务水平的提升与发展。

3. 志愿服务规范化不足

宁波新时代文明实践志愿服务在促进社会福祉提升和强化公民责任感方面取得了显著成绩，但在实际执行过程中仍然面临着规范化水平不足的问题。这一问题不仅可能降低志愿服务的质量及实际效果，也有可能导致资源的浪费和服务受众满意度的下降。一是在志愿服务的组织架构方面尚未实现健全的志愿服务组织架构构建，不同层级和部门的职责存在模糊现象。二是操作规范问题,从志愿服务记录与证明累计抽查情况看,普遍存在志愿服务记录不规范的情况。具体有记录不完整、志愿服务评价缺失、纸质载体等形式记录的志愿服务信息录入志愿服务信息系统不及时、志愿服务补贴发放与志愿服务信息系统记录不对应等情况。三是志愿者的补贴和保险制度不够完善。尽管志愿服务并非以报酬为目标,但为志愿者提供适当的补贴和保险仍然有必要。当前缺乏关于志愿者补贴和保险的具体规定,在财务审计过程中可能会受到相关部门的质疑。这不仅给基层组织志愿服务活动带来困扰,同时还让志愿者在投身志愿服务时心存顾虑。

4. 品牌创建力度有待进一步加大

一是缺乏明确的品牌定位,一些部门内对志愿服务品牌的定位与核心价值理念不明确,导致难以传递一致信息和形成品牌特色。二是创新意识不足,在策划志愿服务项目时,缺乏足够的创新意识,难以打造出新颖且富有吸引力的志愿服务项目。三是人才储备不足,一些部门内专业人才储备不足,无法为志愿服务品牌孵化提供足够的支持与保障。四是部分部门在志愿服务中确实存在许多服务品类。面对琳琅满目的选择,部门领导往往面临一个挑战:是集中资源关注某一具体领域,还是尝试并行推进多个服务项目?五是志愿服务项目在实践过程中,其成效的展现和沟通对于提高整体服务质量和进一步推动项目发展至关重要。然而,当前志愿服务项目的成效往往难以收集和梳理,评价机制尚不完善。其中,一个显著的问题就是许多项目的效果并非能够通过简单地收集数据来衡量。

(二)宁波市行业部门志愿服务发展对策建议

1. 推进队伍管理

一是加强梳理宁波"We志愿"平台志愿者队伍组织体系,健全各部门和团队的功能定位,确保平台运行顺畅。二是依托宁波"We志愿"服务平台,进一步做好志愿者注册登记工作和志愿活动开展。规范做好志愿者招募、登记、注册的工作,对内容填写及选择服务项目进行详细说明,为广大志愿者进行注册登记提供便利。加强对志愿服务工作的安排和跟踪了解,及时掌握志愿者参加服务活动的情况，适时对开展志愿活动的情况进行总结表彰。注重教育培训，全面提升志愿服务队伍能力水平。注重发挥专业团体、行业骨干的作用，把热心社会公益、具有专业技能的专家学者、特殊人才吸纳到志愿服务队伍中，不断发展壮大类型多样、各具特色、内容丰富的健康天使志愿服务队伍。

2. 加强督查考核

制定统一考核标准，将志愿者队伍建设纳入区（县市）、开发区、街道（镇乡）考核体系，确保各地对志愿者队伍建设的评价具备一致性与公平性。进一步制定完善评价细则，包括志愿者活动质量、参与度、服务成果等方面，以便更准确地衡量志愿服务的整体绩效。推动各地推进和规范志愿服务工作，丰富拓展活动载体，壮大队伍力量，持续提升志愿服务水平。调动各级政府的支持与配合，建立有效的激励机制，促使各级政府部门支持和配合平安志愿服务工作。通过明确的政策和措施，推动地方政府按照统一的标准实施与监督。

3. 强化部门联动

为了更好地发挥各部门的优势，提高志愿服务的工作效率和成果，强化部门联动至关重要。一是明确部门职责，对各部门的职责进行明确划分，确保每个部门都了解自己在志愿服务工作中的任务和角色。明确部门职责有助于提高工作效率并减少资源浪费。二是建立沟通机制，设置固定的沟通渠道和定期会议制度，以便各部门能够及时分享信息和协调资源。良好的沟通有助于解决潜在问题，防止工作中出现重复或遗漏。三是制订统一目标与计划，各部门应在志愿服务方面制订共同的目标和计划，明确阶段性目标以及长期发展规划。确保各项工作在同一方向上推进，提高部门协同的效果。四是加强资源共享，设立资源共享平台或制度，以便各部门能够充分利用现有的资源和能力。通过资源共享，提高志愿服务工作的整体效率。五是开展跨部门合作项目，鼓励实施跨部门的志愿服务项目，充分发挥各部门的专业特长和优势。有目的地加强部门间的合作，使志愿服务项目取得更好的成果。

4. 强化各部门品牌孵化能力

为强化各部门的志愿服务品牌孵化能力，提高志愿服务品牌的知名度和影响力，需加强部门间的协同合作并推动志愿服务品牌建设。一是明确部门定位与职责，对各部门在志愿服务品牌建设中的定位和职责进行明确划分，确保资源合理配置和协同高效。二是建立统一品牌战略，通过协调各部门，制定共同的志愿服务品牌战略，统一品牌形象、理念和传播方向，提高品牌建设的整体效果。三是跨部门协作与沟通，建立有效的跨部门协作与沟通机制，组织定期会议以分享信息、协调工作及调整优化策略。四是充分发挥各部门优势，在志愿服务品牌孵化过程中，各部门应充分发挥自身专业特长和优势，共同推动志愿服务品牌建设。例如，策划部门负责制定方案，宣传部门进行推广，执行部门负责项目实施等。五是不断完善激励机制，开展优秀志愿者和服务团队选树活动，充分发挥典型示范带动作用，加大志愿者先进典型和事迹宣传，促进相关经验亮点总结提炼，积极扶持培育具有地域、行业特色的志愿服务品牌。

B.6
宁波新时代文明实践退役军人
志愿服务发展报告

李甜甜[*]

摘　要：　宁波市充分发挥退役军人服务保障体系作用，引导退役军人积极参与志愿服务，推动全市退役军人志愿服务项目品牌化、服务内容精准化、服务需求清单化，初步形成了以总队为中心、以万人志愿为星火、以数字为核心、以平台为依托的退役军人志愿服务体系。为更加充分有效回应民生诉求和充分满足群众需要，新时代宁波退役军人志愿服务将坚持以习近平新时代中国特色社会主义思想为指引，积极培育和践行社会主义核心价值观，把志愿服务作为引领退役军人发挥作用的重要抓手，做精做强"甬尚老兵"志愿服务品牌，通过制定一批志愿服务规范、生根一批志愿服务品牌、培育一批志愿服务项目，全面提升退役军人志愿服务水平。

关键词：　宁波市　退役军人　志愿服务

　　党的十八大以来，中国特色志愿服务事业得到了长足发展，志愿服务队伍不断壮大，志愿者规模快速增长，志愿服务领域持续拓展。志愿服务在围绕中心、服务大局、保障民生中发挥了重要作用，成为推进基层治理体系和治理能力现代化、提升社会治理效能的有效工作路径。近年来，党中央、国务院高度重视基层社会治理工作，并就新时代社会治理机制创新和体系完善提出了一系列新观点、新论断、新要求。习近平总书记在党的十九大报告中

---

* 李甜甜，宁波大学法学院硕士研究生，研究方向为土地资源管理。

强调"打造共建共治共享的社会治理格局",在党的二十大报告中强调"建设人人有责、人人尽责、人人享有的社会治理共同体"。① 宁波市退役军人事务局认真学习贯彻习近平总书记重要讲话精神,始终坚持以习近平新时代中国特色社会主义思想为指引,积极培育和践行社会主义核心价值观,着力推动退役军人志愿服务队建设,广泛动员、积极号召广大退役军人投身于志愿服务事业,引导他们深度融入基层社会治理,展现新时代退役军人的别样风采。

一 宁波市退役军人志愿服务的基本情况

志愿服务是社会文明进步的重要标志,是退役军人弘扬传统、奉献社会、奋发有为的实践平台。它彰显了理想信念、爱心善意、责任担当,是人民有信仰、国家有力量、民族有希望的生动体现。习近平总书记对做好退役军人工作高度重视,强调要关爱退役军人。退役军人是党和国家的宝贵财富,是建设中国特色社会主义的重要力量。近年来,退役军人事务部积极作为,强化顶层设计、创新服务平台、健全激励机制、坚持服务管理、壮大志愿服务队伍,使退役军人志愿服务工作以更实举措、更大力度为新时代精神文明建设和经济社会发展做贡献。

人人志愿,全城志愿。为认真贯彻落实习近平总书记关于退役军人工作的重要论述和党中央关于新时代文明实践志愿服务工作的有关要求,大力弘扬"奉献、友爱、互助、进步"的志愿精神,宁波市退役军人事务局以服务退役军人为中心,大力发展退役军人志愿服务事业,进一步推动宁波市退役军人志愿服务制度化、常态化发展。2019 年以来,宁波市不断健全志愿服务工作和制度体系,充分发挥退役军人服务保障体系作用,引导退役军人积极参与志愿服务,推动退役军人志愿服务项目品牌化、服

---

① 习近平:《高举中国特色社会主义伟大旗帜　为全面建设社会主义现代化国家而团结奋斗——在中国共产党第二十次全国代表大会上的报告》,https://www.gov.cn/xinwen/2022-10/25/content_5721685.htm,最后访问日期:2024 年 1 月 7 日。

务内容精准化、服务需求清单化，全面提升退役军人志愿服务水平，取得了一系列成果。截至 2023 年底，全市共有退役军人志愿服务队 750 支、志愿者 11000 余人，累计开展各类志愿服务 13.5 万场次共计 29.6 万小时，服务对象超 120 万人次，构建起行政机关、服务体系、社会力量"三驾马车"同向发力的工作机制，涌现出"我为烈士来寻亲"、战狼救援队、"您好老兵"等志愿团体，在社区服务、应急救援、抢险救灾、疫情防控、助老扶贫等方面发挥了重要作用。2022 年 8 月，宁波市"甬尚老兵"退役军人志愿服务总队获第七届浙江省慈善奖志愿服务奖。各级领导多次来甬调研指导并给予充分肯定，宁波市退役军人志愿服务亦得到了社会各界集体点赞。

（一）以总队为中心，谋划"一个圈"

2021 年 4 月，宁波市"甬尚老兵"退役军人志愿服务总队及各区（县市）14 支退役军人志愿服务大队正式成立。依托宁波市志愿者协会、"We 志愿"数字平台等载体，起草制定《退役军人志愿服务管理办法》《退役军人志愿者管理办法》等 5 项制度规范，健全完善志愿服务评价制度，实行专班化运营、分类化实施、长效化保障等工作机制，促进服务保障体系制度有形覆盖、作用有效发挥。甬城退役军人志愿服务工作更加规范化、常态化、品牌化。[①]

（二）以万人志愿为星火，同筑"一个梦"

一声"到"，一生"到"，这是甬城退役军人的铿锵宣言。宁波市"我为烈士来寻亲"志愿服务团队成立于 2017 年，以"崇尚英雄、缅怀先烈、教育后人"为宗旨，建立 3 万条革命烈士安葬地数据库，先后帮助 818 位客葬异乡的革命烈士寻找到亲属。该项目微博话题浏览量 6777.8 万，全网互

---

① 《甬尚老兵·志愿标兵　宁波市退役军人志愿服务工作纪实》，https：//mp. weixin. qq. com/s/WJu9pKbIUAERBKegqNFRMw，最后访问日期：2024 年 1 月 7 日。

动微博 3.3 万余条，并衍生出"我为烈士修遗物""我为烈属代祭扫""英烈故事我来讲"等项目，引起中央电视台、新华社、解放军报、人民日报等各大媒体广泛关注。新冠肺炎疫情以来，宁波 10 万退役军人冲锋在战"疫"一线，不获胜利，决不收兵。他们用实际行动展现了"甬尚老兵"志愿者的风采。

（三）以数字为核心，统筹"一个面"

借力数字化转型新形势，建立宁波市退役军人志愿服务指挥调度中心，实现热线、网络、掌端等智慧化媒介协同服务，形成管理"一站式"、对接"一点通"、过程"一条龙"的工作模式。搭建起志愿者在线报名、在线审核、在线培训、在线服务等多功能应用，可随时查询志愿活动情况；通过群众"点单"、中心"派单"、志愿者"接单"、群众"评单"的方式，实现线上线下志愿服务的有效接轨；利用数字技术记录志愿者服务时长与积分，建立时长认证机制，即时记录服务时长和公益积分等，凭积分可享优先优待、推优评优等政策；通过接派单的服务形式，累计对接各类志愿服务需求 4600 余件，让服务需求有呼应、可落实、能评价。

（四）以平台为依托，画好"一个圆"

2021 年 8 月 1 日，宁波市成立新时代文明实践志愿服务（81 号）We站，这是浙江省首个有"军"特色的志愿服务 We 站。建站以来，先后开展了红色党课宣讲、无偿献血、免费义诊、爱心义卖等公益帮扶活动，覆盖人群 10 万余人，荣获"最佳志愿服务 We 站"称号。2022 年 6 月，为培育更多优秀退役军人志愿服务项目，宁波市退役军人事务局和宁波市文明办联合举办了首届退役军人志愿服务项目大赛。来自全市各地的 44 支由退役军人"唱主角"的志愿服务项目亮相大赛，涌现出"我为烈士来寻亲·客葬异乡英烈回家""助茧成蝶""您好老兵"等优秀项目。通过大赛的锤炼，让"甬尚老兵"退役军人志愿服务品牌"扩容塑形"。

二 宁波市退役军人志愿服务的亮点做法与经验

（一）以"有"字为立足点，强基固本，实现规范管理体系化

1. 坚守志愿服务"主阵地"，不断延伸服务触角

发挥党建引领作用，立足"1 个市级总队+12 个区（县市）大队+156 个乡镇（街道）中队"三级志愿服务阵地，建立退役军人志愿服务指挥调度中心，挖掘包含红色遗迹、烈士纪念、乡村振兴等十大类共 100 个新时代红色退役军人服务站，邀请 100 位模范退役军人走进基层服务中心（站）、走进高校、走进社区，分享红色故事，传承红色基因。成立新时代文明实践志愿服务（81 号）We 站，借助其常态化开展志愿服务 100 余场，并编制服务指南，使 We 站志愿服务走向正规化、规范化、制度化。建成"横向到边""纵向到底"的志愿队伍体系，贯通市—区（县市）—乡镇（街道）三级志愿服务网络。创新延伸建设全省首家批发市场退役军人服务站。打通退役军人志愿服务"最后一公里"。

2. 坚持强化队伍日常管理，不断提升服务水平

通过"理论学习培训+实绩评先评优"相结合的方式，精心打造高素质退役军人志愿服务队伍。一是建立学习交流制度。针对志愿服务队伍人员素质参差不齐等问题，坚持"走出去学、请进来教、岗位上练"的学习培养机制，帮助他们提升能力素养。截至目前，共开展相关培训 106 次。二是探索管理新模式。将志愿服务工作纳入全市退役军人服务中心年度工作要点考评范围，制定《宁波市"甬尚老兵"退役军人志愿服务队管理办法（试行）》《宁波市"甬尚老兵"退役军人志愿服务队行为规范（试行）》等 5 项制度规范，坚持以随机抽查和以赛代练相结合等方式展开科学督导，激发队伍新活力。

3. 坚持加强协同联动，不断拓展服务矩阵

建立健全全市志愿服务资源集成工作体系，以社会化的方式推动多方联

动共赢，以专业化的形式有效解决热点、难点问题。2022年成功举办宁波市首届退役军人志愿服务项目大赛，作为志愿服务活动的重点品牌和项目孵化平台，培育涉及14个领域的200个志愿服务项目。向社会组织购买"为烈士寻亲"和"情暖老兵"特殊困难退役军人服务项目，完成206人"一人一册"信息登记和62人"一人一策"专业服务，实现"一户一档"档案管理，志愿服务更加精准化、专业化。镇海区"红星"志愿服务队等7支退役军人志愿服务队入选全国千支"退役军人关爱青少年志愿服务队"。积极号召600余名退役军人志愿者参与保障杭州亚运会志愿服务。

（二）以"忧"字为聚焦点，破解难题，实现体系覆盖全域化

1. 数字赋能"解忧"，破解场所限制难题

一方面，依托新时代文明实践志愿服务（81号）We站等"点单系统"，以群众需求为出发点，形成"群众点单—系统派单—队伍接单—群众点评"的服务模式，逐步实现志愿服务线上线下一体化，进一步满足群众的精神文化需求和生活需求。截至2023年底，800多人通过"We志愿"服务平台完成"订单式"志愿服务4600余项，如江北区"薪火传"志愿服务队以162名退役军人为志愿主力，通过"学习陪伴""情绪开导"等方式，为95名6~15岁现役军人子女的健康成长护航，帮助军人解除家庭后顾之忧。另一方面，以退役军人"轮值站长""老兵互助""微心愿"等志愿服务为依托，持续开展志愿服务对象信息数据采集、资料管理和汇总分析，完善"一事一求一档"电子档案，率先建立志愿服务档案数据库，打造"指尖上的服务站"，使志愿服务更加高效有序。

2. 精准服务"解忧"，破解效能提升难题

实施专业化志愿服务队伍分类精细化管理，了解摸清退役军人志愿者底数，实现志愿服务的精准滴灌与服务对象需求之间的有效对接，满足个体化、差异化、分众化的志愿服务需求。例如：镇海区"红星"志愿服务队创新非遗传承路径，挖掘非遗文化育人价值，深入辖区中小学开展爱国主义教育活动86场、军事化劳动教育相关活动45场、军事生活内务整理活动

50 场，参训学员近 2 万人次；海曙区成立宁波市首个区级转业退役军人应急救援联盟，相关做法被央广网、人民日报客户端等平台多次报道。

3. 搭建平台"解忧"，破解资源共享难题

深化与教育、民政、医疗卫生等各部门的合作，不断加强载体平台建设，实现全市范围内志愿服务信息互通、资源共享，助力志愿服务高质量发展。例如：鄞州区依托南高教园区高校资源，成立集双拥服务站、退役军人服务站、征兵工作站和志愿联盟分站于一体的四站融合式大学生"Yi·青春"服务站，服务范围从南高教园区拓展至宁波全市；奉化区通过广泛发掘、全面支持、常态跟踪等方式搭建志愿服务项目"孵化摇篮"，提供"一站式"服务，帮助其建设阵地，扶持其壮大队伍实力，扩大项目服务范围，促进优秀志愿服务项目快速成型，2023 年以来，先后启动"古怀初心"红色传承、"亮剑体验营"国防教育实践、"星语心愿"抗美援朝老兵圆梦行动等一批特色项目，志愿服务项目培育体系逐步形成。

（三）以"优"字为着力点，提质增效，实现服务保障精细化

1. 着眼于社会宣传效应，彰显"两强"形象

依托融媒矩阵，坚持"报、台、网、微"综合发力，大力宣传退役军人志愿者在抗洪抢险、助学护学、就业创业、拥政爱民等方面的先进典型，持续深化志愿服务系列宣传活动。截至 2023 年底，在市级以上媒体共发布相关新闻稿件 1000 余篇；在抖音、微信视频号制作发布专题短视频 130 余条。其中，"我为烈士来寻亲"微博话题浏览量 6777.8 万，互动微博 3.3 万余条，联动上亿人次，项目发起人孙嘉怿荣获 2023 年"全国最美拥军人物"。

2. 着眼于志愿队伍建设，打造"三队精品"

一是打造退役军人志愿服务"宣传队"，聚力强化思想引领。依托老兵宣讲团、小红鹰宣讲团、红领巾宣讲员"一老一小"志愿宣讲，坚持面向基层，切实深接地气，分领域、分群体开展"沉浸式+互动式+订单式"宣讲活动。截至 2023 年底，宣讲活动遍及甬城各区（县市）军营、学校、乡镇、社区、企业，年平均宣讲 400 余场次，受众超 200 余万人次。二是打造

退役军人志愿服务"常备队",暖心守护服务对象。融合专业社工服务,构建立足村、社区的志愿服务基层力量,深度参与平安创建、城乡环境治理、矛盾化解调处等活动,深化全市志愿服务工作。例如:2023年以来,"江北老兵"志愿服务队组织心理咨询、法律援助、困难帮扶、反诈宣传、国防教育等多领域志愿服务600余场,实现全区覆盖;翠东社区老班长退役军人服务站开展辖区燃气安全检测活动,共入户检测877户、消除安全隐患200余户,并免费为其更换软管、灶具以及燃气热水器等;家电"复活侠"志愿队已连续四年定期上门为辖区困难老人维修家电等,截至目前已有近3000名老年人受益。三是打造退役军人志愿服务"后备队",勇挑急难险重任务。全市各级退役军人志愿服务队积极响应党委、政府号召,大力参与应急救援、抗台救灾、疫情防控等急难险重志愿服务,成为重要协同力量。例如,2023年以来,余姚市战狼户外公益救援队联合周边兄弟志愿队第一时间赴福建参与防台工作,协助转移群众;历时13小时、跋涉1000公里,接力护送河北救援队采购救急装备;连续6年为余姚中学师生"模拟长征"活动提供安保服务等。又如,象山县通过公开招募、团队融合等形式组建县退役军人亚运志愿队,参与亚运赛事服务、文明城市创建、保障节日活动等志愿服务工作300余次。

3. 着眼于服务长效机制,实现"三有"发展

一是有方向。坚持党建引领"甬尚老兵·荣耀港城"志愿服务,充分发挥志愿服务党建工作的牵引力,以全心提供优质高效服务为着力点,扎实推进退役军人志愿服务,持续提升服务保障能力水平。二是有制度。建立常态化联络机制,制订联系结对表,对重点关注对象、困难人员落实"周探望""月走访""季联络"工作机制。结合春节、妇女节、五一节、端午节、建军节、国庆节等重要时间节点,组织开展"春节送温暖""重阳敬老"等慰问活动,以长效机制支撑保障志愿服务效能常态化提升。三是有载体。以志愿服务集市为载体,广泛开展爱心义诊、法律援助、创文巩卫、垃圾分类等各类志愿服务活动,创新志愿服务模式,拓展志愿服务领域,深化志愿服务交流合作,进一步讲好中国故事、宁波故事。

三 宁波市退役军人志愿服务典型队伍建设

2023年6月7日，退役军人事务部思想政治和权益维护司、国家退役军人服务中心、中国退役军人关爱基金会联合发布"传承红色基因·赓续红色血脉"——退役军人关爱青少年志愿服务项目入选队伍名单公告，海曙区"四叶草"退役军人志愿服务队、海曙区"零距离"应急救援队、镇海区"红星"志愿服务队、北仑区"戎光红"老兵宣讲队、奉化区"亮剑"志愿服务队、慈溪市退役老兵宣讲团、慈溪市坎墩街道"绿马甲"老兵志愿服务队共7支退役军人志愿服务队成功入选。

（一）海曙区"四叶草"退役军人志愿服务队

2022年，全新"四叶草"退役军人志愿服务总队组建，下设志愿宣讲分队、应急救援分队、关爱帮扶分队、特殊技能分队、政务服务分队、医疗服务分队和军嫂志愿服务分队7支队伍，吸纳了燃气、电力、交通等领域一批有特殊技能的退役军人加入团队，使得退役军人这一群体在志愿服务领域有更大的社会影响力。与此同时，实施"亮居微改""高山速递""曙色环形"等10余个特色项目，在全社会营造关爱退役老兵、弘扬传统精神的良好氛围。

（二）海曙区"零距离"应急救援队

海曙区"零距离"应急救援队是一支以退役军人为班底的社会公益组织，成立至今多次参与抗台、抗洪、春运安保、防疫抗疫等救援活动，成功转移受困群众3000多人次。这支应急救援队体量虽小，却实实在在是一支"拉得出、打得响"的钢铁队伍。2016~2022年在乡村校园实施公益助教，受益青少年达20000人次。2017~2020年举办海曙区、江北区环卫工人子女、81890志愿者子女公益国防教育训练营，受益人数达1000人。2016~2022年举办现役、退役军人子女公益国防教育夏令营，受益青少年达800人次。2016~2022年为中小学校举行公益升旗仪式200余次。

（三）镇海区"红星"志愿服务队

镇海区"红星"志愿服务队成立于 2020 年 3 月，由退役军人、"非遗"泥塑传承人黄铁军发起，由来自社会各界的退役军人及其他志愿者共同组成。成立以来，常态化开展青少年爱国主义教育，是宁波市第一家长期入驻学校开展国防教育与红色教育的退役军人志愿服务团队；特色化传播民间"非遗"泥塑文化，以"泥塑文化"为桥梁，引导青少年学子爱国爱军、传承信念；项目化承接校园特色军训服务，组织开展各群体各类军训活动，并结合各大院校、中小学自身实际，开展符合青少年成长的军事教育学习活动，全市 18 所院校、社会实践基地，以及 5 万余人次青少年从中受益。同时，"红星"志愿服务队还积极活跃在扶贫帮困、公益服务、基层治理等社会服务领域中，深受基层退役军人服务站、退役军人、青少年等群体的广泛欢迎。退役军人服务站多次组织退役军人志愿服务队开展科普文化、科技安全、日常生活咨询等多项退役军人为民服务活动，全年累计开展文明城创、平安建设、扶贫帮困等志愿服务活动百余次，服务群众 4 万余人次。

（四）北仑区"戎光红"老兵宣讲队

"戎光红"老兵宣讲队是东升社区"益行绿"老兵志愿队的小分队，目前共有队员 10 人。队员中有资深新四军研究会会员、参战老兵、志愿公益达人，通过发挥余热，致力于发扬传承红色精神。截至目前，"戎光红"老兵宣讲队多次走进假日学校、红色基地、烈士陵园等，向辖区青少年、儿童开展宣讲 10 余次，形成了"红色基因薪火相传"爱国精神宣教品牌雏形。宣教形式力求新颖多样，以烈士故事宣讲为主，融合爱国手工制作、红色基地研学、爱国节目公演、从军老物件展示等，寓教于乐。活动深受儿童、青少年的好评，实现了老兵和儿童、青少年在爱国精神教育领域的共同成长。

（五）奉化区"亮剑"志愿服务队

奉化区"亮剑"志愿服务队成立于 2019 年 3 月，是一支由 43 名退役军人组成、以浙江省国防教育基地滕头村和全市各中小学为主要基地、以面向青少年开展常态化国防教育宣讲和青少年军事拓展训练指导为主要内容的专业化队伍。队伍成立5年来，开展各类义务宣讲五百余场次，受益学生5万余人次。团队实施的"导、讲、行、研"四位一体的沉浸式教学模式得到全面推广。团队先后荣获奉化区优秀志愿服务组织、奉化区第三批"战疫先锋"、奉化区最美退役军人团队等荣誉。

（六）慈溪市退役老兵宣讲团

慈溪市退役老兵宣讲团于2021年3月组建，由"浙江省最美退役军人"、"浙江省模范退役军人"、宗汉街道史家村退役军人服务站站长史正军任队长，浙江松乔气动液压有限公司总经理楼松乔任副队长。宣讲团秉承"浇筑强国之基·赓续红色血脉"的理念，聚焦党史教育、红色教育、国防教育、党的二十大精神宣讲等。依托乡镇（街道）、村（社区）两级退役军人服务站，以高度的政治自觉和行动自觉，加强统筹协调，整合各方面资源和力量，充分发挥各自优势，精心组织实施，形成"散时满天星，聚时一把火"、上下联动、层层推进的工作局面，扎实开展"五进"宣讲（进机关、进部队、进学校、进社区、进企业），已累计开展集中宣讲40余次，受众人数3000余人。

（七）慈溪市坎墩街道"绿马甲"老兵志愿服务队

慈溪市坎墩街道"绿马甲"老兵志愿服务队成立于2018年1月8日，队伍中有一等功臣、二等功臣、三等功臣数十人。成立以来，团队充分发挥退役军人在服务老兵、奉献社会中的先锋模范带头作用，秉承"老兵帮扶""反哺社会""红色传承"的服务理念，自成立以来，坚持"退伍不褪色，退役不褪志，离军不离党"的革命本色，以实际行动在社会各个角落发挥余热、无私奉献，展现了新时代退役军人风采。"红星照未来"——花甲老兵赋能小学生爱国主义教育志愿服务项目获2022年浙江省退役军人志愿服务项目大赛银奖。自项目实施以来，开展活动30余次，收到锦旗20余面，直接受益人数1000余人，线上浏览量上千万次。

四 宁波市退役军人志愿服务面临的主要挑战

一是体制机制不够完善。随着经济社会发展，基层志愿服务工作的诸多对象逐步由"单位人"向"社会人"转变，由特定性向公众性转变，社会治理对象多、业务杂、门类散，政策执行过程中往往需要多部门、跨部门协调合作，才能最大限度实现政策效果。[①] 在实际工作中，退役军人服务保障体系还存在着不同程度的条块分割问题，例如，在一些重大活动中，少数退役军人服务站在人员组织发动、政策执行落实、开展志愿服务、提供相关保障等方面尚需完善，亟须为进一步激发退役军人主体活力、推动他们积极参与基层志愿服务工作创造良好的制度条件。

二是保障支出不够充分。首先，经费保障不足，各地在实际资金拨付过程中存在进度不一、力度不均等问题，个别退役军人服务站的经费保障尚不能满足服务体系高效运转。其次，人员配备不够，各区（县市）推动资源下沉、力量下沉的力度不够，少数退役军人服务站一人多岗、身兼多职、流动频繁等问题还没有得到有效解决。最后，物资保障不足，退役军人参与志愿服务主要依托各区（县市）退役军人服务站和各志愿服务队提供相关保障，乡镇（街道）、村（社区）在推动退役军人志愿服务工作方面的物力保障还稍显不足。

五 宁波市退役军人志愿服务的未来目标与发展路径

（一）未来目标

一是制定一系列志愿服务规范。健全市、区（县市）、乡镇（街道）、

---

① 张璠：《S市基层退役军人服务体系建设现存问题及对策研究》，硕士学位论文，山东大学，2023。

村（社区）四级退役军人志愿服务队伍组织架构，研究制定《宁波市"甬尚老兵"退役军人志愿服务队行为规范》《宁波市"甬尚老兵"退役军人志愿服务队管理办法》，探索退役军人志愿服务多样化激励保障途径，逐步形成规范化的运行管理体系。链接全市志愿服务需求、服务资源和服务队伍，实现服务需求可视化、服务资源多元化、服务队伍管理规范化，大力提高"浙里办"进入"崇军在线"志愿服务的使用率和知晓度。

二是生根一批志愿服务品牌。把志愿服务作为引领退役军人发挥作用的重要抓手，做精做强"甬尚老兵"志愿服务品牌。继续向社会组织购买"情暖老兵"志愿服务项目，全面摸清困难家庭老兵实情，整合社会力量，个性化提供"爱心包"，逐步把"情暖老兵"志愿服务项目打造成为孤老等困难退役军人排忧解难的服务品牌。推广新时代文明实践志愿服务（81 号）We 站建设经验，探索"固定点+流动式"相结合的退役军人志愿服务驿站建设模式，倡导新建"固定式驿（We）站"，探索推动"流动式驿（We）站"建设。开展新时代文明实践志愿服务（81 号）We 站轮值，由市六区退役军人服务中心积极组织本地退役军人志愿服务队上报不少于两个活动方案、市服务中心统筹安排，确保每个月不少于一场志愿活动，为各地退役军人志愿团队提供宣传展示和开展活动的平台，不断提高新时代文明实践志愿服务（81 号）We 站的影响力和品牌辨识度。

三是培育一批志愿服务项目。坚持以赛促培，深入推进"一县一特色、一村一队伍"建设，举办第二届全市退役军人志愿服务项目大赛，参加全省退役军人志愿服务项目大赛，引导各地择优培育一批有特色、受欢迎、叫得响的志愿服务精品项目。择优推荐参加省、市各类志愿服务评选活动，扩大优秀退役军人志愿服务项目辐射力，不断推进"甬尚老兵"志愿服务岗位化、专业化、社会化、品牌化发展。增进退役军人"一家人"良好氛围，增强群体凝聚力和向心力，适时举办第二届全市退役军人志愿服务队伍"趣味运动会"。

（二）发展路径

目前，宁波市有纳入 2024 年低边低保特困范围的孤老退役军人超过

200 名，他们缺乏家庭照顾支持，行动不便，生活困难，面临生理心理方面问题。同时，宁波市"4050"退役军人的就业上岗需求迫切，由于学历技能等方面不足，他们存在较大生活压力。宁波市退役军人事务局结合宁波市实际情况，计划借助专业社会工作力量，整合现有的退役军人志愿服务团队、专业社会组织、公益慈善资源以及其他社会力量，为孤老退役军人和"4050"退役军人提供专业化、多样化、多层次服务。

为深入贯彻落实习近平总书记关于退役军人工作的重要论述和关于退役军人服务保障体系建设的指示批示精神，进一步做好宁波市退役军人服务保障工作，根据《浙江省民政厅关于引导社会力量参与优抚服务　促进优抚工作体制创新的意见》（浙民优〔2015〕135 号）、《进一步加强和规范政府购买服务管理的通知》（甬财综〔2021〕907 号）等相关政策文件精神，宁波市退役军人事务局计划 2024 年在全市开展"情暖老兵"退役军人社会化服务 2.0 项目。

1. 具体内容

宁波市退役军人事务局整合孤老退役军人相关信息资源，计划以项目购买的方式，委托具有丰富经验的社会组织团队来承接并负责项目的组织和实施，通过全方位需求调研，聚焦老兵健康需求、物质需求、生活需求、心理需求、精神需求，为宁波市孤老退役军人提供爱心义诊零距离、聚力点亮微心愿、日常探访送陪伴、心理疏导解心结、个案管理促提升、走心党课送到家等多元化服务。关注"4050"退役军人就业需求，保障就业"提低行动"。完善宁波市退役军人特殊人群对象化服务，丰富退役军人领域社会化服务体系。

2. 绩效目标

围绕新时期对退役军人服务提出的新任务和新要求，整合全市退役军人服务优质资源，聚合多渠道力量，协助做好孤老退役军人保障工作，大力提升孤老退役军人荣誉感、获得感、幸福感；加强专业化"4050"退役军人就业服务和就业帮扶，在全社会营造关爱孤老退役军人的浓厚氛围。

一是实现全市孤老退役军人社会化服务全覆盖，手拉手、心连心，不让一个人掉队；二是发掘"4050"退役军人内在动力，帮助其重新参与社会生产；三是着眼和关注重点孤老退役军人，提供个案服务，给予其更多的人文关怀；四是加大宣传力度，发掘其中故事，增强老兵荣誉感，充分调动社会力量，为孤老退役军人和"4050"退役军人提供多主体供给、多渠道保障的帮扶援助。

3.产出指标

组织开展"五送"服务，即送健康、送温暖、送关怀、送援助、送党课，开展爱心义诊进退役军人服务站、孤老退役军人微心愿认领、志愿者上门关怀、专业心理咨询、强化老兵红色信仰、"4050"退役军人就业帮扶等系列活动。

（1）需求调研，建档立卡优服务

开展孤老退役军人困难信息收集，通过入户访谈及时了解孤老退役军人的基本信息和需求，建立详尽的患病、残疾、独居、特殊爱好等清单，针对不同年龄段、不同健康状况、不同心理诉求详细记录，以便准确反映他们的需求和特征，为后续针对孤老退役军人开展精准且个性化的服务提供依据。

（2）组织动员，便民服务添温暖

爱心义诊零距离。定期组织爱心义诊活动，深入退役军人服务站，为孤老退役军人提供疾病治疗、预防保健、营养饮食和生活习惯等医疗服务和健康指导，帮助其更好地管理健康，提高生活质量。

日常探访送陪伴。招募有经验、有责任心的志愿团队，对孤老退役军人的需求进行详细的分类和评估，根据老人的实际情况和需求，为孤老退役军人提供送菜上门、卫生清洁、代配药物、陪护就医等志愿服务。同时，协助建立完善的志愿者管理制度，定期对志愿者开展专业培训，确保志愿者具备提供服务的能力和素质。

（3）精准关爱，专业服务促健康

心理疏导解心结。为孤老退役军人提供心理支持和关爱，帮助其克服生活中的困难和挑战。安排专业的心理咨询师或专业的社会工作师为老人提供心理咨询服务。

个案管理促提升。针对孤老退役军人的不同需求和问题，由专业的社工负责处理，提供个案管理服务，为老人提供全方位的服务支持，并对个案进行定期评估和管理，确保服务的质量和效果。

（4）搭建平台，完善服务强支持

走心党课送到家。为确保年老体弱、行动不便的孤老退役军人党员能够参加党史学习活动，以"党课送到家"的方式密切党组织和老党员之间的联系。

聚力点亮微心愿。开展"微心愿"活动，鼓励孤老退役军人分享愿望和梦想。通过"五社联动"机制，整合退役军人志愿服务团队、专业社会组织、爱心拥军企业、爱心医护团队、党员志愿者等力量，对接相关政府部门以及其他职能部门，链接各类政府、社会资源，综合运用社区、卫生服务、相关部门各方面资源，为"微心愿"的实现提供帮助和支持，让老兵在实现愿望的过程中感受到社会的关心和支持。

就业帮扶助共富。强化就业创业政策支撑，聚合资源力量，助力退役军人稳定就业、体面就业、积极创业。吸纳有就业意向的"4050"退役军人参与共富集市、技能培训会，满足其就业需求，强化就业精准帮扶，为浙江省高质量发展建设共同富裕示范区贡献力量。

B.7
宁波新时代文明实践总工会
志愿服务发展报告

姜 蝶[*]

摘 要： 新时代工会志愿服务体系的建构是社会治理体系和治理能力现代化的必然要求，在高质量发展建设共同富裕示范区的进程中具有重要意义。开展志愿服务是当前工会发挥主力军作用、团结引领广大职工群众、构建工会多元化服务体系的有效手段。开展工会志愿服务，紧扣"工会所能，未来所向"的指导思想，能凝聚共同奋斗、共同富裕的强大合力，对于凝心聚力社会主义核心价值、促进工会职工群众共同富裕基本实现有着重要意义。在此过程中，宁波市工会逐渐形成组织体系完善、服务内容丰富、保障机制健全和工作内容品牌化的志愿服务体系。宁波市工会深入培育工会志愿服务品牌，广泛传播工会志愿服务文化，持续推进工会志愿服务专业化、项目化、品牌化发展，引导广大工会志愿者和志愿服务组织在聚力打造全国文明城市中做出更大贡献。

关键词： 工会 志愿服务 志愿服务体系

一 宁波市总工会志愿服务的发展背景

工会是推进国家治理体系和治理能力现代化的重要力量[①]。开展志愿服

---

* 姜蝶，宁波大学法学院硕士研究生，研究方向为教育管理与政策。
① 金碧华、袁园：《新时代工会志愿服务体系的建构研究——以浙江省为例》，《北京市工会干部学院学报》2023年第3期，第26~33页。

务是当前工会发挥重要作用的有效途径，旨在团结引领广大职工群众，构建多元化服务体系。工会志愿服务紧扣"工会所能，未来所向"的指导思想，能够凝聚共同奋斗和共同富裕的强大合力，对于凝心聚力社会主义核心价值观、促进工会职工群众实现共同富裕具有重要意义。浙江省总工会于2020年5月印发了《关于加快全省工会志愿服务体系建设的实施方案》，旨在通过三年的努力，建立全覆盖的统一、开放、高效、务实的工会志愿服务体系，使工会志愿服务常态化、制度化，增强工会志愿服务的品牌效应和影响力，使广大工会志愿者成为参与高质量发展和建设共同富裕示范区以及推进省域治理现代化的重要力量和工会工作的生力军。

宁波市总工会高举习近平新时代中国特色社会主义思想伟大旗帜，贯彻落实习近平总书记关于工人阶级和工会工作的重要论述，以打造"重要窗口"模范生的政治高度，聚焦增强政治性、先进性、群众性，巩固"不忘初心、牢记使命"主题教育成果，践行奉献、友爱、互助、进步的志愿服务精神，坚持以党的政治建设为统领、以广泛发动为前提、以队伍建设为基础、以活动开展为抓手、以信息平台为依托、以项目发布为引领、以制度建设为保障，加强工会志愿服务队伍和组织建设，推进工会志愿服务常态化、制度化、网络化、体系化发展，增强工会服务意识和服务能力，发挥工会在全面深化改革、推进市域治理现代化和"两个高水平"建设中的积极作用，切实提升工会影响力，树立新时代宁波工会新形象。

二 宁波市总工会志愿服务的基本情况

（一）组织体系完善

2020年11月，宁波市总工会志愿服务支队正式成立，组建了8支专业工会志愿服务大队，同时设立了23支区（县市）、市产业和园区工会志愿服务大队，旨在最大限度地调动社会组织、专业技术人员和爱心人士等社会力量，让更多的人参与到工会志愿服务中，逐步形成了"工会组织+社会组织+志愿者"的工作模式。截至 2023 年 12 月，宁波市总工会志愿服务支队已经成功引导、孵化和培育了 886 个工会志愿服务组织，并招募了 2.13 万名志愿者。这些志愿者积极参与各类志愿服务活动，为社会做出了重要贡献。同时，在全市范围内建立了 750 个工会志愿服务站点，为志愿者提供了更好的服务平台。随着工会志愿服务的不断发展，其品牌影响力也越来越深远。宁波市工会志愿服务因其卓越的贡献先后荣获 10 个国家、省、市级别的集体荣誉，同时，有 8 位个人志愿者荣获了相关荣誉。这些荣誉的获得，不仅是对工会志愿者们辛勤付出的肯定，也进一步提升了工会志愿服务的声誉和认可度。

（二）服务内容丰富

工会志愿服务工作分为日常服务和主题服务两条线。日常服务主要采用"三单制"服务模式，即企业和职工"点单"、工会"下单"以及志愿者"接单"。职工只需通过志愿服务平台简单操作，即可便捷享受到优质服务。这种模式确保了每个志愿服务活动项目都能最大限度地满足职工的需求和期望，以及志愿服务深入职工的内心。此外，各志愿服务大队定期在线发布技术支持、法律援助、医疗健康、子女托管、文艺体育等志愿服务内容，企业和职工可随时预约专属服务。主题服务主要是围绕市委、市政府中心工作，由市总工会志愿服务促进中心每月发布服务主题，根据各阶段重点工作，推出各类志愿服务项目，号召全市工会志愿服务团队集中力量主动作为，比如开展党的二十大精神宣讲、亚运会志愿服务、防台救灾、春送就业、夏送清凉、金秋助学、冬送温暖、留工优工活动等。截至 2023 年 10 月底，宁波市总工会已累计开展志愿服务活动 9533 场，信用时长 112 万小时。

此外，宁波市总工会还启动了志愿服务精准帮扶困难职工项目，通过了解困难职工的工作、生活状况，调研服务需求，为下一步开展一对一精准帮扶打下基础。接下来，宁波市总工会职工服务中心将继续整合社会资源，根据每一位困难职工的特殊情况制定个性化的帮扶方案，帮助其提升自助意识与能力，探索可持续的脱困模式，为实现"共富路上，一个都不能少"的使命目标贡献工会力量。

（三）保障机制健全

建立健全重点项目培育机制，连续举办工会志愿服务项目大赛，在全市工会系统中培育孵化优秀工会志愿服务团队和项目，并给予资金支持。下发《工会志愿服务工作任务清单》，开展赛马比拼，明确"规定动作"和"自选动作"，鼓励"创新动作"。利用 We 平台，定期报告各地工会志愿服务的组织体系、服务活动数量和服务时长，打好清单对账的"主动仗"，并将志愿服务工作列入工会工作年度考核。

为深入推进工会志愿服务常态化、制度化，宁波市总工会坚持以服务职工、服务企业、服务社会为导向，积极动员广大工会志愿者，加强部门联动，延伸志愿服务的"触角"。慈溪市掌起镇总工会着力打造志愿服务"四个圈"，"圈出"思想新风尚、打造生活圈，"圈出"职工幸福感、打造普法圈，"圈出"法律意识感、打造技术圈，"圈出"示范引领力、打造学习圈。

"壮大志愿服务队伍，搭建完善的组织体系，是提升工会志愿服务工作水平、不断扩大工会工作影响力的基础。"宁波市总工会相关负责人介绍称，宁波市已建立市、县、乡镇和基层单位四级联动的工会志愿服务体系。宁波市组建了 8 支专业工会志愿服务大队，此外还有 23 支其他志愿服务大队，下设 697 支各类志愿服务团队，注册志愿者超过 2 万人。为促进工会志愿服务的健康发展，宁波市总工会还对职工志愿者队伍进行了规范和明确，涵盖志愿者招募、权利与义务、组织与管理等方面。同时，针对志愿服务活动的发布、志愿者招募、服务进展以及活动效果评估，全面动态管理全市职工志愿服务活动，确保志愿者服务质量不受影响。随着各项规章制度落地实施，如今在宁波，劳模工匠技术攻关、职工悦读、工会法律服务、"千户万灯"、"高墙艺苑"、"爱在甬动"等一系列接地气、受欢迎、成效显著的工会志愿服务优秀团队和品牌项目不断涌现。

（四）工作品牌打响

2023 年，宁波市总工会通过深化品牌工程，打造了一批具有较高美誉度、辨识度的志愿服务品牌，如"甬工魂""甬工惠""甬工赛""甬工益"等"甬工"系列品牌。同时，宁波市总工会还加强了与宁波市公共数据基础平台、"浙里办"服务平台等的无缝对接，用好工会业务管理平台和实名制数据库系统，全面推进"工作上网""数据上云"。"甬工益"是宁波市总工会的志愿服务品牌，"甬工益"品牌越来越响，先后荣获 11 个国家、省、市级荣誉。围绕高质量发展，聚焦中心大局、职工所需，还涌现出劳模工匠志愿服务队、职工文艺志愿服务队、工会阅读志愿服务队、美容美发志愿服务队、海曙"匠道"、象山雄鹰救援队等一批知名度高、效果显著的工会志愿服务品牌。

2022 年全国首家工会志愿服务驿站启用，做到了浙江有礼、宁波示范、全国首家；2021 年工会志愿服务在全市志愿服务信用时长组织中排名第一；北仑大碶街道灵峰工业社区获评 2020 年度全国学雷锋"最美志愿服务社区"；宁波市劳模工匠志愿服务队获评 2021 年度全国学雷锋志愿服务"最佳志愿服务组织"；海曙工会志愿服务工作中心在中国社会工作教育协会专题研讨会上交流发言；全国劳模万亚勇获评 2022 年浙江省"最美志愿者"；市职工服务中心周密益获评 2022 年宁波市"最美志愿服务工作者"；宁波市第九医院爱心"1+1"志愿者团队"医爱筑巢"——失独空巢老人入户专享诊疗志愿服务项目获 2023 年宁波市新时代文明实践志愿服务项目大赛金奖；等等。

（五）提供专业化志愿服务

为深入贯彻习近平总书记关于工人阶级和工会工作的重要论述精神以及学习雷锋精神、弘扬志愿精神的重要指示，不断推进宁波市总工会志愿服务的岗位化、专业化、特色化、品牌化发展，宁波市总工会常态化举行宁波市工会志愿服务项目大赛。

为推动工会服务朝着专业化方向发展，宁波市总工会积极鼓励和吸收劳动关系协调师、律师、心理咨询师等专业人才和劳动模范、工匠、技术能手等先进人物成为工会志愿者，不断优化工会志愿者队伍结构，形成具有工会特色、拥有一技之长的专业型、专家型工会志愿者队伍。在这一理念推动下，一批专业化志愿服务队成长起来：宁波市工会律师志愿服务纵队专注法律维权服务，为职工代理仲裁、诉讼案件，维护劳动者权益；宁波市工人文化宫职工文艺服务大队发挥特长，每年为职工送上 30 多场"文化大餐"。与此同时，活跃在基层单位的各工会志愿服务队——海曙区"匠道"志愿服务队、奉化"锋之社"、象山雄鹰救援队等也发挥各自专业所长，树立品牌，获得认可。

三 宁波市总工会志愿服务发展典型项目

（一）宁波市总工会职工悦读志愿服务大队

"书藏古今，港通天下。"宁波是书香城市，是"全民阅读推广城市"。宁波市通过"滨海宁波，书香四季"全民阅读系列活动，以"宁波读书月""世界读书日""书香宁波日"等节点为契机，举办"中华经典诵读大会"、帐篷读书会、书香市集、换书大会等多样活动。同时，结合浙江书展等重要文化活动，邀请知名作家来甬进行读书分享，推动全民阅读。职工阅读是全民阅读的一部分，工"惠"悦读推广职工阅读正当其时。宁波的工业尤其是制造业比较发达，各类民营企业众多，但是一线员工缺乏阅读指引，所以推广职工阅读非常有必要。

全民阅读经过十几年的发展已全方位嵌入国家治理体系之中，成为我国一项重要的文化治理制度，深刻影响着国家治理能力的发挥，是我国文化治理能力现代化的重要组成部分。职工阅读是全民阅读的一部分，推广职工阅读也是对社会治理的积极贡献。全民阅读的时代表达主要集中在坚持社会主义先进文化制度、聚合全民精神与思想共识、增强文化自信方面，职工阅读的推广同样有助于文化层面上的中国式现代化建设。

1. 志愿服务概况

宁波工"惠"悦读志愿服务队于 2020 年 9 月成立，同年 12 月归建为宁波市总工会职工悦读志愿服务大队，至今已有团队成员 100 余人，隶属宁波市总工会宣网部。目前，项目的组织结构为宁波市总工会宣网部—工"惠"悦读工作组—同读班长（各类活动负责人）—志愿者。活动资金来源于宁波市总工会，服务领域为全民阅读，服务对象为宁波职工，覆盖地区为宁波全市，服务方式是线上+线下，服务内容为线上赠书活动相关服务和线下读书活动相关服务，以及其他与职工阅读有关的志愿服务。目前，项目成效体现在自 2020 年 9 月至 2023 年 12 月，已在 2000 多家企业中建立读书团队，推动 10 余万名职工参与阅读。"推广全民阅读，助力书香宁波建设"志愿服务项目获得 2021 年宁波工会志愿服务项目大赛银奖。

2. 主要做法与工作成效

工"惠"悦读志愿服务队的日常管理由工"惠"悦读工作组负责，宁波市总工会宣网部进行指导。目前宁波工"惠"悦读志愿服务队的项目设计：一是精选共读书单，二是搭建线上读书阵地，三是举办线下读书活动。团队能力建设（培训）一般由宁波市总工会统一安排。在日常运行过程中，通过"甬工惠"平台公开招募志愿者，志愿者日常提供服务分为线上和线下两种方式，线上是在工"惠"悦读平台，线下是在五一广场二楼影院、一楼音乐馆、一楼悦读馆等地，各区（县市）工会有时也会提供服务场地。志愿者保护和评价体系建设方面都由宁波市总工会统一安排。

（二）心闪"药"健康药事志愿服务项目

1. 志愿服务概况

心闪"药"健康药事志愿服务项目是由上药控股宁波医药股份有限公司发起的，其践行国企担当，以"安全用药 守护健康"为宗旨，致力于向社会公众普及安全用药知识、提供专业药事服务，是以传播药学健康理念为特色的志愿服务项目。项目充分发挥医药企业"药品+药师+药店"的特有优势，以专业药师为主力，以 32 家药店为据点，以药师"走出去"（到重点服务区域）+百姓"走进来"（到周边药店）的服务模式，面向老百姓提供送药下乡、安全用药科普、血压血糖测试等健康服务，面向患者提供慈善赠药、送药上门、患者教育讲座、线上药师答疑等健康药事志愿服务。项目注册志愿者 257 名，受益人群多为社区、乡村群众、学生，尤其是老年群体及病患，自 2013 年发起至今已受益 76000 余人。

2. 主要做法与工作成效

（1）主要做法

作为由医药企业发起的项目，充分发挥"药品+药师+药店"特有优势，独创"1+2+3"志愿服务模式。"1"支队伍即以 206 名专业药师为主力，将党员、工人先锋号、巾帼文明岗以及青年文明号四支队伍整合聚力，成立心闪"药"志愿者服务队，形成"专业+"志愿力；"2"种路径即以 32 家药店为据点，让药师"走出去"（到重点服务区域）、百姓"走进来"（到周边药店），形成"区域+"辐射力；"3"大核心即聚焦"药来了+药知道+药健康"三大核心内容，形成"闪药+"服务力。"药"来了：走进宁波各偏远乡镇，免费发放家庭常用药包；为肿瘤患者赠药项目提供全流程专业化服务，为重症患者提供送药上门服务。"药"知道：走进社区、乡村、公园广场、学校，开展各类安全用药科普活动；举办患者教育讲座；成立微信社群，为患者提供专业药师线上答疑。"药"健康：向百姓免费提供血压、血糖测试、人参切片、药膏贴敷等健康服务。

项目以心闪"药"志愿者服务队作为实施组织，上药控股宁波医药股份有限公司给予资金支持，在群团组织中发布招募信息，通过"招募—报名—培训—服务"模式，快速组建一支"药师+"志愿团队。以 32 家药店为阵地，形成重点服务区域药师"走出去"+门店辐射区域周边百姓"走进来"的拓展模式，扩大服务影响圈。心闪"药"健康药事志愿服务项目还推出"安全用药科普·走进校园系列活动"，走进幼儿园开展"儿童安全用药 我们共同守护"儿童安全用药科普志愿服务活动。2023 年增添了新的宣教形式，制作了《用药安全科普知识手册》，包含药品的基础知识、保存、使用、服用禁忌以及不良反应 5 大块内容，通过宣传手册发放、现场答疑等方式普及安全用药知识，公益发放手册 200 余册。

"这个回去看看蛮好的，很有用。"阿姨们边说边将册子放进随身包里，还有的则立即翻看起来，志愿者们随即上前讲解。这些通俗易懂、携带方便的小册子受到了在场群众的啧啧称赞。

"老人家，您的空腹血糖是 6.8，偏高一点，回家要控制饮食，少吃白米饭和馒头，多吃粗粮，我们在宁波有 36 家药店，到时候您可以选就近的药店随时过来测试一下。"负责测血糖的执业药师志愿者亲切地嘱咐老人家，并告知公司药店的免费健康服务，真正让健康药事服务走近百姓，打通"最后一公里"，打造"家门口"的专业药师服务。

（2）工作成效

自 2013 年项目正式启动以来，连续 10 年送药下乡，足迹遍布宁波 11个偏远乡村，赠送药品总金额达 50 万元；连续 6 年开展安全用药进社区、进乡村、进广场、进学校活动，举办安全用药讲座、惠民健康服务活动共计14 场；共建民生药事服务站 9 家，在建 5 家；累计举办患者教育讲座 32场，受益 524 人次；为癌症病人提供赠药服务，近三年累计服务 3.1 万人次。目前，项目发展的长期目标是将"以药品为中心"转换为"以患者为中心、以百姓为中心"的服务理念，助力解决百姓用药问题，进一步提升民众的安全用药意识和健康管理意识，保障用药安全，"奔赴每一个乡村、每一个社区、每一所学校"，用实际行动践行志愿服务精神。项目的 5 年目标：以"重点服务区域+门店辐射区域"拓展方式，创新拓展形式，在 5 年内新增服务乡村 8 个、社区 5 家、学校 10 所，新增受益群众 4 万人，不断扩大健康药事服务影响圈，打造"宁波市健康药事服务地图"。

（三）地铁"小黄车"助力心智障碍青年就业帮扶志愿服务项目

据了解，我国约有 1800 万持证残疾人处于就业年龄段，然而截至 2022年底，持证残疾人的就业规模仅为 881.6 万人，就业率未达 50%。在这一群体中，心智障碍者（包括孤独症和智力障碍患者）共有约 1200 万人，他们面临着最为严峻的就业挑战，就业率不足 5%。在调研过程中我们发现，心智障碍者由于自身障碍的原因，面临着缺乏专业的工作技能培训、缺少适合就业的岗位渠道、社会支持系统不完善，以及就业协助者少、社会接纳度低等现状，他们陷入了能胜任的工作岗位少、经济收入有限、就业环境不佳、社会融入难等困境。在这种背景下，宁波轨道交通益心服务队提出了"小黄车"项目，这个项目充分体现了人文关怀，通过项目的实施，希望能够为心智障碍青年提供一个展示自己能力和才华的平台。

1. 志愿服务概况

"小黄车"项目受益人群为宁波市心智障碍青年群体，项目核心旨在利用地铁站空间及客流优势创建一个为他们量身定制的就业和社会融入平台。项目通过构建"N+1"帮扶模式，为38位心智障碍青年建立包括残疾等级、家庭条件、个人兴趣等28项内容的个性化档案，围绕"益心模式"，探索一个目标（心智障碍青年就业技能赋能）、两个载体（人和平台的就业搭建载体）、三个阶段（志愿陪伴、技能培训、就业造血）的心智障碍青年就业共富机制。

项目主要在宁波轨道交通的核心站点实施，前期通过招募康复医生、特教教师、手工艺指导师等一批能够帮助心智障碍青年成长的志愿者，定期对他们开展各项技能培训，为实现"就业造血"目标提供基础。同时，利用地铁站高客流量的优势为心智障碍青年的产品提供最大的曝光度和销售潜力，实现心智障碍青年经济自立和社会融入双重目标，最终推动社会对心智障碍青年的认知转变。

2. 主要做法和工作成效

项目实施经历了三个阶段：第一个阶段是志愿陪伴阶段（2020年11月至2021年3月），即开展定期志愿服务，包括个别化康复训练和技能学习；第二个阶段是技能培训阶段（2021年3月至2023年5月），即组织面包烘焙、咖啡冲泡等就业技能课程；第三个阶段是就业造血阶段（2023年5月至2023年12月），即地铁站点流动摊位的筹备、调研和实际运营。项目实施地点为宁波轨道交通核心站点，目前在鼓楼站、宁波火车站、海晏北路站、南部商务区站、鄞州区政府站五个站点流动开展。项目内容主要是由志愿者团队和专业人士进行技能传授和指导，在地铁站点设立流动摊位，为心智障碍青年提供就业实践和销售平台。在资金安排方面，资金主要用于"小黄车"的设备设施购入、技能培训和人员发展。后期运营资金通过产品销售实现自我循环，确保了项目的可持续性。

在项目成效方面，此项目自推出后得到了宁波市残联的高度重视，中智协、浙江省残联等各单位领导也莅临现场参观交流，学习该特色项目的开展经验。到 2023 年 12 月，项目已帮助 12 名心智障碍青年完成了多项就业技能培训，而且还通过创新的就业模式，为他们提供了稳定的工作岗位和收入来源。目前正在培训中的心智障碍青年有 36 名，后续计划达到上百名。通过在地铁站点设立的流动摊位，心智障碍青年们每月能够获得 500~2000 元不等的收入，这些摊位不仅提供了就业机会，也成为心智障碍青年与社会互动的桥梁，帮助他们建立自信并展示他们的能力和才华。

四 宁波市总工会志愿服务存在的不足

近年来，宁波新时代文明实践志愿服务蓬勃发展，从重大赛会活动的志愿服务逐步向生活化、常态化、制度化转变。宁波各地区工会志愿服务因地制宜、各具特色，成为全国志愿服务的引领者和典范。然而，我们也必须注意到，宁波市总工会志愿服务的发展仍然面临一些困境，主要体现在以下几个方面。

（一）项目资金困难问题

第一，志愿服务项目的资金困难与社会治理的特殊性相关。社会治理需要全面覆盖各个领域，涉及社区建设、环境保护、劳动权益保障等多个方面。而志愿服务项目作为社会治理的一项具体措施，要发挥积极作用[1]，需要针对不同领域制订具体的计划和实施方案。这就意味着需要同时面对多个项目的资金需求，而这些需求往往超出了宁波市总工会的财力范围。

第二，社会治理的多元化也给志愿服务项目带来了资金难题。由于社会

---

[1] 《习近平在京津冀三省市考察并主持召开京津冀协同发展座谈会时强调　稳扎稳打勇于担当敢于创新善作善成　推动京津冀协同发展取得新的更大进展》，《人民日报》2019 年 1 月 19 日，第 1 版。

治理的广泛性和复杂性，各个领域都需要志愿者参与到服务中，但每个领域的需求和服务形式千差万别。一些项目需要长期稳定的资金支持，而另一些项目则更侧重于临时性的活动。这种多元化的需求增加了资金筹集和分配的难度，同时也给总工会组织者带来了挑战。就像在"小黄车"项目里，志愿者服务组织的经费问题已经成为制约和影响项目发展的一个重要因素。目前，轨道交通工会主要保障内部员工的工会经费需求，对于志愿者项目开展过程中需要的项目设备投入、活动宣传、志愿者招募、志愿者培训等活动经费无法完全保证。为了确保"小黄车"项目能够扩大影响力，最终实现自我循环及可持续运营的目标，需要投入更多资金支持。

（二）管理制度不够完善

宁波市总工会志愿服务项目在社会治理中发挥了重要的作用，但在实际运行中，依然存在管理制度不够完善的问题。这些问题使得宁波市总工会志愿服务项目的规范化、高效性和可持续发展受到了一定的挑战。

第一，志愿服务项目的管理制度缺乏统一的标准和规范。社会治理涉及多个领域，每个领域都有不同的目标、需求和特点。因此，对志愿服务项目的管理应该制定相应的标准和规范，以确保志愿者的参与质量和项目的实施效果。然而，目前存在的问题是，不同地区和组织对志愿服务项目的管理制度存在差异，缺乏统一的标准和规范。这导致了志愿服务项目的管理工作缺乏统一性和规范性，难以实现资源的有效整合和协同发展。

第二，志愿服务项目的管理制度缺乏科学性和灵活性。社会治理是一个动态变化的过程，需要根据实际情况进行及时调整和改进。然而，目前的管理制度往往过于僵化，缺乏灵活性和适应性。一方面，由于项目管理流程烦琐，决策层面的响应速度较慢，难以及时调整项目的方向和策略；另一方面，由于管理制度过于死板，缺乏创新性和开放性，难以吸引更多的志愿者参与、提供新的创意和想法。缺乏科学性和灵活性的管理制度限制了志愿服务项目的发展和改进空间。目前，很多分工会的员工每天有日常的本职工作要履行，志愿者需要在空闲的时间才能开展相关活动。因此，要进一步健全组织机构，完善相关制度，实现对内能在兼顾本职工作的同时更好地开展志愿服务项目，对外可更合理化和规范化地吸收更多的志愿者参与到项目中来。

第三，志愿服务项目的管理制度缺乏监督和评估机制。社会治理需要保证志愿服务项目的质量和效果，而监督和评估是确保项目能够持续改进和优化的重要手段。然而，目前的管理制度往往忽视了对志愿服务项目的监督和评估，导致项目质量得不到有效的保障。缺乏监督和评估机制容易造成志愿者素质参差不齐、项目执行不到位等问题，影响志愿服务项目的可持续发展和社会治理的效果。

（三）项目资源整合受限

宁波市总工会的志愿服务项目在实际运行中还存在着资源整合受限的问题。这些问题使得志愿服务项目的规模和影响力无法得到充分的发挥，阻碍了志愿服务在社会治理中的进一步推进。

第一，资源整合方面存在的问题主要包括资源来源单一、分配不均等。志愿服务项目的资源主要来自政府、企业和社会各界的捐赠和支持，但是在现实中，这些资源往往集中在少数几个项目上，而其他项目缺乏足够的资源支持。这种资源分配不均的情况导致一些志愿服务项目受到了限制，无法得到充分的发展。

第二，资源整合方面还存在协调难度大、管理复杂等问题。志愿服务项目通常需要协调多个部门和组织之间的资源，但由于不同部门和组织之间存在着利益差异和竞争关系，资源整合难度大、协调管理困难。同时，由于项目管理涉及多个层面和方面，需要统筹协调各个环节的工作，这种综合性的管理往往需要较高的专业素养和管理能力，而这些条件并不是每个项目都拥有的。项目的开展需要的不仅仅是某一家社会组织的努力，而是多方面的联动。就像后续"小黄车"项目扩张点位后所面临的缺乏适合上岗的帮扶对象以及缺少相关专业的就业辅导员等问题，需要提供更多的社会资源对接"小黄车"，链接社会相关人才与资源，以便更好地运营"小黄车"项目，使其能够覆盖全市心智障碍青年群体。

第三，志愿者团队人员较多，但综合素质参差不齐，需要集中开展培训，提升服务意识，提高服务质量。志愿服务项目需要不断了解社会需求和志愿者资源状况，但信息来源和交流渠道有限，导致了信息不对称和交流不畅的情况出现。这种情况下，项目难以及时了解社会需求和志愿者资源的变化，从而无法做出相应的调整和改进。

五 宁波市总工会志愿服务今后的重点发展方向

（一）进行资源深度整合

第一，建立资源共享平台。成立一个统一的资源共享平台，将政府、企业、社会组织等各方的资源信息进行集中管理和发布。国家"十四五"规划提出："壮大志愿者队伍，搭建更多志愿服务平台，健全志愿服务体系。"① 通过这个平台，各方可以了解到其他资源方的供给和需求情况，以便进行资源的合理调配和整合。平台应该具备信息透明、操作便捷和沟通高效的特点，以促进资源共享和协同作业。例如，在"小黄车"项目中，应该进行合作伙伴拓展，积极寻求与更多机构的合作以及进行人才筛选与培养，与更多的爱心助残机构和特殊教育机构合作，筛选适合上岗的心智障碍青年加入进来，并为他们提供专业的职业培训课程，提高他们的就业竞争力。

第二，推行跨部门合作机制。针对志愿服务项目涉及多个部门和组织的特点，建立跨部门合作机制。各相关部门应加强协调、形成合力，共同推动志愿服务事业的发展。可以设立专门的协调机构或工作组，负责协商资源整合的具体方案，包括资源调度、任务分工、信息共享等，并建立定期沟通和

---

① 《中华人民共和国国民经济和社会发展第十四个五年规划和 2035 年远景目标纲要》，http://www.gov.cn/xinwen/2021-03/13/content_5592681.htm，最后访问日期：2024 年 1 月 20 日。

协商机制，以确保资源能够顺利整合。

第三，加强项目管理与评估。建立科学的项目管理体系，包括项目立项、执行、监督和评估等环节。通过明确的目标和指标，合理分配资源，提高项目的执行效率和成果。建立健全评估机制，定期对项目进行评估和反馈，以便及时发现问题并采取相应的措施进行改进。

第四，加强志愿者培训与激励。志愿者是志愿服务项目的重要组成部分，他们的参与和贡献对于项目的成功至关重要。因此，应该加强对志愿者的培训和激励，提高他们的专业素养和服务意识。可以通过举办培训班、开展技能培训和知识分享活动等方式，提升志愿者的能力水平。同时，建立激励机制，包括荣誉奖励、志愿者证书和参与决策等，增强志愿者的获得感和归属感，推动他们积极参与志愿服务工作。

（二）重视市场拓展

第一，开展针对性宣传推广活动。通过媒体宣传、品牌推广、销售渠道拓展等方式，向社会全面介绍宁波市总工会志愿服务项目的服务内容和成果，提高项目的知名度和影响力。在媒体宣传方面，与本地新闻机构和社会服务频道合作，定期发布项目进展和成功故事。利用社交媒体平台，如微博和微信，分享参与者的亲身体验和项目的日常运营情况。在销售渠道拓展方面，利用在线平台和社交媒体，开设网店销售产品，扩大市场覆盖面。在品牌推广方面，通过故事营销，讲述心智障碍青年的成功故事和项目的社会影响，有效放大工会志愿服务的社会效应和品牌效应[①]。此外，可以通过与社会组织和企业的合作，开展双向互惠的宣传活动，吸引更多人群参与志愿服务项目。

第二，建立科学的服务模式和服务标准。宁波市总工会志愿服务项目应该根据不同的需求制定相应的服务模式和服务标准，使服务内容多样化，以

---

① 张瑞才、杨远梅：《新时代文明实践社科普及志愿服务的云南实践》，《学术探索》2022 年第 10 期，第 104~109 页。

确保服务质量和效率。同时，通过开展志愿者培训和技能提升活动，提高志愿者的专业素养和服务水平，进一步提升服务质量和用户体验。职工悦读志愿服务大队未来计划创新线下活动方式，比如举办亲子读书沙龙以吸引已婚职工参与，又如与地铁站、博物馆等单位联合举办活动，扩大工"惠"悦读的影响力；丰富线上服务内容，如在工"惠"悦读平台积分商城中增加文创产品，吸引年轻人参与读书打卡。

第三，充分提升志愿服务的社会效益。志愿服务具有良好的社会效益[①]，可以通过开展志愿服务项目，推进社会治理、促进社会和谐。因此，宁波市总工会志愿服务项目可以通过在社区、学校、医院等公共场所开展志愿服务活动，提高服务质量和用户体验，增强社会的认知度和关注度，进一步拓展市场。

第四，确立用户反馈和评估机制。确立用户反馈和评估机制，以便及时获取用户对服务的意见和建议，提高服务质量、增强用户满意度。同时，通过对服务项目的定期评估和调整，优化服务内容和服务模式，不断满足市场和社会治理工作的需求。

（三）深化志愿服务专业化建设

第一，要提高志愿服务组织的服务水准和服务效能，需要进一步完善注册登记制度，激发社会组织参与社会治理的积极性。志愿服务组织应作为政府和市场治理的有力、有效、有序补充。为实现这一目标，我们需建立全链条、全方位、全覆盖的管理机制，规范志愿服务的各个环节，包括志愿者招募、注册、培训、保障，以及服务记录和表彰激励等。通过这些措施，我们将培养出一支具备优秀知识和技能的志愿服务队伍，为社会治理贡献更大力量。

第二，构建层次分明的志愿服务培训体系。应充分利用工会现有的资源

---

① 罗敏：《数字技术赋能第三次分配：转向、场景及路径》，《西南民族大学学报（人文社会科学版）》2023年第7期，第197~204页。

和平台，有针对性地开展志愿服务培训，以提升志愿者的整体水平和实际成效。针对普通志愿者，我们可以设立工会志愿者通识培训课程，涵盖志愿服务的核心理念和关键服务技能，旨在提升志愿者规范有序完成任务的能力。对于骨干志愿者，我们可以推行专业类培训，包括项目设计和组织管理等内容，旨在提升志愿者的统筹规划能力。对于领袖志愿者，我们则可以开展领导力培训，包括领导力特质、创新能力和思维力等方面的内容，帮助他们引领整个志愿服务组织迈向更高水平。

B.8
宁波新时代文明实践网络文明
志愿服务发展报告

刘继文　李　硕*

摘　要：　网络文明是数字时代的精神内核，也是共同富裕的精神基础和团结奋进的精神源泉。打造具有标志性、辨识度的宁波网络文明"金名片"，是锻造一流文化软实力的题中之义。在此过程中融入志愿服务，为宁波的网络文明建设贡献力量，是宁波新时代文明实践的创新之举。借鉴宁波网络文明志愿服务的成功实践我们可以看到，网络文明志愿服务以"线上聚合、线下布点"的形式展现出强大生命力。宁波市聚焦于实现服务机制和服务路径智慧化，强调瞄准需求、多元合力、打造品牌以及志愿文化等方面的经验积累，以期在构建清朗文明的网络空间中发挥志愿服务的强大效能。

关键词：　网络文明　志愿服务　政社联动

一　宁波市网络文明志愿服务的发展背景

宁波以其深厚的文化底蕴和丰富的文化资源而闻名。作为改革示范先行区，宁波市的互联网基础建设与信息化水平一直在全国同类城市中保持先进水平并不断提升。2010年，宁波被评选为中国城市信息化十佳城市及五个示范城市之一；2012年，宁波再度入选中国城市信息化50强城市，排名全

---

* 刘继文，中央民族大学民族学与社会学学院博士研究生，研究方向为志愿服务与社会发展；李硕，吉林大学哲学与社会学院硕士研究生，研究方向为志愿服务与社会治理。

国第4。这为网络文明志愿服务的发展提供了坚实基础。

为贯彻落实习近平总书记关于"要加强社会组织党的建设，探索加强新兴业态和互联网党建工作"的重要指示精神，进一步推动网络社会组织党建工作，不断提升"两个覆盖"率，宁波市认识到网络文明志愿服务在城市发展中的重要作用。为加快建设网络文明先行市，宁波把挖掘宁波文化富矿、传承甬城文明品质、讲好网上宁波故事与发挥网络志愿者力量相结合，致力于营造一个健康、文明、和谐的网络环境。为了实现这一目标，宁波市积极组织和动员志愿者参与网络文明建设。各类志愿者为推广网络文明、传播正能量，在保护网络安全、抵制网络不良信息以及倡导文明网络行为等方面贡献力量，有力地推动了宁波网络文明建设的不断发展和繁荣，助力提升整个城市的网络文明程度以及文明形象。

二 宁波市网络文明志愿服务的机制探索

（一）宣传与推广机制：盘活资源与渠道

宁波市网络文明志愿服务在宣传与推广上形成了一套完善的机制。通过多层次、全方位的宣传与推广，宁波市网络文明志愿服务得到了迅速传播，提升了公众对网络文明的认识。地方政府与各类社会组织、企事业单位等共同携手，开展宣传与推广活动，通过联动合作、资源共享形成互补，也形成了宁波市网络文明志愿服务的生态系统。

1.活用文创资源，赋能网络文明志愿服务高质量发展

用好文创资源，有效充实网络文明志愿服务的内涵和品质，为网络文明传播创造了更多可能。文创资源的利用能够为网络文明志愿服务带来多样化的活动形式，如举办主题画展、设计文创产品、开展创意集市等形式多样的活动，以充满创意与文化内涵的手法组织公众讨论网络安全、文明上网等议题，通过生动、形象的展示手法，使网络安全及文明理念在公众心中留下深刻印象，引导公众产生自觉性地参与网络安全的责任与意识。借助富有艺术

性和创意性的文创资源，网络文明志愿服务可以更有效地触动人心。

为充分利用宁波丰富的文创资源，赋能网络文明志愿服务的高质量发展，宁波开展了一系列富有创意和新颖的志愿活动。在宁波举办的大学生网络文化市集活动中，宁波市委网信办精心推出了以原创虚拟 IP 形象"安安"为主题的各类文创产品，如钥匙扣、摆件等。这些富有趣味性和教育意义的文创品深受广大市民和高校学子的喜爱，成为绿色网络文明活动中网络安全和普法宣传的有效载体。通过这些文创产品，网络文明志愿服务更加深入人心，使民众深刻理解到网络不是法外之地，网络安全对于国家安全至关重要。

2. 创新宣传手段，积极寻求最新传播途径

在宁波，网络文明志愿服务早已融入民众生活，不断创新宣传手段与渠道是重要的宣传与推广机制之一。网络志愿服务活动组织方积极寻求新的传播途径，结合线上线下多元媒介，实现了对不同群体的广泛覆盖，从而提高了宁波市民对网络文明及网络安全知识的认识与关注。

（二）活动开展机制：利用主题日扩大影响力

活动开展机制在网络文明志愿服务中起到了关键作用。结合主题日活动，注重针对性与广泛性，使得网络文明志愿服务拥有更广泛的覆盖面和更深入的影响力。主题日活动为网络文明志愿服务提供了更加有效的宣传渠道。主题日活动通常关注特定领域或问题，如网络安全、法治、金融、个人信息保护等，涉及多个社会层面。这有助于各个阶段的活动单元更具针对性地进行深化与拓展，从而提升活动效果，使活动深入人心。

以主题日活动作为驱动力，宁波市网络文明志愿服务为网络安全和网络文明建设创造了稳定且高效的推动机制。通过组织各种主题日志愿服务活动，网络文明理念得以更具针对性地传播。这种做法让志愿服务呈现出更为体系化和可持续的特点。

2023 年 9 月 11~17 日的国家网络安全宣传周中，宁波同步开展了一系列富有创意的网络文明志愿服务活动，这是网络文明志愿服务活动系列化、常态化的有效尝试。按照"一日一主题，每日有新意"的思路，围绕校园、电信、法治、金融、青少年和个人信息保护六大领域开展系列志愿活动。各区（县市）在活动中纷纷发挥创意，与志愿者紧密合作，通过网络文明志愿服务的力量，宣扬"网络安全为人民，网络安全靠人民"的核心理念。成千上万的志愿者积极参与各项活动，将网络安全知识传播给更广泛的群体，让社会各界认识到网络安全的重要性。网络文明志愿服务已巧妙地融入国家网络安全宣传周系列活动的各个环节，为构建一个健康、有序、安全的网络环境提供了强有力的支持。

（三）志愿力量吸纳机制：政社联动策略

宁波市网络文明志愿服务在推动网络安全和网络文明建设中，积极打造多元参与机制，鼓励各方积极协同共建，形成合力。多元参与机制突破了单一组织的局限性，提高了网络文明志愿服务的广度和深度，使网络文明理念在更广泛的层面上得到普及。

政府部门和相关机构通过提供政策支持、资金投入、活动组织等手段，引导和激励各相关方参与网络文明志愿服务工作，为多元参与创造良好环境；非营利性社会组织通过系统性、专业性方案的加入，推动网络文明志愿服务的有效执行，达到全方位参与和多角度宣传的效果；企业积极履行社会责任，通过资助、赞助、提供技术支持等方式参与网络文明志愿服务工作，共同筑起网络安全防线；广大市民参与网络文明志愿服务活动，成为网络文明传播的主力军。公众作为志愿力量的主体，其在价值观、行为习惯和社会责任感等方面的塑造及提升，对志愿服务的可持续性具有至关重要的影响。宁波市通过线上线下宣传、互动交流等方式，积极推广并践行网络文明理念。

多元参与机制的建立与发展，使宁波市网络文明志愿服务工作更具活力和影响力。在政府引导、组织推动、学校教育、企业社会责任及公众参与的共同努力下，网络安全和网络文明建设得到有力推进，为构建和谐、有序、安全的网络空间提供了有力支撑。

（四）品牌建设机制：提升志愿服务品质成效

在宁波市网络文明志愿服务的发展中，品牌建设机制至关重要。品牌建设旨在提高志愿者服务的专业水平、质量和成效，使网络文明志愿服务在宁波乃至全国范围内成为具有广泛影响力和认同度的品牌。在品牌打造上，宁波进行了如下努力。

明确品牌定位与特色。一是确立宁波市网络文明志愿服务的品牌定位，明确其服务领域和核心目标；二是深入挖掘网络文明志愿服务的内涵，注重品牌特色的塑造，以满足不同受众群体的需求和期望。

深化跨界合作。积极寻求与其他领域和机构的合作与交流，整合各方资源，实现优势互补。通过跨界合作，宁波市网络文明志愿服务能将社会效应最大化。一是与政府部门合作。宁波市网络文明志愿服务通过与公安网警部门合作，鼓励公安网警成为志愿者，与其他志愿者共同传播网络文明信息，深入学校和社区，到学校和社区开展演讲、讲座等活动，提升广大师生和居民的网络素养与安全意识。二是与企业合作。宁波市网络文明志愿服务与科技企业合作，共同参与和推动网络治理，企业可以为网络文明志愿服务提供资金、技术、人力资源等支持，帮助网络文明志愿服务提升服务水平和能力。通过企业的社会责任宣传和品牌传播，扩大志愿服务的影响力，让更多专业人士参与到网络文明建设中来。

通过以上措施，宁波市网络文明志愿服务在深化跨界合作方面取得了显著成效，实现了与政府部门、企业等的优势互补。这样的合作架构有助于进一步提高宁波市网络文明志愿服务的品质成效，推动网络文明建设不断向前发展。

三　宁波市网络文明志愿服务的典型经验

（一）宁波经验：打造未成年人网络保护样板

"未成年人是祖国的未来，这是关乎中华民族伟大复兴的关键所在。"①

① 《打造"未成年人网络保护样板城市"，宁波这样做》，https：//news. cnr. cn/local/dftj/20231109/t20231109_ 526481436. shtml，最后访问日期：2024 年 11 月 26 日。

近年来，宁波市委、市政府深入推进未成年人网络保护工作，利用志愿服务助力打造未成年人网络保护样板城市，不断提升相关工作水平，走在全国前列。

首先，强化顶层设计，为未成年人创造安全的网络环境。2023年9月20日，国务院公布《未成年人网络保护条例》，为未成年人在网络空间的健康成长提供了坚实的法治保障。同年8月，宁波市人大就出台了《关于加强未成年人保护工作的决定》，这是宁波市专门为未成年人保护工作制定的地方性法规。其中，守护未成年人的"网络空间安全"章节突出精准干预，成为宁波市委、市政府强化顶层设计和整体统筹的遵循原则。

其次，强化活动引领，始终把未成年人网络素养提升作为积极健康、向上向善的网络活动纳入其中。在"绿色网络文明进校园"活动中，志愿者们充分发挥自身优势，将优秀传统文化融入网络文明传播中。例如，志愿者们将阳明文化和《三字经》的精髓与学校德育相结合，通过定期举办经典诵读、征文、演讲比赛和故事会等形式，以寓教于乐的方式向学生传播网络安全知识。此外，志愿者还创作出《防网络诈骗新三字经》短剧，表演过程生动有趣，易于理解。自2016年起，宁波就开始开展"绿色网络文明进校园"活动，大量志愿者走进校园，至今已走进全市600多所中小学和15所高校，直接参与人员超10万人次，影响覆盖网民1000余万人次。

最后，强化专业力量，进一步扩大未成年人网络保护影响力，汇集群团组织、网络社会组织、志愿者等各类社会资源，组建专业团队，探讨如何构建健康、有序、安全和清朗的网络空间。组建绿色网络文明讲师团、导师团和家长团。通过举办网络素养宣传、网络文化讲座等形式的活动，通过线下和线上互动、校园媒体矩阵助推等方式，共同提升活动的传播深度和广度，引导未成年人树立正确的世界观、人生观、价值观和网络观。

（二）网络清风进万家：新势力走村入户

随着移动互联网的高速发展，网络技术深入千家万户，宁波在全面提升社区居民的网络安全意识和能力方面走在前列。"社区虽小、群众事大"，面对互联网快速发展的现状，网络安全宣传教育显得尤为重要。

为引导社区居民树立正确的网络观，全面推进文明上网、文明用网，营造健康、文明、和谐、向上的网络文明环境，宁波市网信办召集了一群年轻的宣讲员，将"响应群众诉求""防范和打击网络非法集资""制止有害信息网络传播"等网络安全知识巧妙地融合在一起，并以网络时髦艺术展现形式——脱口秀为载体，让居民认识到网络安全的重要性，营造了浓厚的网络安全宣传教育氛围。在 2023 年"绿色网络文明进社区"活动中，宣讲员们采用宁波话脱口秀的形式，寓教于乐地向居民们宣讲网络安全知识。年轻的宣讲员们将"响应群众诉求""防范和打击网络非法集资""制止有害信息网络传播"等网络安全知识巧妙地融合在一起，让居民认识到网络安全的重要性，为宣传教育营造了浓厚的氛围。

在"绿色网络文明进社区"活动期间，每场活动的参与人数约为 100 人。活动结束后，社区陆续开展日常宣传、社群线上宣传等活动，2023 年覆盖人数达到 1.8 万人。通过这些活动，确保社区居民和村民有所学、有所感，持续提升群众网络文明素质。这将使文明的种子深入人心，让文明创建的成果惠及群众，让文明之花在宁波绚丽绽放。

今后，各社区将持续推进绿色网络文明宣传工作，致力于丰富活动内涵、创新传播模式，让网络安全知识真正融入社区居民生活中。社区还将组织丰富多彩的网络安全宣传活动，如主题讲座、互动体验、安全教育培训等，同时积极探索短视频、社交媒体等新型宣传方式，以满足不同群体对网络安全知识的需求。通过实用且贴近生活的网络安全教育，全方位提升群众的网络安全意识，为打造网络安全的社区而努力。

（三）党建引领：推行"网络公益"

2018 年 9 月，经宁波市委组织部批准，宁波市互联网发展联合会联合党委成立，进一步加强了党对互联网行业的领导。针对互联网企业与生俱来的"小散基因"特点，联合党委构建立体化组织架构，把游离于网络虚拟社会的党员"聚"起来。

1.建立网络文明志愿服务组织

要发展网络文明志愿服务，一个多维度、多层次的体系结构至关重要。宁波市为满足不同层面的需求，从企业、协会和区域三个维度，构建更有深度的志愿服务组织。

首先，从企业角度出发，针对规模较大、符合条件的互联网企业，宁波市一些企业建立起内部的志愿服务组织，并实施党务、政务、商务、社务四务合一。企业在网络文明志愿服务中发挥着举足轻重的作用。通过建立企业内部的志愿服务团队，企业能够充分利用自身资源与专业优势，提升志愿服务的质量，满足企业自身业务发展和社会责任的需要。

其次，从协会角度出发，在宁波各区（县市）及相关行业层面建立各类互联网企业协会，并以协会为基础组建实体志愿服务组织，发挥产业线上互助作用。协会内部的志愿服务组织可以加强不同企业间的沟通与交流，并为增加企业间产业链上下游合作提供可能性。互联网企业协会的建立，能够促进产业共同发展，为企业提供展示实力、增加商业互动的平台。

最后，从区域角度出发，宁波通过组建区域性志愿服务组织，并以各类互联网产业园、众创空间、电商服务站等平台为依托组建综合性志愿服务组织，实现区域产业优势与志愿服务协同合作。区域性志愿服务组织可以有效提升区域公共服务能力，增强创新创业活力，并通过整合多方资源，推动区域经济社会可持续发展。综合性志愿服务组织有益于组织内部人员的专业能力提升，促使志愿者更好地服务区域产业发展。

2.探索线上网络文明志愿服务

第一，网络党支部的建设模式不断创新，宁波借助网站、微信、QQ等互联网工具，积极探索线上组织建设、党员链接、线上活动及线上考核评价等工作模式。为了充分发挥网络党支部的作用，宁波致力于创设微课堂、网上学堂、在线课堂等多样化的教学环境，利用互联网平台提升党员学习质量、拓宽学习途径，提高党员自身的政治素养与能力。

第二，着力实施网络管理，以增强网络文明志愿服务大数据管理效果，建立起志愿服务信息库和党员信息库，实行党员IC卡制度，对志愿者日常行为进行积分。通过实行积分制度，加强对志愿服务组织和志愿者的动态有效管理，提高志愿者的积极性与参与度，打造高效、有序的志愿服务环境。这种管理模式将为网络文明志愿服务持续发展提供有力保障。

3. 开展网络文明志愿服务公益活动

在网络平台上开展微心愿征集和认领活动，鼓励每个志愿服务组织每年至少认领 1 个微心愿、开展 1 次志愿服务活动。疫情期间发挥网络文明志愿者作用，例如：协助政府部门做好防病抗疫工作，提供实时疫情数据平台服务；针对高峰期的需求，开发大数据平台缓解一线防疫力量紧缺问题，利用自身供应链能力提供居民生活所需的解决方案等。节庆期间，网络文明志愿者作用持续发挥，宁波网友自发组织的"陪你过除夕"活动已有近千名"黄背包"及其网络志愿者参与，为除夕坚守在一线的消防战士、医护人员、环卫工人、公安民警送上饺子与祝福；在宁波市委宣传部指导下，市网络文化协会及爱心企业免费在春运期间接送近百位在甬务工人员回家过年，通过线上线下相结合的方式，深入企业寻找真正有购票困难、难以返乡的外地务工人员。

宁波市网络文明志愿服务公益活动在推动网络公益事业方面发挥了重要作用。网络志愿者们利用网络平台开展面向全社会的爱心支持、宣传、应急等各项工作，激发了网民参与网络志愿服务的热情，为全社会志愿理念的发展提供了强有力的支持。

四　宁波市网络文明志愿服务创新发展的新问题

（一）志愿者培训资源不足

网络文明志愿服务是一项专业化程度很高的服务，对志愿者和服务质量提出了较高要求。宁波市网络文明志愿服务在不断推进的过程中，面临着缺乏系统性、专业化的志愿者培训资源的问题，主要体现在以下几个方面。

一是缺乏系统的培训方案。一方面，现有志愿者培训计划并不完善，亟须形成一套标准化、系统化的培训体系。无论是针对志愿者进行网络安全宣讲的资料，还是对志愿者团队本身进行培训的资料，都缺乏一个有效的共享机制，导致优质的培训资料在实际应用中无法充分发挥作用。另一方面，针对培训方案与培训内容，没有统一的评估和审核标准，现有的培训体系碎片化，既不利于志愿者专业素养的提升，也会使服务品质大打折扣，难以形成一个高效、规范的志愿者培育体系。

二是缺乏专业的培训讲师。目前，在网络文明志愿服务领域，专业讲师和具有丰富经验的人才相对短缺，导致志愿者的培训质量难以保障。讲师数量有限，使得培训班次不足，难以满足现有及新加入志愿者的培训需求。此外，讲师之间的经验交流和资源共享较为有限，这对志愿者培训的深入推进和广泛传播产生了一定影响。例如，在网络安全领域，许多网警拥有丰富的宣讲经验，但仅依靠这些公安志愿者开展基层宣讲活动，实际开展的场次仍显不足。若能邀请这些经验丰富的网警作为培训讲师，以"传帮带"的形式培养更多志愿者，无疑将更好地提升培训效率，扩大志愿服务的覆盖范围。因此，加强专业志愿服务培训讲师的选拔与培养至关重要，可以推动宁波市网络文明志愿服务的持续发展。

三是缺少网络文明志愿服务培训经验分享和交流平台。志愿者之间缺少官方提供的共享交流平台或者社交媒体小组等在线/线下多样化的交流平台，缺乏对成功案例和经验教训进行系统梳理和总结的渠道，导致志愿者无法充分吸纳过往经验，提升服务品质。现有的一些圆桌交流会的内容不够丰富，资源共享度不足，没有把互联网的规模优势开发出来，较难激发志愿者的参与热情和学习兴趣。

（二）制度化建设有待推进

尽管宁波市在网络文明志愿服务方面已取得了一定成果，然而，要提升服务质量和效果，其制度化建设依然有待进一步推进。宁波市网络文明志愿服务的制度化建设存在如下挑战。

一是管理机制有待完善。虽然宁波市已在网络文明志愿服务方面取得了一定成效，但在管理方面仍然存在一些不足之处，尚缺乏明确和高效的管理机制。目前，宁波市委网信办负责牵头组织一系列志愿服务活动，确定活动主题，具体活动策划则依赖社会力量完成，网信办将对相关活动进行报道和宣传，以扩大活动的影响力。然而，在一些基础设施较为薄弱的地区，活动开展面临诸多困境，导致活动质量无法得到有效保障。此外，志愿者管理体系相对分散。目前的管理模式既没有与宁波市现有的志愿服务信息管理平台进行有效对接，也未直接纳入网信办的管辖范围。

二是志愿者招募流程有待规范。在志愿者招募环节，应制定更为规范、透明的招募流程与选拔标准，选拔范围不仅局限于机关企事业单位，更应该面向各行各业热心网络公益的群众，充分考虑志愿者的综合素质和特长，培育一支专业化、社会化的志愿服务团队。

五　宁波市网络文明志愿服务创新发展新期望

"关山初度尘未洗，策马扬鞭再奋蹄。"为实现"两个一百年"奋斗目标、为争当浙江高质量发展建设共同富裕示范区贡献网信力量，宁波市网络文明志愿服务坚持以问题导向为核心，通过专业规划与布局，稳定发展，努力改进相关制度框架，力求在网络文明志愿服务领域的制度建设方面不断取得更大的突破。为不断完善和强化网络文明志愿服务的相关体制机制，宁波网络文明志愿服务注重从制度和机制层面进行创新和调整。通过制定科学合理的政策引导、实施严格的质量监管，以及激发各方参与网络文明建设的积极性，确保网络文明志愿服务的持续推进和健康发展。

（一）巩固网络文明志愿服务常态化机制，引领新风尚

网络文明志愿服务常态化机制需不断锤炼巩固。如何对网络文明志愿者进行持续的系统性培育，使他们成为具备专长、不断进步的志愿力量，是值得深入探讨的课题。这就要求相关组织进一步明确自身定位，不断打磨优势项目，将其转化为常态化项目，积极朝专业化、精细化方向发展，从而留住

并培养志愿人才。将网络文明志愿服务视为一项长期的系统工程，坚持价值倡导与制度规范相结合，以体制机制建设作为志愿服务可持续发展的重要保障；从健全组织结构、强化领导力、完善制度建设、回馈激励等方面入手，着力构建志愿服务支持体系；充分发挥网络平台的作用，提供服务计时、积分兑换等功能，强化对网络文明志愿者的权益保护和激励措施。坚持高起点规划、高标准建设、高水平管理，以推动宁波市网络文明志愿服务全面发展为重点，把网络文明志愿服务常态化机制构建摆在首位。

（二）设立系统的志愿者培训项目，实现高素养

为了提升网络文明志愿者的服务品质，宁波市需在制度化建设中完善培训与考核体系，提高培训资源和人才培养方面的投入。具体而言，可以从以下几个方面着手：第一，建立专业网络志愿者讲师团，吸引和选拔有经验与专业知识的讲师加入志愿者培训工作。可以通过政策扶持和合作培训等途径招聘讲师，以保障志愿者培训质量。第二，建立有效的考核评价机制。对参与培训的志愿者进行及时考核，确保培训效果并督促志愿者不断提升自身服务能力与水平。第三，制定明确可操作的评价标准。由网信部门对培训进行把关，确保宣讲内容和方式都达到优质水平。第四，为志愿者提供交流与合作机会。鼓励他们分享经验、加强资源共享，使网络文明志愿服务成为技术人员在网络公益事业领域的社交平台。依托互联网工具和社交媒体，创建线上线下的志愿者交流平台，助力志愿者间的心得交流、资料共享和经验传播。第五，关注保障志愿者权益是提高志愿者素养的最后一环。逐步完善志愿者激励机制和保障措施，为网络文明志愿者创造良好的发展环境。

（三）通过联动机制吸纳更多网络文明志愿服务者，确保高覆盖

为了确保网络文明志愿服务覆盖全市范围内的各个区域，进一步推动网络文明的普及，联动机制的构建对于吸纳更多网络文明志愿服务者至关重要。具体而言，可以从以下几个方面着手。

首先是跨部门协作，由政府部门牵头，与各企事业单位、学校、社会团体等多元组织建立协作关系，共同支持网络文明志愿服务的发展。跨部门的协作不仅能提高资源利用效率，还可确保志愿者活动所覆盖的区域更加广泛。

其次是加强与高校、中职院校等教育机构的合作，通过校企联合培训项目，吸引更多有兴趣、有热情的师生加入网络文明志愿服务，壮大志愿服务者队伍，并打造高校相关课程的实践平台。

最后是充分利用互联网力量拓宽网络文明志愿者征集渠道。在线下志愿者征集的基础上，更应依托互联网的广泛覆盖和信息传播优势，扩大网络文明志愿服务项目的参与者范围。利用网络平台和社交媒体积极宣传网络文明志愿服务项目，激发潜在志愿者的兴趣和参与意愿；设置网络志愿者报名系统，简化报名流程，降低参与门槛；邀请网络意见领袖和公共人物借助其社会影响力推广和倡导志愿服务项目，扩大志愿者征集范围；组织线上志愿者活动，鼓励更多人积极参与网络文明志愿服务，充分发挥互联网的优势。

（四）争做示范引领排头兵，打造高品质

为了在网络文明志愿服务领域起到示范引领作用，我们需要强调效果导向，并以此在全省社会组织间建立起共同参与的意愿和比学赶超的氛围。具体而言可分为以下三个方面：

激发社会组织的主动性和创新能力。对标对表找问题、剖析根源明方向，深刻认识网络文明志愿服务指标体系是提升服务品质的关键引导。推动各类社会组织发挥主体作用，充分利用网络文明志愿服务指标体系，持续开展中长期指标观测，以促进网络文明志愿服务在各类社会组织中的良性发展。

优化顶层设计框架。坚持高起点规划、高标准建设、高水平管理，以促进网络文明志愿服务全面发展为重点，将网络文明志愿服务指标体系评估结果纳入各类社会组织的年度工作考核体系，牢固树立鲜明导向，扎实推动成

果运用走深走实。

积极总结实践经验。以各类社会组织的网络文明志愿服务指标体系评估工作为契机，找准工作短板，在制度和流程方面进行优化与固化，形成"规划—指导—建设—运用—反馈"的陪伴式建设机制。进一步推动网络文明志愿服务事业高质量发展，为后续的评估工作提供可资借鉴的经验。

B.9
宁波新时代文明实践大型赛会志愿服务发展报告

张浩昀*

摘　要： 共青团宁波市委近年来积极探索、扎实推进，宁波新时代文明实践大型赛会志愿服务工作取得了较好效果，在打造志愿服务品牌方面取得了新突破、在推进国际大型赛事举办中展现出新作为、在推动青年参与志愿服务的过程中探索出新经验，但在地方标准精准化实施、志愿服务规范化管理、志愿服务供需对接方面仍需进一步提升。未来需要建立标准实施多主体联动机制，做好表彰激励工作，树立志愿者典型，实施系统培训，提升志愿者胜任力，同时建立标准实施供需匹配表达机制。

关键词： 宁波市　志愿服务　大型赛会

一　共青团宁波市委大型赛会志愿服务发展概况

（一）共青团宁波市委大型赛会志愿服务发展历程

宁波新时代文明实践志愿服务工作起步较早，1990 年便出现了宁波首个"全国学雷锋先进集体"——宁波公交公司团委的学雷锋团队。1994~1995 年，宁波市青年志愿者行动正式启动。1995~1998 年，青年志愿者行动品牌化建设拉开序幕，宁波市青年志愿者指导中心成立。《宁波市青年志愿服务条例》于 2003 年正式施行，宁波市志愿者协会于 2004 年开始在全市

＊ 张浩昀，宁波大学法学院硕士研究生，研究方向为行政管理。

推广志愿者注册制度，《宁波志愿者报》于 2006 年创办发行，2012 年《宁波市志愿服务条例》正式实施。

2015 年，宁波市志愿者服务工作委员会及其办公室成立，统筹领导、协调指导全市志愿服务工作。2015~2016 年，宁波市志愿服务基金会、宁波志愿者学院成立，We 志愿服务平台正式上线，第三届中国青年志愿服务项目大赛暨 2016 年志愿服务宁波交流会在宁波举行，首届宁波市"五个 10"志愿服务先进典型宣传推送活动举行。2017 年先后出台《宁波市志愿服务注册管理办法》《宁波市志愿服务记录管理办法》①，改革优化市志愿者协会，增设 5 个专门工作委员会。2018 年宁波市志愿者服务指导中心成立，首届宁波市志愿者服务项目大赛举行。宁波市新时代文明实践志愿服务综合基地于 2019 年成立。

（二）共青团宁波市委大型赛会志愿服务现状特点

APEC 城镇化高层论坛、中国－中东欧青年研修交流营、宁波·尼斯国际嘉年华、世界"宁波帮·帮宁波"发展大会、宁波国际马拉松、世界排球联赛、亚洲举重锦标赛、国际划联首届龙舟世界杯……伴随着这些大型国际化赛会活动的举办，"小星辰""小湾仔""小蟹蟹""小青柠"等一个个闪亮的赛会志愿者昵称被留在照片里、报道里和很多人的心里。② 据统计，自 2016 年以来，宁波团市委及宁波市志愿者协会共组织 1 万余名志愿者参与了 39 场大型赛会志愿服务，累计服务时长超 13 万小时。③

---

① 《宁波出台多项制度为志愿者"撑腰" 意外险标准全国领先》，http：//news. cnnb. com. cn/system/2017/09/17/008680087. shtml，最后访问日期：2024 年 3 月 20 日。
② 《宁波 1000 名中东欧博览会青年志愿者誓师出征》，http：//news. cnnb. com. cn/system/2021/05/28/030255354. shtml，最后访问日期：2024 年 3 月 20 日。
③ 《用青年志愿语言为城市代言——团市委打造青年志愿服务国际品牌纪实》，https：//mp. weixin. qq. com/s？src = 11&timestamp = 1727599704&ver = 5535&signature = －－6 * cNsBAR5Mdj0vWghXnNqUUkGovwyBUMaiq－KutG70oCVnopPWFRvq－sUllK2zXVFQGRsam－wA2xrsnpJ * bndEXBn－g4djbA984qMyWncFJAGt4F－bDzwrn5Jsf9Lo&new = 1，最后访问日期：2024 年 3 月 20 日。

近年来，宁波团市委、宁波市志愿者协会广泛发动全市各级团组织、志愿服务组织，整合国际志愿服务资源，完善国际志愿服务运行体系，加强国际志愿服务文化交流，提升宁波市国际志愿服务专业能力，依托 We 志愿服务平台积极助推宁波志愿服务国际化发展，形成了一个基地、一个平台、一个项目"三个一"工作体系。[①] 越来越多的青年志愿者身影出现在各项国际赛事、重大会议、主题志愿服务以及公益活动中，出现在世界各地，传递志愿精神，展示宁波城市形象。

二 共青团宁波市委大型赛会志愿服务经验做法

（一）坚强的组织领导是成功办赛会的坚实基础

宁波市委、市政府高度重视亚运会筹办工作，赛会志愿服务在人力资源工作框架下推进，得到了组织部门的精心指导和人力资源工作组其他兄弟单位的大力支持。在亚运会筹备阶段，各级党组织和党员们积极参与，组织各方力量，制订了详细的计划，确保了筹备工作的顺利进行。在亚运会举办期间，党组织加强了对赛事的管理和服务，保障了各项工作的有序开展，使得亚运会取得了圆满的成功。

（二）完善的培养体系是成功办赛会的制度保证

注重综合培养，实践育人成效显著。切实将参与赛会志愿服务作为推动青年学子积极践行社会主义核心价值观的重要教育载体和促进其开阔眼界、学习知识、增长才干的社会实践平台。扎实开展志愿者培训，探索"通识+专业""理论+实践""集中+分散""线上+线下"四种结合培训模式，围绕志愿服务理念、礼仪规范、心理健康、医疗急救、国

---

① 《宁波实现志愿服务交流国际化》，https://www.toutiao.com/article/6765619965836919310/？&source=m_ redirect&wid=1724332235760，最后访问日期：2024 年 3 月 20 日。

情市情、信息宣传、消防安全、赛会应知应会八大主题内容，强化提升志愿者综合服务能力。建立志愿者临时党（团）支部，开展系列学习教育和成长实践活动，加强志愿者思想政治教育，增强队伍向心力和凝聚力。

（三）科学的管理方式是成功办赛会的有效路径

注重科学管理，组织协调有力有序。建立多方联动的统筹机制，形成"团市委+高校团委+青年社会组织"三位一体的工作模式，设立综合协调、志愿者管理、新闻宣传督导、综合保障四个工作组，各司其职、统筹推进。建立分工明确的责任机制，形成"志愿者管理组联络员+高校领队+志愿者小队长"的管理沟通模式，明确任务，压实责任。建立灵活有度的保障机制，实行网格化管理，确保志愿者各项保障服务到位；设立志愿者机动组，严格执行统一的志愿者派遣、接收制度，以满足赛会的临时需求。

（四）专业的服务标准是成功办赛会的关键因素

注重专业服务，持续提升整体形象。第一，统一服务标准。结合每场赛会主题元素、季节天气等因素，严格选择面料，制作统一的志愿者服装装备；严格仪容仪表、姿态语言、动作表情等要求（如2人成排、3人成列），并指定专人负责形象指导督导工作。第二，优化工作流程。根据每场赛会的不同要求，制定"常态化+个性化"执行方案，明确工作指引、岗位清单、调度机制、管理制度、专项台账、应急预案、安全提示等要求，确保各项服务工作一体化推进。第三，打造专属空间。在赛会现场显著位置搭建或设置"蓝精灵青年志愿者之家"，突出展示党、团、志愿服务标识及IP形象，提供专属的学习交流、能量补给等场所，充分激发志愿者的服务热情，切实提高其归属感和获得感。

三 共青团宁波市委大型赛会志愿服务特色项目

（一）第19届亚运会宁波象山赛会志愿服务项目

1. 项目背景

作为杭州第19届亚运会的协办城市之一，宁波象山承办了帆船和沙滩排球两个项目的比赛。帆船比赛于2023年9月21～27日在亚帆中心举行，这是本届亚运会唯一的海上比赛项目；沙滩排球比赛则于2023年9月19～28日在半边山沙滩排球中心举行。

这是亚运会赛事首次在甬举行，是亚洲最高级别综合性运动会与现代化滨海大都市——宁波首次"牵手"。秉持"绿色、智能、节俭、文明"的办赛理念，通过帆船和沙滩排球两项时尚运动，在美丽的东海沿岸展示了魅力港城——宁波的活力和激情。

2. 项目内容

一是探索了一条完整的志愿者招募培养路径。第一，严把政治关。强化党建引领，落实政治审查、集中宣誓、思想排摸、红色教育、专题学习、主题分享六大要求，进一步提高赛会志愿者的政治判断力、政治领悟力和政治执行力。第二，严把入口关。通过"馆校对接"和社会招募相结合的方式，组织开展多轮面试，从21984名报名者中选拔确定708名赛会志愿者。第三，严把培训关。全体赛会志愿者均须参加亚组委设置的21门通用课程培训，并通过线上考试。旗手、礼仪志愿者须参加亚组委统一组织的为期1个月的封闭训练。入驻志愿者之家后，集中开展51场岗前培训、场馆培训，进一步提升志愿者专业性。第四，严把实战关。招募153名志愿者完成帆船测试赛志愿服务保障工作，选拔270名预录用志愿者参与沙排测试赛志愿服务，通过实战磨炼队伍。骨干志愿者多次参与赛前全流程全要素演练，提前熟悉场馆岗位。

二是建立了一套完善的志愿者组织管理体系。在赛前筹备阶段，建立

"1+5+3+1"赛会志愿者工作体系，即团市委组建1个亚运工作专班，下设5个专业工作小组、3个场馆管理团队和1个驻地保障团队。同时，出台系列工作方案，倒排计划清单，绘制鱼骨图，全方位推进志愿服务工作。平战转换阶段，组建场馆志愿者管理团队，先后抽调宁波大学、宁波诺丁汉大学、宁波财经学院3所高校团委和象山团县委P类管理人员10人，以及V类领队教师9人，自2023年2月起分批进入场馆集中办公，赛前3个月全部到岗到位。人力资源工作组相关同志下沉象山一线进行调度。赛时运行阶段，在作战一线组建人力资源分指挥中心（志愿者调度中心），下设"2馆1村1驻地"管理团队，实现扁平化管理。其中，志愿者之家由团市委、宁波财经学院、象山县亚运办人力资源工作组三家单位共同管理。

三是形成了一个特色的志愿者激励保障闭环。第一，打造杭外协办城市中唯一的志愿者集中驻地。明确将宁波财经学院象山影视学院作为志愿者集中驻地，统一保障志愿者食宿，其医疗、餐饮、交通、心理等均由专班统筹管理。第二，围绕亚运会开展系列活动。2023年9月6日，赛会志愿者出征仪式举行，宁波赛事指挥部指挥长、市委副书记、市长汤飞帆为志愿者代表授旗并宣布出征。正式上岗服务前，志愿者之家管理团队先后开展了教师节礼赞领队教师、草坪音乐节暨志愿者集体生日会、家长开放日、小青荷与火炬面对面、集中观看第19届亚运会开幕式等主题活动。第三，创新推出志愿者岗位徽章和激励徽章。根据岗位分工，设计46枚岗位徽章，便于快速辨认志愿者身份。同时，推出并使用一套5枚的志愿者激励徽章，通过"每日之星"评选进行激励表彰。截至宁波象山赛区服务结束，共评选"每日之星"3799人次，27名志愿者获得四星级及以上徽章。

3. 项目成果

自亚运会筹备工作启动以来，宁波团市委在宁波赛事指挥部人力资源工作组的有力领导下，以高度负责的精神、严谨细致的作风，全力以赴做好赛会志愿服务工作。赛时，宁波象山赛区共录用708名赛会志愿者，他们主要来自宁波大学、宁波诺丁汉大学、宁波财经学院3所高校，服务于3个场馆

46 个业务领域 115 个岗位，赛时服务时长超 10 万小时，总服务时长超 20 万小时，相关工作被中央媒体宣传报道 23 次。

（二）宁波国际马拉松志愿服务项目

1. 项目背景

穿越千年，"甬"往直前！2023 宁波国际马拉松于 2023 年 12 月 31 日 8 点半鸣枪开跑，1.5 万名选手齐聚甬城。2023 宁波国际马拉松的起终点都设在宁波奥体中心，途经江北滨江体育公园、慈城新城中心湖、官山河等地，宁波为广大跑友打造出一条充满运动氛围、自然风情和文化底蕴的赛道，努力让跑友们感受到江北区的自然风光与人文底蕴。①

2. 项目内容

2023 宁波国际马拉松志愿服务工作自 2023 年 11 月初启动招募以来，得到了各个高校的积极响应，经过前期组织动员和自主报名，最终确定志愿者共计 1700 名。根据实际需求，志愿者们被分为指引组、核验组、检录组、拉伸恢复组、赛后控制组、后勤补给组、机动保障组等不同组别，负责主会场服务、竞赛服务、媒体服务、人员核录及物资发放等多项工作。

在上岗前，宁波团市委、宁波市志愿者协会组织开展了马拉松志愿者培训工作，培训内容包括马拉松赛事背景知识、赛会志愿服务实务、志愿服务礼仪及医疗急救知识等。

第一，开展志愿服务知识培训。培训内容主要分为马拉松概述、宁波国际马拉松的历史及赛事信息，以及志愿服务三个板块。首先，帮助志愿者了解马拉松这项体育赛事深厚的发展历史及其所传达出的文化魅力。其次，详细介绍本次赛事的相关信息，包括时间、地点、项目、线路图、奖牌、服装、号码布、参赛手环等活动相关的重要信息。最后，加深志愿者们对此次工作的了解，为志愿服务工作的顺利开展夯实知识基础。

---

① 《穿越千年　甬往直前！以奔跑的姿势辞旧迎新》，https：//www.thepaper.cn/newsDetail_forward_ 25858746，最后访问日期：2024 年 3 月 20 日。

第二，强化志愿精神培育。围绕志愿者服务的本质内涵，从意义、人数、权益、义务和服务规范化等角度逐一展开培训，着重强调安全意识和礼仪要求，并希望志愿者们能带着快乐和热情坚守在自己的岗位上，不畏困难、不辞辛苦、微笑不减、热情更盛。

3. 项目成果

围绕 2023 宁波国际马拉松所开展的基础知识、通用技能、医疗常识等方面的培训，提升了志愿者的专业素养，能够为 2023 宁波国际马拉松的顺利开展提供更为细致的服务和更加专业的保障。

（三）国际划联首届龙舟世界杯志愿服务项目

1. 项目背景

国际划联成立于 1924 年，是国际奥委会中最古老的单项协会之一，也是世界上参与人数最多的水上运动——皮划艇项目的国际管理组织。国际划联龙舟世界杯是国际划联主办的龙舟赛事。国际划联首届龙舟世界杯在宁波东钱湖开战，来自全球六大洲的三十余支队伍在东钱湖畔集结，上演了一场"水上运动版"速度与激情。[1]

2. 项目做法

第一，打造志愿者队伍。本次志愿服务覆盖了所有参赛国家的划联及各代表队的官员、运动员、教练员、裁判员，以及中外嘉宾和观众朋友。志愿者服务于他们的衣食住行、训练和比赛等方方面面，做到全员、全过程和全方位志愿服务。

第二，丰富课程内容。重点强化三个关键准备环节，即招募、培训和演练。通过线上线下两个渠道招募志愿者，他们主要来自机关企事业单位，以及在校大学生和外国留学生群体，涵盖翻译志愿者、随队志愿者、外事志愿者、礼仪志愿者、救护志愿者和机动志愿者。志愿者将学习参赛国的风俗习

---

① 《首届龙舟世界杯 11 月宁波东钱湖击鼓开战》，https：//www.sohu.com/a/686598539_121687424，最后访问日期：2024 年 3 月 20 日。

惯、外事礼仪、赛事服务、应急处置等相关知识。

第三，完善赛事准备。在赛事期间，从翻译、随队、外事、礼仪、应急五个维度开展龙舟世界杯志愿服务保障工作。为每一支境外参赛队安排一名翻译志愿者和一名外事志愿者，为每一支参赛队配备随队志愿者，所有志愿者一道，共同面向龙舟世界杯开展志愿服务工作。

3. 项目成效

184 名青年志愿者提供了为期四天的志愿服务。他们活跃在陪同翻译、赛道维护、秩序引导、礼仪服务、宣传报道等志愿服务岗位，得到了国际划联官员、各国运动员和教练员的一致好评，被他们亲切地称为"小浪花"。①

（四）第三届"未来之桥"中国-中东欧青年研修交流营志愿服务项目

1. 项目背景

举办中国-中东欧青年研修交流营是李克强总理在 2016 年第五次中国-中东欧国家领导人会晤上提出的倡议。和往年相比，此次活动的规模更大、领域更广，邀请了包括希腊在内的中东欧国家的青年，涵盖各国政治、经济、文化、教育等领域的青年才俊。

2. 项目做法

项目志愿者于 2019 年 7 月 3 日正式投入服务活动之中，全程一对一陪同来自中东欧各国的青年代表完成交流活动任务。在外宾到来的前一天，志愿者们聚集在北仑参加志愿者培训会。培训会后，志愿者们领取志愿者服装、徽章、腰包，统一着装，以最好的精神面貌迎接外宾的到来。2019 年 7

---

① 《用青年志愿语言为城市代言——团市委打造青年志愿服务国际化品牌纪实》，https：//mp.weixin.qq.com/s？src = 11&timestamp = 1727599704&ver = 5535&signature = − − 6 ∗ cNsBAR5Mdj0vWghXnNqUUkGovwyBUMaiq − KutG70oCVnopPWFRvq − sUllK2zXVFQGRsam − wA2xrsnpJ ∗ bndEXBn − g4djbA984qMyWncFJAGt4F − bDzwrn5Jsf9Lo&new = 1，最后访问日期：2024 年 3 月 20 日。

月 4 日，研修交流营正式开始，来自 17 国的外宾陆续到达交流营驻地酒店，志愿者们用温暖的笑容、亲切的问候、贴心的引导为外宾们提供了最专业的服务，全程一对一陪同，并为他们耐心地解答疑惑。在为期四天的活动中，志愿者们陪同外宾参观了宁波—舟山港穿山港四期码头、吉利汽车装备流水线、中国港口博物馆、北仑河头村和天一阁博物馆，向外宾介绍宁波、介绍中国文化。交流营成员分组考察了宁波汽车制造业企业、舟山港以及新农村建设工作，参观了天一阁博物馆、中国港口博物馆，领略了宁波优渥的营商环境和"书藏古今、港通天下"的深厚文化底蕴，并现场见证了中国–中东欧青年伙伴网络（宁波站）的建立。[①]

3. 项目成效

宁波团市委、宁波市志愿者协会共发动 130 名青年志愿者提供了接待陪同、宣传报道、综合保障等志愿服务工作，青年志愿者们热情、周到、专业的服务增进了中国与中东欧各国青年之间的认识与了解，成为向世界宣传中国、宣传宁波的"青年名片"。[②]

（五）2018"宁波·尼斯国际嘉年华"志愿服务项目

1. 项目背景

2018"宁波·尼斯国际嘉年华"活动是宁波市与法国尼斯市的首度牵手，宁波市通过引入全套法国"尼斯嘉年华"配置，为中外观众呈现了一场原汁原味的国际嘉年华盛事，并以此为契机，推进中法、中欧旅游文化的深度融合。[③]

---

① 《中国–中东欧青年研修交流营在宁波举行》，https：//www. 163. com/dy/article/EJEGG
53K0514EG26. html，最后访问日期：2024 年 3 月 20 日。

② 《用青年志愿语言为城市代言——团市委打造青年志愿服务国际化品牌纪实》，https：//
mp. weixin. qq. com/s? src = 11&timestamp = 1727599704&ver = 5535&signature = - - 6 *
cNsBAR5Mdj0vWghXnNqUUkGovwyBUMaiq - KutG70oCVnopPWFRvq - sUllK2zXVFQGRsam -
wA2xrsnpJ * bndEXBn - g4djbA984qMyWncFJAGt4F - bDzwrn5Jsf9Lo&new = 1，最后访问日期：
2024 年 3 月 20 日。

③ 《宁波与尼斯首度牵手 共同打造 2018 国际嘉年华》，https：//city. cri. cn/20180502/
b58db839 - b0f8 - 75f1 - 2fb8 - 259fabc753d9. html，最后访问日期：2024 年 3 月 20 日。

2. 工作做法

第一，广泛吸纳志愿者，组建志愿服务团队。宁波团市委、宁波市志愿者协会、宁波市志愿者服务指导中心共同成立了2018 "宁波·尼斯国际嘉年华" 志愿服务部。经过前期的招募、面试、审核，多名志愿者组成了一支素质高、能力强、业务精、服务好的青年志愿服务团队——"小星辰"。

第二，志愿者多部门划分，实现岗位协同运作。根据 "小星辰" 们的专业特长、性格特点，将他们分为看台组、演艺组、功能组、服务组、工作组、接待组、旅发委组、市场监督组、公交接驳组、新闻组、演员组、后勤组、机动组等不同组别，为本次嘉年华提供外语服务、观众指引、演员服务、记者接待、公交接驳、现场服务等各项服务。

第三，借助数字平台，提供专业培训。宁波市志愿者服务指导中心的工作人员向 "小星辰" 们介绍了尼斯嘉年华的背景，并对他们开展了服务礼仪、岗位职责与分工等志愿者通识培训以及医疗急救常识培训，此外还介绍了本次嘉年华的急救保障预案。志愿者在服务过程中全程使用宁波We志愿服务平台签到签退，志愿服务保险也为全体志愿者解除了服务的后顾之忧。

3. 项目成效

2018 "宁波·尼斯国际嘉年华" 是由宁波市委、市政府举办的国际性文旅融合大型活动。为迎接此次盛会的到来、展示宁波爱心城市风采，宁波团市委、宁波市志愿者协会招募了460多名志愿者组成了一支素质高、能力强、业务精、服务好的青年志愿服务团队——"小星辰"，投入本次嘉年华进行了为期7天的志愿服务，收获了一众好评。①

---

① 《用青年志愿语言为城市代言——团市委打造青年志愿服务国际化品牌纪实》，https://mp.weixin.qq.com/s？src = 11&timestamp = 1727599704&ver = 5535&signature = - - 6 * cNsBAR5Mdj0vWghXnNqUUkGovwyBUMaiq - KutG70oCVnopPWFRvq - sUllK2zXVFQGRsam - wA2xrsnpJ * bndEXBn - g4djbA984qMyWncFJAGt4F - bDzwrn5Jsf9Lo&new = 1，最后访问日期：2024年3月20日。

四　共青团宁波市委大型赛会志愿服务现存挑战与对策建议

（一）现存挑战

为贯彻落实习近平总书记关于推进志愿服务、助力社会治理的重要讲话精神，近年来，共青团宁波市委积极探索、扎实推进，宁波新时代文明实践大型赛会志愿服务工作取得了较好效果，在打造志愿服务品牌方面取得了新突破、在推进国际大型赛事举办中展现出新作为、在推动青年参与志愿服务的过程中探索出新经验，但在地方标准精准化实施、志愿服务规范化管理、志愿服务供需对接方面仍需进一步提升。一是大型赛会志愿服务地方标准精准化实施方面存在不足，多主体联动机制不畅，绩效反馈和评估机制有待调整。二是部分志愿服务活动在开展前缺少必要的规划和设计，导致运行过程中出现混乱，如沟通运行不畅、志愿者力量缺乏合理分配等问题。三是开展志愿服务活动前缺乏需求调查，导致了志愿服务供给与现实需求的不平衡。

（二）对策建议

为推进共青团宁波市委大型赛会志愿服务工作的常态化、规范化和长效化，进一步激发志愿服务社会治理效能，推动大型赛会志愿服务事业的高质量发展，提出以下工作建议。

一是建立标准，实施多主体联动机制。建立以政府为主导，大型赛会组织方、志愿服务管理部门、高校三方协同，全社会共同参与的大型赛会志愿服务多元主体联动机制，不仅要拟订志愿服务工作计划——这是推动志愿服务工作全流程高效、平稳、精准运行的重要保障，更要提高志愿者素质——这是扩大标准影响力、促使标准永葆生命力的重要追求。一方面，政府部门应站在宏观层面，扩大标准在各类赛会以及志愿者群体中的涉及面与影响力，建立大型赛会志愿服务标准化数字信息管理系统。当前，赛会志愿者以各省域内的高等院校大学生为主要来源，其身份具有临时性的特征。与此同时，大型赛会同样具有短时性的特点。因此，当某项赛会结束后，参与志愿服务工作的学生便会失去其作为志愿者的临时身份。对此，相关政府部门要协同赛会主办方及志愿服务管理部门建立大型赛会志愿者信息管理系统，让助力完善志愿服务标准化建设的广大青年学生及社会群体都有机会参与其中。另一方面，要构建大型赛会组织方、志愿服务管理部门、高校三方协同的工作机制，充分发挥标准在志愿者招募、志愿服务管理与培训、志愿服务工作开展中的作用。大型赛会组织方要为志愿者选拔、招募、管理工作的开展提供必要的保障。

二是做好表彰激励，选树先进典型。一个好典型可以发挥出"带动一大片"的积极作用。在重大国际性赛会的赛时和赛后，及时发现、选树表现突出的青年志愿者典型，可以起到树榜样、立标杆的模范引领作用，从而营造出先进典型竞相涌现的生动局面。选树典型的方法在杭州亚运会象山区赛事志愿者工作中得到了有效运用。一方面，根据赛时表现，按照杭州亚组委志愿者部规定的比例评选优秀志愿者，并结合省、市表彰大会进行先进表彰。这在塑造了一批青年朋辈榜样的同时，形成了一股激励先进的结构化力量。另一方面，积极探索以非制度化的方式塑造典型，不断深挖亚运志愿服务过程中的先进事迹，做好典型宣传和成果转化。此外，依托重大国际性赛会所构建的强大舆论场，发挥中外媒体等宣传渠道的叙事主体作用，讲述赛场内外志愿服务的好故事，助力青年志愿者"出圈"，以青年志愿者为媒介展示新时代中国青年的形象，为世界了解中国提供青年窗口，在更大范围内汇集青春正能量。

三是实施系统培训，提升志愿者胜任力。立足工作岗位提供专业优质的志愿服务是对志愿者的基本要求。根据重大赛会志愿服务的需要，面向志愿者群体实施系统化培训，全方位提升志愿者胜任力，既符合客观要求，也具备主观条件。以杭州亚运会象山区赛事志愿者工作培训为例：杭州亚运会积极构建全方位、立体化的志愿者培训工作格局，充分整合高校、场馆、社会专业人士等各方力量和培训资源，通过专题报告、情景式教学、测试演练等多种形式载体，打造涵盖通用培训、场馆培训、岗位培训在内的多个培训模块。通用培训依托高校开展，主要包括与亚运会、主办城市、志愿服务等相关的具有广泛适用性的知识和技能培训；场馆培训以场馆侧为主体，主要包括场馆运行架构、主要工作任务等内容，旨在帮助志愿者全面了解服务场馆的整体情况；岗位培训以具体业务领域的志愿者为主体，聚焦特定业务领域的具体岗位进行有针对性、个性化的专业培训。三者层层递进、内容互补，共同构成了志愿者培训的丰富内容体系。

四是建立标准，构建供需匹配表达机制。在信息化时代，大型赛会志愿服务要依靠大数据信息技术，建立标准，构建志愿服务供需匹配表达机制。大数据以其多样性、个性化、精准性的特征，在联结"标准的精准化实施"与"赛事志愿服务精准供给"方面具有高度耦合性，是实现标准指导下赛会志愿服务供需精准匹配的重要技术支持。要运用"互联网+"思维模式，立足于特定赛会区域，构建包含志愿者、志愿服务部门等在内的信息化供给与需求表达机制，借助先进的数字信息技术加强标准指导，提升赛会志愿服务供给与需求的匹配度。一方面，要以大型赛会志愿服务地方标准及其相关配套方案为蓝图，构建大型赛会志愿服务大数据信息平台，畅通赛会志愿服务供需两端信息沟通表达渠道，推动赛会志愿服务供需数据互联互通，建立健全标准指导下的赛会志愿服务资源供给调配工作机制，为全体参与赛会志愿服务的个人和组织部门提供一个信息共享的交流平台。另一方面，要利用大数据信息技术和统计分析方法，及时、准确、快速地对赛会志愿服务供需两侧进行数据采集、信息反馈。

B.10
宁波新时代文明实践国际交流
志愿服务发展报告

隋　鑫*

摘　要： 宁波市的国际交流志愿服务活动是志愿服务发展研究中的一个重要领域。近几十年来，随着全球化的发展，越来越多来自世界各地的年轻人自发地参与到国际志愿服务中。不仅中国志愿者积极地到海外进行志愿服务活动，也有一些国外志愿者加入到中国的志愿服务活动中。宁波市国际交流志愿服务活动以多部门为活动主体、以宁波诺丁汉大学为活动基地、以在校学生为参与对象、以"一带一路"为参与平台，共促国际交流志愿服务的发展，并在此过程中建立了宁波市国际志愿服务总队以及 10 支国际志愿服务分队，还推出了"麦播计划"特色支教项目等。在国际交流志愿服务活动发展过程中，存在"迎进来"管理不善和文化冲突，以及"走出去"配套设施不完善的问题。对此，宁波要抓住机遇、打造品牌、加强培训、加大投入，形成有"宁波特色"的国际交流志愿服务体系。

关键词： 志愿服务　国际志愿交流　国际志愿者

随着全球化的深入发展，国际交流成为推动城市进步和增强城市国际影响力的重要手段。宁波作为一个经济和文化蓬勃发展的城市，积极开展国际交流志愿服务活动，旨在促进文化交流、增进国际友谊，并为志愿者提供宝贵的国际经验。

---

* 隋鑫，宁波大学法学院硕士研究生，研究方向为行政管理。

一 宁波市国际交流志愿服务的发展概况

党的十八大以来，习近平总书记对弘扬雷锋精神作出了一系列重要论述，指导推动新时代学雷锋活动不断拓展内容、创新形式、丰富载体，由此涌现出一批又一批雷锋式先进集体和模范人物，为新时代伟大变革注入不竭精神动力。[1] 习近平总书记强调，新征程上，要深刻把握雷锋精神的时代内涵，更好发挥党员、干部模范带头作用，加强志愿服务保障和支持，不断发展壮大学雷锋志愿服务队伍，让学雷锋在人民群众特别是青少年中蔚然成风，让学雷锋活动融入日常、化作经常，让雷锋精神在新时代绽放更加璀璨的光芒，为全面建设社会主义现代化国家、全面推进中华民族伟大复兴凝聚强大力量。[2] 习近平总书记的重要指示，充分肯定了 60 年来学雷锋活动的显著成效，深刻阐明了雷锋精神的永恒价值，对新征程上更好弘扬雷锋精神提出了明确要求。[3] 宁波市认真学习贯彻习近平总书记重要指示精神，全面深刻把握雷锋精神的时代内涵和实践要求，不断推动国际交流志愿服务实践活动的开展。

2016 年 10 月 17 日下午，由宁波市文明办、共青团宁波市委、宁波市志愿者协会指导，宁波诺丁汉大学承办的宁波市国际志愿者基地成立仪式暨第七期宁波志愿文化交流沙龙于宁波诺丁汉大学国际会议中心成功举行。宁波市国际志愿者基地是在宁波市文明办、共青团宁波市委指导下，由宁波诺丁汉大学筹建的集服务拓展、教育培训、项目孵化、对外交流于一体的国际

---

① 李逢秋：《从中国共产党人精神谱系视角认识雷锋精神的形成与实践》，《党政干部学刊》2023 年第 1 期，第 30~34 页。

② 《习近平对深入开展学雷锋活动作出重要指示强调 深刻把握雷锋精神的时代内涵 让雷锋精神在新时代绽放更加璀璨的光芒》，https://www.xinhuanet.com/politics/2023-02/23/c_1129390565.htm，最后访问日期：2024 年 11 月 26 日。

③ 《习近平对深入开展学雷锋活动作出重要指示强调 深刻把握雷锋精神的时代内涵 让雷锋精神在新时代绽放更加璀璨的光芒》，https://www.xinhuanet.com/politics/2023-02/23/c_1129390565.htm，最后访问日期：2024 年 11 月 26 日。

志愿者综合服务平台,是宁波市构建完善现代志愿服务体系的一个重要组成部分,主要承担传播国际志愿服务先进理念、培育现代志愿文化、开展国际志愿服务交流与合作、开发国际志愿服务项目、承接宁波国际志愿者教育培训等职能,通过国际志愿者"引进来""走出去",促进国际志愿服务深度融合,推动宁波志愿服务国际化、现代化。

近年来,宁波市国际交流志愿服务活动呈现多样化、专业化发展趋势。文化交流活动如国际文化节、艺术展览等为国内外民众提供了深入了解彼此文化的机会,教育领域的志愿服务活动如助教、语言交流等促进了教育资源的共享和中外学生的相互学习。宁波市的国际交流志愿服务活动具有深度与广度兼具的特点,不仅参与人数众多,而且涉及领域广泛,深度融入城市的发展规划。同时,这些活动也体现了包容性和创新性,能够适应时代发展和不同群体的需求。

除宁波市国际志愿者基地的建立外,宁波市还于 2023 年新成立了国际志愿服务队伍。据了解,如今越来越多的国际志愿者活跃在扶老助残、科学普及、文化宣传、环境保护、法律援助、支教助学、社区服务、大型赛会等志愿服务领域中,涌现出一批优秀国际志愿者骨干、项目,形成了宁波特色国际志愿服务品牌。为进一步推动宁波国际志愿服务工作立足新时代、展现新作为,多途径组织动员在甬国际志愿者积极践行志愿精神,激发国际志愿服务活力,宁波市国际志愿服务总队及 10 支区(县市)国际志愿服务分队正式授旗成立。国际志愿服务助力乡村振兴行动、助力为老助老行动、助力理论宣讲行动、助力助学支教行动、助力大型赛会行动五大行动也正式发布。

二 宁波市国际交流志愿服务的经验做法

(一)多部门共同引领国际志愿服务活动开展

1. 政府出台政策助力志愿服务事业发展

礼遇志愿者,共创文明城。2023 年 4 月 25 日,宁波市委宣传部、宁波市文明办等 24 个部门、单位联合印发《宁波市志愿服务嘉许激励实施办法（试行）》，全文共 40 条，覆盖评优表彰、信用激励、精神褒奖、物质回馈、关爱保障等方方面面，用实实在在的礼遇致敬志愿者。据悉，这是宁波出台的力度最大、覆盖范围最广的志愿服务激励举措，旨在为志愿服务事业"加油"，为社会文明和谐"续航"。

2. 国际志愿服务总队和分队的成立助力国际交流志愿服务多维度发展

在第 38 个国际志愿者日到来之际，2023 年 12 月 4 日，宁波市 2023 年"12·5"国际志愿者日主题活动暨志愿服务集中展示活动在五一广场举行，本次活动的重要内容是国际志愿服务队伍的成立。如今，越来越多的国际志愿者活跃在扶老助残、科学普及、文化宣传、环境保护、法律援助、支教助学、社区服务、大型赛会等志愿服务领域中，涌现出一批优秀国际志愿者骨干、项目，形成了宁波特色国际志愿服务品牌。

3. 宁波市国际志愿者基地成立，推动志愿服务走向国际化

2016 年，宁波市国际志愿者基地在宁波市文明办、共青团宁波市委指导下，由宁波诺丁汉大学筹建，这是一个集服务拓展、教育培训、项目孵化、对外交流于一体的国际志愿者综合服务平台，是宁波市构建完善现代志愿服务体系的一个重要组成部分，主要承担传播国际志愿服务先进理念、培育现代志愿文化、开展国际志愿服务交流与合作、开发国际志愿服务项目、承接宁波国际志愿者教育培训等职能。宁波诺丁汉大学是一所国际性学校，国际友人集聚，志愿服务工作基础扎实、成效明显，宁波市国际志愿者基地的正式成立和运作，必将进一步推动宁波志愿服务国际化、促进宁波志愿服务事业发展。例如，"美丽中国　善行象山"国际志愿者交流活动就在宁波市国际志愿者基地进行了行前培训。

（二）以高校为国际交流志愿服务活动的主要阵地

1. 以高校学生为参与主体

宁波市国际交流志愿服务以高校学生为参与主体，由此可以更好地发挥青年学生的优势。第一，青年学生群体作为施援者，其形象更容易为社会大

众所接受，因此表现出更大的优势。第二，国际志愿服务要求志愿者全职参与志愿活动，志愿服务活动可能面临生活环境和工作条件比较艰苦的情况。与生活工作相对稳定的成年人相比，青年人往往更愿意接受与当前差异较大的生活环境和工作方式。第三，国际志愿服务人员不仅要面对艰苦的物质挑战，还要克服语言沟通障碍、跨文化心理适应以及异国环境中的孤独感等困难，而青年的适应能力和接受能力相对较强，他们学习新语言、接受新文化、融入新环境、结交新朋友的能力更强。

2. 以打造特色品牌为推广手段

宁波诺丁汉大学公益志愿服务项目起源于暑期社会实践项目，随着时间的推移和经验的累积，公益志愿者参与服务的形式不断丰富、内容不断完善，经典品牌子项目不断衍生，包括大型赛会志愿服务、动植物保护课题研究、中国传统文化研习，等等。2006～2023 年，该项目已陆续开展了 16 年（2020 年由于疫情影响并未开展，暂停一年）。据统计，该项目共开设了 180 条支教线路，派出 2609 名志愿者前往全国 23 个省份 36 个国家和地区开展活动，服务内容涉及学科授课、体育教育、艺术熏陶、劳动教育、趣味活动等，服务对象覆盖山区学校学生、留守儿童、唐氏综合征儿童、社区孤寡老人等。宁波诺丁汉大学师生通过 16 年初心不改的坚持，还在常规支教线路的基础上，打造了"麦播计划""寻春计划""优质教育"等活动品牌。此外，更是将支教内容推陈出新，开辟出"追·遗"传统文化线路和"绿·野"动植物保护线路，将宁波诺丁汉大学的教育理念和教育方式传递到世界各地，充分彰显出宁波诺丁汉大学在培养学生高度社会责任感方面的成就。

3. 以聚焦文化传播为志愿目标

国际交流志愿服务为志愿者提供了一个了解和感受不同文化的机会。在志愿服务过程中，志愿者通过与当地居民的直接接触和交流，可以深入了解当地的历史、传统、风俗习惯和生活方式。这种亲身经历有助于打破文化隔阂，增强对不同文化的包容和尊重。此外，国际交流志愿服务也是传播中国文化的重要手段。志愿者可以通过与当地居民的交流，展示中国的文化特色和价值观。这有助于提升中国在国际上的形象，增强文化软实力。同时，可以通过文化的双向交流，促进不同国家之间相互学习和借鉴，推动世界文化的繁荣发展。

4. 以"一带一路"为志愿服务平台

2018 年 6 月 6 日，"一带一路"青年创客国际论坛在宁波诺丁汉大学劳伦斯报告厅举行，"16+1 国际志愿者宁波工作站"建立并揭牌。2021 年以来，在"一带一路"倡议、中国与中东欧国家"17+1"合作平台的推动下，国内外文化交流迅速升温，色彩纷呈。例如，"文艺出海"特色文化艺术培训由索非亚中国文化中心主办，旨在共享人类艺术、传播中国及宁波本地文化，为期一年，覆盖四大板块、九大内容，包括中国书法、国画、武术、中医、舞蹈、音乐、非遗等，共计 12 期课程约 360 堂课，为 500 多位保加利亚公民提供理论与技能方面的学习与实践课程。宁波诺丁汉大学以志愿理念促进平台共享、以志愿精神推动青年责任，真正做到因势而新、共商共建，让志愿精神共同体的缔结成为引导青年与时代同频共振、将青春梦融入中国梦的生动实践。

三 宁波市国际交流志愿服务的特色项目

（一）"麦播计划"国际生支教项目助力"双减"工作

宁波诺丁汉大学的"麦播计划"开始于 2019 年，它是宁波诺丁汉大学暑假社会实践的一个分支。"麦播计划"顾名思义，旨在从学生的视角，通过寓教于乐的方式为宁波学生播种"探索、求知"的种子，鼓励学生们拓宽视野、探索世界。"麦播计划"作为宁波诺丁汉大学国际生支教的特色品牌项目，以治愈和引导为宗旨，意在孩子心里播下一颗希望的种子，让他们在接触课本之外更加丰富多彩的知识、拓宽视野的同时，更加勇敢自信地表达自我。"麦播计划"的特色在于将国内志愿者和国际志愿者组合，形成近20 人的队伍，去往宁波周边教育资源相对贫乏的地区，开展为期 2~3 周的驻地教育志愿活动。该项目以地方实际需求为导向，依托留学生资源优势，通过"留守+留学"的碰撞，在拓展山村学生视野的同时，也丰富了中外籍学生们的暑期生活。

"麦播计划"的核心内容及目标是基于宁波诺丁汉大学的英式特色教育，将中西文化带入课堂，运用国内学生和国际学生的志愿者资源巧妙引入中西结合的授课模式，挖掘丰富的留学生资源，对接宁波当地中小学开展支教活动，实现文化传播、交流促进的效果。

"麦播计划"作为宁波诺丁汉大学有且仅有的一个有国际生参与的支教项目，其意义不仅在于让国际生更好地融入当地社会、了解当地文化，以切身经历感受文化差异，还在于通过文化传播的方式帮助宁波当地学生更了解世界、更向往世界，更在于能够促进参与项目的国际生和国内生更好地相互理解、相互沟通和相互学习。项目以英文授课为媒介、以趣味主题为授课话题，通过国际生和国内生互为教学搭档的模式，开展了丰富有趣的英文课程。项目开展过程中，将收集参与学生的感想、感悟以及对课程的反馈，形成支教日记；通过照片和视频的形式记录支教生活；以推文、新闻等形式对项目进行跟踪和报道。

"麦播计划"的志愿者团队规模保持在10~20人，这个国际生支教志愿者小队的成员并不是固定的。志愿者成员由于身份原因并不是我国的注册志愿者，因此不能在系统内进行登记。志愿者每年都会重新招募，招募的方式主要是通过国际生内部传播信息，以及由国际生辅导员在班级群里发布、传递招募信息。除此之外，还会通过国际生联合会等社团组织发动学生参加。支教地点主要通过当地团委和学校联系对接。"麦播计划"国际生支教与传统意义上的支教有所不同。传统意义上的支教更多的是去资源落后的西部地区，而宁波市的教育资源相对并不短缺，只有距离市区较为偏远的地区教育资源相对落后一些。国际生主要进行英语教学和国际文化交流传播，以英语进行授课，让学生可以在课堂上切身感受纯正的英语发音，提升当地学生的外语交流能力。国际生在开展此项志愿服务时会有一名带队的中国老师或中国志愿者陪伴。在志愿服务过程中，不仅传播了多元文化、为学生们带来了不一样的课堂体验，而且增强了国际生在中国学习生活的能力、实现了共赢。

截至 2023 年 7 月，"麦播计划"已持续开展 5 年，共选派 90 余名国际生志愿者前往 10 余所山村中小学传播希望之种，累计开展课程 300 余节，覆盖学生超 5000 人次。通过"麦播计划"，国际生志愿者们给同学们带来了别样的教学体验，拓展了同学们的国际视野，传播了"课堂国际范、全球一家亲"的教育理念，丰富了开放性课程内容，助力学校"双减"工作。

（二）花为媒·"绘"丝路——牡丹文化国际推广志愿服务项目

花为媒·"绘"丝路——牡丹文化国际推广志愿服务项目由镇海区九龙湖红牡丹国际家园于 2012 年 10 月发起实施，以知名书画爱好者姜红升老师为核心骨干，以承载中国美学的传统绘画为载体，以象征包容开放、幸福美好的牡丹为主题，通过"五式"牡丹绘画法、"五步"中国文化沉浸式体验法、"五类六法"中国文化国际传播方法，探索出"以人为媒、以花为媒、以美为媒"志愿服务模式，开辟了一条中国文化"走出去"的志愿服务新路径。

花为媒·"绘"丝路——牡丹文化国际推广志愿服务项目围绕中国文化国际推广这一目标，以牡丹为载体，通过大师传承、以点推面，让传统文化、国粹魅力以志愿服务的方式，走入乡村、走进校园、走向海外，在社区居民、青少年、国际留学生等群体中传播中国牡丹花绘画技法，践行爱国社会主义核心价值观，并同步组建三支专业团队为项目"保驾护航"。牡丹花开入校园：为了深入开展中国传统文化教育，面向儿童、青少年，由团队成员担任志愿助教，进入幼儿园、小学、初中等校园，为儿童、青少年教授牡丹绘画技法，提升民族荣誉感和自豪感。牡丹花开进乡村：为了丰富农村社区居民的精神文化生活，走进宁波各区（县市）文明村镇、生态村落，开展文化讲解、牡丹绘画等志愿服务，助力新农村文化建设。牡丹花开向世界：面向国外友人、国际交流生，开展绘画教学、文化体验、风采展示、作品留念等中外文化交流活动。

项目推出"调、转、点、包、放"的"五式"绘画法,让零基础的国际友人在短时间内就能画出漂亮的牡丹花;探索出"听、看、绘、展、传"的"五步"中国文化沉浸式体验法,即听传统诗词、戏曲传说,参观文化馆、博物馆,再用"文房四宝"把切身感受"绘"出来,开设作品展、"空中课堂",让国际友人了解牡丹、爱上中国;推出"五类六法",通过口耳相传、直播教学、文化活动、作品展览、大众传媒、短视频分享六种传播方式,在美国、法国、俄罗斯等10余个国家开设了"国际云课堂"。

截至2023年,红牡丹志愿服务团已经在海曙区南塘老街这一宁波旅游文化窗口成立了红牡丹国际书画志愿服务基地,举办了26场文化志愿传播活动,爱心传授牡丹技法292人次,为扎根宁波、弘扬文化、走向世界积累了宝贵的经验,带动了全社会对中国传统文化的关注。该项目荣获第三届浙江省志愿服务项目大赛金奖、2020年度对外传播十大优秀案例、2022年宁波市新时代文明实践志愿服务项目大赛金奖。红牡丹国际人文交流基地于2015年被授予宁波市首批国际交流示范基地。大批国际友人在学习牡丹绘画的过程中,从中国文化爱好者转变为中国文化国际推广志愿者,成为讲述中国故事不可忽视的新力量。

(三)宁波赴澳汉语志愿者打造国际汉语教学"宁波模式"

2007年,宁波市教育局、澳大利亚新南威尔士州教育部以及西悉尼大学三方携手启动了赴澳汉语志愿者项目,着手打造独具特色的中国语言和文化国际推广项目。志愿者的工作不仅仅是汉语教学,从某种方面来说,他们还是文化使者,肩负传播中国文化的重要责任。宁波赴澳汉语志愿者项目推动了中文教学发展和中国文化的深度传播。在漫长的历史长河中,各民族和国家在文化方面存在着一致性,但更多的是差异性。要想在跨国文化交往中获得成功,让世界了解中国文化很有必要。汉语日益受到国际社会的重视,得益于我国经济的发展和国际地位的提高;汉语的推广成为世界了解中国、增进我国与国际社会联系的重要纽带。建立一个高水平的对外汉语教学学科,无疑将有利于提升我国教育在世界上的声誉。而对外汉语教学,正是我们向世界迈进的又一重大步伐，为国际化的推进做出努力更是契合了宁波赴澳汉语教学项目的初衷。

对外汉语教学具有鲜明的跨文化、跨语境特色，对于母语为非汉语的教学对象而言，汉语是一种异质文化，学习者的母语文化与汉语文化之间存在着两种文化系统的差异，所以外籍人士在学习与使用汉语的过程中始终伴随着由母语语境向汉语语境的迁移，即跨文化交际的实现。而选拔志愿者就是为了让他们承担起语言教学中文化教学的任务。从某种意义上说，宁波赴澳汉语志愿者项目更像是一场文化传播的盛宴，推动中国文化走向世界。

赴澳志愿者们义务为当地学生承担一周 10 课时的汉语教学任务，义务宣传中国文化，为期一年半，同时在西悉尼大学学习硕士课程。志愿者也可以在当地申请读博，志愿服务与学习深造两不误。作为一个独特的汉语国际推广项目，宁波赴澳志愿者作为"国家队"的一员，打造出了汉语国际推广的"宁波模式"，创造了中国语言和文化"走出去"的新模式。"小玫瑰"项目为中国文化的对外传播也做了颇多贡献。在当地，许多澳大利亚孩子对中国的印象仅仅停留在"那是一个神秘的东方古国"，在志愿者去过的当地一所小学的图书馆里，所有跟中国有关的书籍描绘的也都是 20 世纪五六十年代中国的落后状况。志愿者在澳洲的教学工作注重培养学生的探究性和对学习的兴趣，并且十分注重"赏识性"，将"兴趣是学习本源"的理念融入教学实践中，尝试用"联赛制评价体系"代替常规的考分制度，很好地激发了学生们学习汉语的兴趣。通过志愿者对当代中国绘声绘色的描述以及对中国传统习俗等的解说，当地人民对中国有了新的认知，有效地提升了宁波的国际知名度和影响力，切实为加快宁波现代化国际港口城市的建设添砖加瓦。

打造国际汉语教学"宁波模式"。2016 年，赴澳志愿者项目实现了多项新的突破，呈现比以往更加成熟、更加全面发展的趋势。一是赴澳汉语志愿者派出人数增加到了 13 人，是项目启动以来最多的一年；二是志愿者可选择的专业在原有的教育学硕士基础上，新增了教育学博士；三是三方还在积极协商推出教育学和翻译双硕士项目。2023 年，此项活动仍然持续进行，根据宁波市教育国际交流协会与澳大利亚西悉尼大学签署的合作备忘录，双方合作开展赴澳汉语志愿者项目，该项目列入教育部中外语言交流合作中心国际志愿者项目体系。经与澳方协商，宁波市择优选拔不超过 10 名志愿者于 2024 年赴澳大利亚新南威尔士州辅助或参与中文教学，同时在西悉尼大学攻读教育专业硕士、博士学位。澳大利亚西悉尼大学还为优秀汉语志愿者毕业生提供全额奖学金。

截至 2023 年，宁波市已连续选派 10 多批志愿者赴澳开展中文教学，澳大利亚受益学生近 20000 人，项目被澳大利亚当地誉为"小玫瑰"。通过 10 多年的凝心聚力、精诚合作、辛勤耕耘，项目见证了宁波与澳洲两地友谊桥梁的建成。2014 年，宁波赴澳汉语志愿者项目成功列入国家汉办国际汉语志愿者体系。"小玫瑰"项目不仅推动了汉语和中国文化在海外的传播，使澳洲学生受益良多，更打造出了国际汉语推广的新模式——"宁波模式"。

（四）"Living in China"带动国际生融入中国

"Living in China"系列活动于 2019 年应运而生，该项目由宁波诺丁汉大学推出，旨在帮助在校的外籍学生强化汉语技能、提升中华文化素养、了解中国法律法规及在中国的就业前景，全面强化外籍学生在华期间的中国文化和国情教育。

该项目的志愿者团队全部由国际生组成，主要在每年的开学季负责接机，然后通过一系列沉浸式活动带领新生尽快适应在中国的生活。该项目有效缓解了外籍学生初到中国的陌生感和疏离感，帮助其更好地适应在中国的学习与生活。在疫情之前几乎每周都有活动，在疫情之后活动转为每月举办，活动间隔时间变长。该项目的资金比较充足，主要是由学校拨款，几乎用不到社会投资。在过去 4 年里，"Living in China"项目组积累了丰富的活动经验，项目也形成了一定的品牌效应。无论是项目的组织者还是参与者，都对该系列活动提出了更高的需求和要求。随着"Living in China"活动经验的累积以及品牌影响力的扩大，该项目的重心呈现向校外转移的趋势，校外阵地建设与打造初具雏形。

四 宁波市国际交流志愿服务面临的挑战与对策建议

（一）面临的挑战

近年来，宁波市国际交流志愿服务活动发展迅速，推动了志愿服务精神与宁波市国际志愿服务意识的融合发展，有利于借助国际志愿服务向世界传播中国文化、讲好中国故事，提升宁波市的文化软实力和竞争力。但个别项目和活动仍存在一些问题，具体表现在以下几个方面。

"迎进来"面临文化差异和管理不善。"迎进来"的这部分国际志愿者与部分学生达成合作，较少与青年志愿者协会联合活动。国际志愿者可能面临意识形态、饮食习惯等多方面的文化差异问题。此外，这部分国际志愿者没有在志愿平台注册，志愿人数难以确定，且志愿者团队不固定、组织较为松散，管理难度较大，其志愿时长也没有平台进行记录。

"走出去"配套设施不够完善。国际生支教团还是想选择教育资源落后的偏远地区，走出宁波。但教育资源落后的地区目前难以洽谈对接，当地的配套设施也不够完善，国际生过去必须要和当地政府进行协调，国际志愿者是否愿意去条件恶劣的地方，以及当地居民是否能顺利接纳的问题都有待解决。我国"走出去"志愿者同样面临文化、饮食、习惯差异以及安全问题。

（二）对策建议

1. 抓住机遇，推动国际志愿者服务工作的规范化发展

优化国际志愿服务组织管理，建立健全国际交流志愿服务的管理机制，明确国际志愿服务中各方的职责和角色，建立有效的协调机制。制定详细的志愿者招募、选拔、分配和管理流程，确保志愿者质量和服务的有效性。建立完善的项目策划和执行流程，确保活动的顺利进行和目标的实现。加强与其他城市的交流与合作，借鉴先进的管理经验，积极参与国际交流志愿服务

相关会议，与其他城市建立合作关系，共同开展国际志愿服务活动。同时，可以通过建立信息共享平台，与其他城市分享经验和资源，实现互利共赢。

2. 打造品牌，形成有"宁波特色"的国际志愿者体系

创新国际志愿服务活动形式，通过市场调研和数据分析，了解国内外受众的需求和偏好，有针对性地策划符合需求的国际志愿服务活动；结合时代特点和国内外需求，策划更多具有吸引力和影响力的项目；利用新媒体平台扩大国际志愿活动的传播范围，建立官方网站、社交媒体账号等，定期发布活动信息和动态；通过短视频、直播等形式展示志愿服务的成果和影响；加强与媒体的合作，提高国际志愿服务活动的曝光度和知名度。

3. 加强培训，建立专业的国际志愿者培训团队

邀请拥有国际交流经验的专家和志愿者参与培训课程的设计和实施，定期举办线上线下培训交流活动，与相关高校、组织进行沟通交流，使志愿者能够及时获取最新的国际交流知识和技能。建立培训反馈机制，及时收集志愿者的意见和建议，不断优化培训内容和方式，提升国际交流志愿服务水平。

4. 加大投入力度，大力推进国际志愿者基地发展

完善国际志愿服务支持体系，加大对国际交流志愿服务活动的投入，政府可以给予一定的资金支持，设立专项基金或提供财政补贴。鼓励企业、社会团体参与、支持志愿服务活动，形成多元化的支持体系，与企业合作开展公益项目或赞助活动。与社会团体建立合作伙伴关系，共同策划和执行志愿服务活动。同时，可以通过宣传推广志愿服务理念和价值，吸引更多社会力量参与和支持志愿服务活动，形成以国际志愿者基地为依托、以高校为阵地、多主体共同参与的国际交流志愿服务新局面。

社 区 报 告

B.11
宁波新时代文明实践
社区志愿服务发展报告

张书琬 陈 沁*

摘 要: 志愿服务在基层治理现代化中起到了关键作用,社区是开展志愿服务的重要场域。在新时代背景下,宁波市积极开展社区志愿服务,多管齐下促进社区志愿服务快速发展,让社区志愿服务发挥社区治理、凝聚社会力量的重要作用。本报告结合文献材料与实地调研,发现当前宁波市社区志愿服务具有多元共生的志愿服务模式、异彩纷呈的志愿服务形式、多点开花的志愿服务阵地、蓬勃发展的志愿服务队伍,形成了党建引领、需求出发、多方联动、创新务实的发展经验。未来,宁波市社区志愿服务将进一步形成完整明确的社区志愿服务工作模式、规范高效的社区志愿服务支持体系、具有地方气质的社区志愿服务核心力量,以期实现志愿服务工作的长远发展和社

* 张书琬,中国社会科学院中国式现代研究院助理研究员,研究方向为社会发展、社会治理与志愿服务;陈沁,华东理工大学社会与公共管理学院博士研究生,研究方向为社区治理。

会文明的全面提升。

关键词： 社区志愿服务　社区治理　宁波市

　　志愿服务是社会文明进步的重要标志。党的十八大以来，以习近平同志为核心的党中央高度重视志愿服务事业，作出一系列重要部署。党的十九大和十九届四中、五中全会强调推进志愿服务制度化，健全志愿服务体系。党的二十大强调完善志愿服务制度和工作体系。习近平总书记对志愿服务事业亲切关怀、亲自指导，主持审议通过关于志愿服务的重要文件，并在参观考察、座谈交流、批示回信时，多次对志愿服务作出重要指示、提出明确要求。① 各地各有关部门按照党中央决策部署和习近平总书记重要指示要求，完善制度机制、壮大队伍力量、丰富活动项目、加强阵地建设、推动志愿服务事业蓬勃发展，在中国式现代化进程中发挥越来越重要的作用。广大志愿者、志愿服务组织在党的领导下，主动服务国家战略和百姓民生，积极参与社会治理和应急救援，倾力保障重大赛会和重要活动，成为社会主义现代化建设的重要力量，塑造了志愿服务的中国特色、中国风格，彰显了伟大的民族精神和时代精神。

　　在新时代背景下，社区志愿服务在促进民生保障、环境保护、社区建设、社会文明等社会治理各项事务方面的作用和地位越来越突出。作为社区治理体系中的一支重要力量，社区志愿服务在创新社区治理格局、满足社区服务需求、积累社区社会资本、增强社区居民自治能力、引领社区文明实践、维护社区和谐稳定等方面扮演着重要角色并发挥着积极作用。② 社区志愿服务的发展程度在很大程度上决定了社区治理的能力和水平，体现了社区

① 《中央社会工作部有关负责人就〈关于健全新时代志愿服务体系的意见〉答记者问》，http://www.qstheory.cn/qsgdzx/2024-04/23/c_1130121996.htm，最后访问日期：2024年11月27日。

② 党秀云：《迈向高质量的社区志愿服务：发展机遇、现实困境与未来趋势》，《中国行政管理》2024年第2期，第65页。

文明程度和治理效度。2023 年，宁波市在社区志愿服务领域取得了令人瞩目的成就。根据宁波新时代文明实践志愿服务的相关数据，社区服务、文明建设和环境保护是志愿服务活动的重要领域。其中，社区服务相关志愿服务活动的表现尤为突出，全年共有超过 72 万名志愿者积极参与到各类专项志愿服务中，累计服务时长达 476 万小时，共开展社区服务活动 11851 场，吸引 466555 人次广泛参与。这既凸显了社区服务在志愿服务中的主导地位，也反映了社区层面对于志愿服务的高度重视和大力推动。2023 年，宁波新时代文明实践社区志愿服务岗位与活动数量稳步增长，达 11851 个，志愿服务总时长累计 1680363.11 小时。此外，宁波市在志愿服务的组织管理、项目创新、资源整合等方面也取得了积极进展。第一，通过建立和完善志愿服务的组织体系和运行机制，提高了志愿服务的规范化、专业化水平。第二，依托创新志愿服务项目和活动形式，增强了志愿服务的吸引力和影响力。第三，凭借积极整合社会资源，形成社会共同参与的良好局面。未来，宁波市将持续扩大志愿服务的影响力，深化服务内容，拓宽服务领域，以期实现志愿服务工作的长远发展和社会文明的全面提升。

一　宁波新时代文明实践社区志愿服务的特点

（一）志愿服务模式多元共生

在新时代背景下，宁波市积极推进社区志愿服务工作，形成了以"志愿服务+社区治理"、"社会组织+志愿服务"和"志愿服务+群众参与"为主的三大模式。一是"志愿服务+社区治理"模式，该模式旨在将志愿服务与社区治理深度融合，通过志愿服务活动推动居民参与社区事务，提高社区治理的社会参与度和效能。这种模式强调居民的主体性，鼓励居民通过志愿服务参与到社区治理中，实现自我管理和自我服务，增强社区的凝聚力和自治能力。二是"社会组织+志愿服务"模式，该模式通过社会组织与志愿服务的结合，为社区提供更加专业化、系统化的服务。社会组织利用其专业优势和资源整合能力，设计、实施满足社区居民需求的志愿服务项目，提升服务的专业性和有效性，满足居民多样化、个性化的服务需求。三是"志愿服务+群众参与"模式。群众参与是社区志愿服务发展的源动力。该模式强调激发居民的参与热情，通过志愿服务活动让居民成为社区服务的参与者和贡献者。群众的广泛参与不仅为志愿服务提供了人力资源，也为社区服务的创新和发展注入了活力。以北仑工业社区的"漾公益"社会组织为例，该组织起初是由当地居民自发形成的义工社团，后逐渐扩展至居民与社区职工共同参与，形成了"双向融合"的志愿服务模式。该模式有效地促进了社区志愿服务在社会治理中的功能发挥，成为该地区社区发展的重要支撑。

三种志愿服务模式相互交织、相互促进，共同构建了一个多元、开放、共享的社区志愿服务体系。这种体系不仅提高了社区服务的覆盖面和质量，也促进了社区治理的现代化和居民参与的全面发展。

（二）志愿服务形式异彩纷呈

志愿服务开展形式是志愿者运用服务资源为服务对象提供志愿服务的策略或方法。宁波新时代文明实践社区志愿服务的开展方法整体上呈现多样化的发展特点。从志愿服务的组织形式来看，宁波新时代文明实践志愿服务的开展形式主要有两种。一是定岗定职模式。该模式通过在社区中设立志愿服务岗位的方式，根据需求设定志愿服务职能或领域，围绕治理目标开展志愿服务，如垃圾分类、安全巡逻等。二是项目制运营。该模式将项目化管理模式融入社区志愿服务发展中，形成较为清晰的志愿服务目标、服务流程以及监督评估流程。项目制模式下的志愿服务专业化程度较高，并且培养了社区志愿服务活动转化成为品牌项目的潜力。社区经过多年的探索发展，打磨出了一批较为有影响力的项目，如"共享奶奶""小房间办大事"等社区志愿服务项目，成为宁波新时代文明实践社区志愿服务的宝贵品牌资源。

从志愿服务的形式来看，当前宁波市形成了四种服务形式。一是对点帮扶，主要通过确定特定的服务对象开展帮扶活动。例如，海曙区段塘街道新典社区为服务社区内121名老年慢病患者，携手宁波大学附属第一医院、海曙区人民医院、段塘街道卫生服务中心的医师和药师，建立了一支名为"专曙药师"的专家团队，为社区内的老年慢病患者建立一对一档案，并根据其血糖、糖化指标给出相应的用药指导。二是设置志愿服务站点。通过在社区中设定新时代文明实践站点、甬爱 e 站、党群服务中心、社区活动室等志愿服务点，为社区居民提供常态化志愿服务。三是清单式志愿服务。服务对象根据社区提供的志愿服务清单，选取所需要的社区服务进行需求匹配。四是节日型志愿服务。以特殊节日、节假日为依托，以公益集市、上门走访等方式为社区中需要帮助的人群提供志愿服务。

形式多样的志愿服务可以有效提高社区治理的效能，并根据多样的服务方式精准匹配志愿服务对象，提高社区志愿服务的可及性，成为在社区层面上补充公共服务的重要方式。当然，不同的社区可根据社区发展实际开展不同形式的志愿服务，并在实践中混合使用。

（三）志愿服务阵地多点开花

当前，宁波市社区志愿服务实体阵地的建设以新时代文明实践中心（所、站）为核心，以公共空间和社区服务阵地为辅助，形成了一个全面且立体的实体服务网络。综合性实体阵地网络的建设，不仅为居民提供了多元化的服务，也为志愿者提供了广阔的参与平台，促进了社区的和谐发展和社会文明的进步。

在 2022 年宁波市第十四次党代会上，"构建全面覆盖、富有成效的新时代文明实践体系"被明确写入大会报告，标志着志愿服务工作的重要性进一步提升。宁波市以慈溪市、奉化区、象山县 3 个全国试点和鄞州区、余姚市、宁海县 3 个省试点为先行，推动新时代文明实践中心（所、站）的建设，实现了全域拓展和全覆盖。截至 2023 年，宁波市已成功建成 10 个区（县市）新时代文明实践中心、156 个乡镇（街道）实践所和 2768 个村（社区）实践站。此外，在爱国主义教育基地、公共文化场所、文明单位、"两新"组织等关键地点设立了 5224 个实践点（基地），并在交通站点、商业街区、公共广场等人流密集区域创新建设了 100 余个"新时代文明实践志愿服务 We 站"，构建起"中心、所、站、点（基地）"四级框架体系，为群众提供便捷的文明实践服务。

此外，宁波市还依托社区内的公共文化空间或服务场所，如北仑区大碶街道灵峰工业区的职工中心、奉化区蒋家池头村的乡村文明礼堂，设置社区志愿服务阵地，为居民提供丰富的文化生活交流平台。同时，通过项目空间如书香驿站的设置，为社区居民提供阅读和学习的空间，激发了社区的文化活力。宁波市还依托社区组织阵地，如居委会、社区社会组织、党建服务中心等，打造系列社区志愿服务阵地，充分发挥了社区组织在服务提供和活动组织中的作用。

（四）志愿服务队伍蓬勃发展

当前，宁波市社区志愿服务团队的组建拥有多元的参与渠道和丰富的参与主体，不仅增强了志愿服务能力，也提升了志愿服务质量，为构建和谐社区、推动社会治理做出积极贡献。

志愿者服务团队组建渠道丰富。首先是以党员、团员为代表的先进群体，在党建引领的号召下，通过"双报到"机制，主动参与社区志愿服务活动，成为社区为人民服务、满足人民需要的先进力量。其次是以学生、职业群体为主的志愿服务力量。学生积极参与社区志愿服务，实现素质教育，同时为社区治理注入新鲜血液。例如，宁波市化学工程学院组织学生开展各类志愿服务 300 余次，参与学生 500 余人，服务 2000 余人。职业群体注重发挥专业技能优势，在社区中开展相应社区服务，例如医生、律师、教师群体的社区志愿服务实践。最后是有意向参与社区治理的爱心居民。在公益道德意识的影响下，社区居民形成了参与社区志愿服务的意愿，并自发地组成团队，成为支撑社区志愿服务的重要力量源泉。

志愿者队伍组织类型多样，包括青年志愿服务队、巾帼志愿服务队、科普志愿服务队等，根据志愿服务内容又可以分为为老服务志愿服务队、关爱儿童志愿服务队、环境保护志愿服务队、应急救援服务队。例如，镇海区澥浦镇整合各村资源，成立"澥小美"志愿服务总队，下设 10 支分队，积极探索志愿服务共建共享模式，打造以"爱心红、应急橙、和美银、平安蓝、环保绿"为主体的"五彩"志愿服务品牌。

志愿者队伍发展迅速。一方面，社区志愿服务日渐向专业化发展，将社会工作、心理学等专业技能、理念融入志愿服务中，加强社区志愿服务的专业化建设。另一方面，志愿服务逐渐细化分工，社区根据志愿者队伍所能提供的服务，将志愿服务细化，这是当前社区志愿服务发展的趋势。

二 宁波新时代文明实践社区志愿服务的发展经验

（一）党建引领，构建发展引擎

党建引领社区志愿服务可以有效实现志愿价值重塑、组织网络重构与服务机制协同。[①] 宁波市社区志愿服务以党建为引领，有效整合了社区资源，激发了社区活力。党建引领不仅破除了基层社会治理的零散化和碎片化问题，还突破了志愿服务中的参与困境和资源困境，成为社区志愿服务发展的组织优势。

第一，党建引领激发各方主体潜能。党组织作为领导核心，坚定不移地贯彻群众路线，始终将群众利益放在首位，确保志愿服务活动的根本宗旨是服务群众。通过党组织的坚强领导和高效统筹，社区志愿服务能够整合政府、企业、社会组织、居民个人等各方资源，形成服务社区治理的强大合力。例如，余姚朗霞街道的"红管家"志愿服务品牌在党组织的引领下，成功发挥党员志愿者的先锋模范作用，2023 年以来，已累计开展代跑代送等相关服务 1100 余次，代办事项 325 件。

第二，党建引领强化社区内生秩序。党的领导塑造了社区居民的核心价

---

① 郭彩琴、张瑾：《"党建引领"型城市社区志愿服务创新探索：理念、逻辑与路径》，《苏州大学学报》（哲学社会科学版）2019 年第 3 期，第 15~20 页。

值观和伦理规范,推动了社区内部秩序的建立。社区志愿服务活动在党组织的引领下得以展开,通过互助和情感交流建立社区情感联系,进而制定社区治理行动准则,构建起社区合作的框架。例如兴圃社区的"党员联户"制度,通过制度设计让在职党员深入基层治理一线,每名党员负责联系 10~15 户居民,2023 年以来,累计入户走访 15000 人次,发放联系卡 4890 张,确保了服务的全覆盖和精准对接。

第三,党建引领推动治理生态形成。面对社区志愿服务中领导力不足、缺乏创新内容、服务方法陈旧等问题,党建引领以空间重塑为基础,推动社区内外治理资源的汇聚和重新整合。例如,朗霞街道实施党员社区"双报到"制度,鼓励治理人才深入社区,发挥先锋模范作用,引导志愿者开展创新型社区服务。同时,夯实社区党建基础,打造"社区生活圈""社区文化圈"等平台,成立联合党支部,巩固了社区志愿服务的组织基础,提升了社区志愿服务的吸引力、引领力和服务效能。

党建引领在宁波市社区志愿服务中的重要作用,不仅激发了社区内外各方主体的潜能,强化了社区内生秩序,还推动了社区治理生态的形成,为构建和谐社区、提升居民幸福感提供了有力支撑。未来,宁波市将继续深化党建引领,不断探索创新,推动社区志愿服务工作向更深层次、更广领域迈进。

(二)从需求出发,回应社区需求

搭建社区志愿服务供需对接平台,可以实现各类志愿服务资源的有效整合,从而满足各方利益。[①] 宁波市社区志愿服务工作以"以人为本,积极回应需求"为核心,开展丰富的社区志愿服务活动,有效提升了居民的生活质量,促进社区成员之间的相互理解和支持,为构建和谐社区打下了坚实的基础。

---

① 张勤、武志芳:《社会管理创新中社区志愿服务利益表达的有效性》,《理论探讨》2012 年第 6 期,第 17~21 页。

针对居民的多元化需求，社区开展了类型多样的志愿服务活动，充分体现了宁波新时代文明实践社区志愿服务的广度与深度。社区志愿服务不仅覆盖了健康关怀、教育辅导、文化娱乐、环境保护等基础服务，可以确保对社区居民基本生活需求的满足，还拓展到了法律援助、心理慰藉、应急救援等专业性较强的领域，为居民提供全方位的支持和帮助。在传统社区志愿服务的基础上，宁波市不断探索和拓展服务的边界，针对新兴群体的特定需求开展志愿服务。例如，鄞州区建立了新就业群体友好街区，通过志愿服务积分兑换福利的方式，有效激发了新就业群体参与社区服务的积极性，促进了新就业群体与社区的"双向奔赴"，不仅增强了新就业群体的归属感和获得感，也提供了实在的社区支持和帮助。

在服务实施过程中，注重精细化管理，通过建立服务档案、制订服务计划、跟踪服务效果等措施，实现服务的个性化和精准化。同时，宁波市社区志愿服务工作注重持续改进，通过收集居民反馈、评估服务效果、总结经验教训等途径，不断优化服务内容和形式，提高服务的满意度和有效性。

此外，积极引导社会各界参与社区志愿服务工作，形成政府、社会组织、企业、教育机构、居民等多方参与的良好局面，共同推动社区志愿服务工作的深入开展。开展过程中注重发挥居民的主体作用，鼓励居民参与社区治理，共同决策社区事务，实现社区共治共享。例如，江北区甬江街道湾头社区为满足社区居民的急难需求，依托"解忧杂货铺"志愿服务品牌，先后与浙江欣捷建设有限公司、宁波市三江河道管理局、江北区市场监督管理局等20余家共建单位签约，认领捐赠点"格子铺"，使捐赠物源源不断地进入"解忧杂货铺"，推动社区扶贫帮困常态化。

（三）多方联动，促进协同参与

第一，突出系统思维，促进资源整合。宁波市在社区志愿服务领域采取了系统化的方法，强调资源整合的重要性。通过构建多方参与、资源共享的平台，宁波市将分散的资源和力量集中汇聚，形成了一个协调一致、高效运作的社区志愿服务网络。首先，宁波市通过政府引导，鼓励和支持各类社会组织、企业和个人参与到社区志愿服务中。这种跨界合作不仅丰富了服务内容，也提高了服务的专业性和针对性。例如，通过与医疗机构合作，提供更专业的健康咨询和医疗服务；通过与教育机构合作，提供各类教育和培训服务。其次，宁波市积极探索"公益+商业"的合作模式，依托市场机制激发更多社会力量参与社区建设。商业机构的参与为社区志愿服务带来了资金支持和创新思维，同时实现了社会责任与商业价值的双赢。最后，宁波市注重发挥社区内部潜力，鼓励居民自发组织和参与志愿服务活动，通过建立社区志愿服务站点并提供必要的培训和指导，有效激发居民参与热情，增强社区凝聚力。运用系统思维，宁波市的社区志愿服务工作实现了资源整合、优势互补，形成了共建共治共享的局面，志愿服务的多样性和专业性得到显著提升，社区居民的获得感和幸福感不断增强。未来，宁波市将继续深化系统思维、不断探索创新，推动社区志愿服务工作再上新台阶，为建设更加美好的社区生活贡献力量。

第二，强化"五社联动"，促进共建共享。"五社联动"将社区、社会组织、社会工作者、社区志愿者以及社会慈善资源紧密联系起来，构建了一个多方参与、协同合作的网络体系。这种模式不仅促进了资源的有效整合，还实现了各参与主体间的优势互补和能力提升。社会组织和社会工作者利用自己的专业知识和丰富经验，为志愿服务活动提供策略规划、项目设计、人员培训等专业支持和指导。这些专业支持确保了志愿服务的科学性、规范性和有效性。社区志愿者是服务的直接提供者，积极响应社区需求参与各类服务项目，以实际行动践行志愿服务精神。社区志愿者的广泛参与为社区注入了活力，为居民提供了更加贴近民生的服务。社会慈善资源的加入为志愿服务项目的持续运行提供了资金和物资保障。慈善机构和爱心企业的慷慨捐助解决了志愿服务项目的资金难题。"五社联动"机制使宁波市的社区志愿服务实现了共建共享的目标，提升了社区服务的整体效能，增强了社区的凝聚力和向心力。志愿服务项目因此变得更加多元化、个性化，更好地满足了居民的多样化需求。

宁波市在提升社区志愿服务效能方面，采取了一系列创新的整合策略。首先，积极探索数字技术与社区志愿服务的结合。宁波市和丰社区依托未来社区建设，在社区中构建了一个综合性社区志愿服务信息平台，该平台通过智能匹配系统，高效连接服务需求和供给双方，确保服务的精准性和及时性。这一平台不仅为志愿者和居民提供了便捷的沟通桥梁，还为社区服务的组织和管理提供了强有力的技术支持。其次，依托专业社会组织提高志愿服务专业效能。宁波市依托志愿者学院定期开展志愿者能力提升培训，涵盖了志愿服务的各个方面，从基础理念到专业技能，从心理辅导到应急处置，全面提升志愿者的服务水平。通过培训，志愿者们能够更加自信和专业地投入到社区服务中，为居民提供更高质量的服务。最后，宁波市还实施了体系化激励机制，以表彰和奖励优秀志愿者，包括定期举办优秀志愿者评选活动，对表现突出的志愿者进行公开表彰，以及通过志愿服务时间积分制度，让志愿者的服务时间可以转化为实际的社会福利等。这些激励措施极大地激发了志愿者的服务热情，提高了各主体参与社区志愿服务的活跃度。

第三，宁波市鼓励社区居民参与到对志愿服务的规划和管理中。通过居民议事会、社区论坛等多种形式，让居民能够直接参与到志愿服务项目的策划、实施和评估过程中。这种参与不仅使志愿服务更加贴近居民的实际需求，也增强了居民对社区的归属感和责任感。志愿服务不再是单向的给予，而是变成了社区成员共同参与、共同管理的社会活动，既提高了志愿服务的实效性，也为构建和谐社区、推动社区自治贡献了重要力量。未来，宁波市将继续探索和完善这些整合策略，进一步激发社区活力，推动社区志愿服务工作向更深层次、更广领域发展。

（四）务实创新，紧跟时代步伐

宁波市的社区志愿服务工作坚持务实创新的原则，紧跟时代发展的步伐。务实创新不仅是一种工作态度，更是一种行动指南，要求志愿者在志愿服务中既要注重实际效果，又要不断探索和创新，以适应社会变化和居民需求的演进。通过紧跟时代步伐，把握志愿服务的发展规律，充分发挥广大志愿者和志愿服务组织的主动性、积极性，创新体制机制和方式方法。

一是创新体制机制，激发活力。宁波市在社区志愿服务中不断探索体制机制创新。创新体制机制意味着要打破传统的服务模式，建立更加开放、灵活、高效的服务体系，让志愿服务适应社会发展的需要。例如，在数字社区建设背景下创新社区志愿服务递送模式；又如，针对新时期新群体的需求，探索新型志愿服务项目新类目。

二是创新方式方法，提升效能。在方式方法上，宁波市不断尝试新的服务手段和技术，以提升志愿服务的效能，即包括利用互联网、大数据等现代信息技术提高服务的便捷性和精准性，也包括开发新的服务项目以满足居民多样化、个性化的需求。例如，鄞州区和丰社区推出"荷蜂助手"未来社区智慧服务平台，社区居民、区域企业单位、社会组织均可便捷地在"线上"选择、认领志愿服务项目，申请、担任社区"和·伙人"志愿者，并在"线下"具体参与相关志愿服务活动。目前，已开展爱心绿豆汤、图书换绿植、"小候鸟"行走甬城等 30 多个志愿服务项目，受益者达 1 万余人次。

三是探索特色路径，创新模式。宁波市鼓励各社区根据自身特点，探索具有本地特色的志愿服务路径。这种探索不仅体现在服务内容的创新方面，更体现在服务模式的创新上。例如，海曙区南门街道万安社区开设的"乐活老闺蜜咖啡馆"就是社区志愿服务模式创新的一个缩影。通过志愿服务积分兑换咖啡，不仅激发了志愿者的服务热情，增强了社区的凝聚力，还将所得收益全部纳入社区共富基金，用于支持社区建设，实现了志愿服务与社区发展的良性互动。

四是坚持扎实推进，务求实效。在务实创新的基础上，宁波新时代文明实践社区志愿服务工作坚持扎实推进、务求实效的原则，注重服务的质量和效果，通过建立科学的评估和反馈机制，确保每一项服务都能达到预期目标，真正为居民带来实实在在的好处。

三 宁波新时代文明实践社区志愿服务的典型案例

（一）典型社区志愿服务阵地：宁波志愿服务We站和丰站

1. 站点介绍

宁波志愿服务We站和丰站依托和丰未来社区"三化九场景"建设打造而成，集宣讲、公益、便民、环保、文化等多功能服务于一体，是和丰新时代文明实践展示窗口。该站坐落于明楼街道东岸里商圈入口处的24h低碳智汇芯玻璃小屋——这里是和丰区域最核心、人流量最密集的中心位置，辐射和丰创意广场、东岸名邸小区等400多家企业商家、6000多名青年白领、2400余名社区居民。该站自2021年10月启用以来，以"和众丰彩织未来"为建设理念，秉承"党建引领、公益先行、共同缔造、服务群众"志愿服务方针，坚持"人人尽力、人人出彩"，统筹辖区志愿服务力量每年在和丰开展百余个公益服务项目，受惠人群上万人次，助力社区获得浙江省首批（宁波市首个）未来社区、浙江省首批现代社区、全国"4个100"最美志愿服务社区、中国美好示范社区等70余项荣誉。

2. 主要经验做法

（1）整合资源，建设志愿服务"朋友圈"

以未来社区建设为契机，通过志愿服务项目化推进、专业化培育、社会化发展、典型化引领、常态化建设等举措，打造志愿服务最强"朋友圈"。有效整合辖区丰领"益"先锋服务队、红丰初心宣讲队、新就业帮扶队、低碳环保志愿服务队、如是大咖汇、悦阁茗读院、和丰设计师沙龙、和丰创业沙龙、头马演讲俱乐部、脱单便利店、花果山演讲俱乐部等60多家社会组织深度参与We站轮值；联合明楼东胜卫生服务中心、融创运营、汉唐艺苑、盒马鲜生、老宁波、星巴克、稻状元等68家爱心商企单位开展"逢8公益集市"，特别引进宁波市中医协会，常态化设置创益医林中医诊疗服务，实现"家门口的专家号"；与宁波外事学校、浙江纺织职业技术学院、宁波开放大学、宁波诺丁汉大学、浙大宁波理工学院、浙江万里学院、浙江工商职业技术学院 7 所高校结对，实现志愿服务的双向输送。

（2）数字赋能，建设志愿服务"互动圈"

精心打造"和丰未来社区智慧服务平台"，依托"荷蜂助手"小程序、微信群、各社群社团等渠道发布志愿服务活动信息，通过"一张文化地图、一张志愿服务积分卡、一个数据管理系统、一个微信小程序"，让和丰区域的志愿者们实时了解社区志愿服务信息，线上报名、实地参与、获得积分、兑换积分。平台启动至今，累计开展线下志愿服务活动 6000 余场，惠及居民 20000 余人次，累计访问总量达到 722500 余次，产生 39 万多积分，兑换支持企业商户 60 多家，让攒积分、兑积分成为和丰新时尚。平台不断升级创新，已同鄞州区"鄞领银行"实现数据互通，推动实践站志愿服务工作更便捷、高效，吸引更多的志愿者加入。

（3）公益创投，建设志愿服务"靶向圈"

We 站根据和丰区域不同人群的服务意愿、专业特长、年龄层次、文化程度等特点，推行需求、资源、项目"三张清单"，常态化开展"初心创投""丰领社潮"等品牌建设，积极回应居民需求变量，形成了"午间微公益""家门口的专家号"等一批有影响力的志愿服务项目。例如，每月 8 日在 We 站门口开设"逢 8 公益市集"，开展全年龄段多主题多人群志愿服务活动；针对疫情过后居民对中医养生的迫切需求，特引进宁波市中医协会，开设了创益医林中医诊所，推行非遗翁氏耳穴项目，现场既能诊疗又能学习，学习后还能加入"天使之爱"志愿队，将中医养生送进更多的家庭；利用宁波城区第一党支部旧址、宁波和丰工人运动纪念馆启用契机，引入"红丰初心宣讲团"名师资源驻站开展宣讲活动；针对和丰区域内无卫生服务站的现实困境，在站内设置智慧云诊室，通过与明楼东胜卫生服务中心联网，实现远程微医疗，云配药，打印抽血、体检等化验报告单，实现"智慧自助医疗"；"公益脱单便利店""万件冬衣进凉山""邻里书享汇"等成为实践站特色志愿服务项目，在 We 站的影响下，沿街商铺利用自身特长，开设了 20 多个爱心服务站，为外来务工人员、老年人提供歇脚、充电、饮水、就餐等不同的公益服务，真正实现了"和众丰彩　共织未来"。

（二）典型志愿服务社区：宁海县兴圃社区

1. 社区概况

兴圃社区成立于 2000 年 11 月，辖区面积 2.0 平方公里，常住户 4861 户，总人口 11000 余人，辖区共建单位 17 家，在职党员 580 余人，支部党员 220 名，社区志愿者 311 人，志愿浙江线上注册志愿者 944 人。兴圃社区积极培育和践行社会主义核心价值观，大力弘扬奉献友爱互助进步的志愿精神，健全完善志愿服务制度和工作体系，现已培育了"街巷长"、"心圃花开"心理咨询室、夕阳红日巡队、老何说和调解工作室、健康教育促进会等共 7 大类 45 家社团组织，形成了一支具有特色的专业服务团队，多个志愿团队被评为"宁波市十好百家"民间组织，社区荣获首批宁波市"优秀志愿者社区"、宁海县 2022 年度"优秀志愿服务村（社区）"等荣誉称号。

2. 经验做法

（1）用心用情开展服务，构建社区幸福共同体

兴圃社区通过开展志愿服务活动，激发居民的参与意识和奉献精神，促进社区环境的整洁和美化。例如，夕阳红日巡队由辖区内退休居民志愿者组成，定期对辖区内环境卫生、垃圾分类进行巡查，促进了社区环境的整洁和美化；小喇叭巡逻队在疫情防控和防范电信诈骗方面起到了重要作用，守护了居民的健康和财产；健康教育促进会集结了辖区内退休的医务工作者，为辖区老年人提供了便利的医疗服务；"送春联服务队""小巷护绿""包粽志愿者"等热心居民志愿服务队与邻里共同分享生活乐趣；等等。参与志愿服务活动有效激发了居民的参与意识和奉献精神，居民之间建立了更紧密的联系和互动，增进了彼此的了解和信任，从而营造出邻里和睦的氛围，促进乡风文明的提升，促进社会的和谐稳定和发展。

（2）学习先进树立典型，扎实完善志愿服务制度

兴圃社区本着"感恩、服务、奉献"的精神，大力弘扬志愿服务，以

"推岗位推活动"的制度吸纳居民志愿者，以"周末社工"为平台招募在职党员，至今已拥有社区志愿者2100余名，主要由社区在职党员、退休老党员、社区楼组长、巷长、街段长及有一技之长的专业人士组成。志愿服务工作充分体现以人为本、努力推进民主自治、开展网格化管理，积极培育第三方力量，不断壮大自治组织队伍，让志愿者网络遍布各小区、楼道和小巷，为志愿者建立奉献爱心的平台，做到有居民的地方就有志愿者。

兴圃社区有完整的志愿服务工作流程，志愿者在培训后规范地完成志愿服务并做好服务记录，有助于提升志愿者的素质和能力，以及提高志愿服务的质量和效率。兴圃社区不仅会做好志愿者服务的把关工作，还会对表现较好的志愿者进行表彰，举办志愿者表彰大会，以提升志愿者的积极性和参与度。如此，确保了志愿服务工作的有序开展和持续发展，以及为社区居民提供更好的服务。

（3）党员联户志愿连心，打造红色志愿服务力量

组织辖区内党员积极参加社区志愿服务活动，带动更多的人参与到志愿服务中来，促进社区的和谐稳定与进步，同时提高党员的素质和能力。通过参与志愿服务活动，党员还可以增强自己的社会责任感和使命感，提高自己的组织能力、协调能力和沟通能力。

依托兴圃社区"党员联户"制度，推动在职党员下沉参与基层治理，每名党员联系10~15户居民，打通党员干部联系服务群众的"最后一米"。2023年以来，累计入户走访15000人次，发放联系卡4890张。以志愿服务联系群众，依托在职党员志愿服务队以及其他43个社会组织开展志愿服务活动，如公益夜诊、小儿问诊、"心圃花开"心理咨询、暑期假日课堂等，强化志愿服务能力，推动服务工作高效运行，全年服务居民7000余人次。

（4）链接社区专业资源，回应居民多元需求

兴圃社区充分发挥志愿者队伍作用，针对不同的对象开展不同的服务。整合辖区内专业资源，相继推出"锋领医生""锋领老师"等在职党员专业服务队；整合辖区内特色资源，成立"送春联服务队""爱心理发""剪纸工作

室"等特色志愿服务队；整合社区共建单位力量，如烟草局、市场监督管理局、水务集团、联华超市等，为社区提供人财物智保障，以满足居民多元需求。不同领域和行业的志愿服务队可以提供更具体、更专业的服务，帮助社区居民解决不同的问题，推动社区志愿服务工作的多样化和专业化。

固本强基，行稳致远。兴圃社区将继续整合志愿者资源，壮大社会参与力量，提升社会参与能力，撬动社区治理内生力量，让小社区发挥大能量，以满足居民多样化需求，不断完善"有温度"的社区服务，打造文明和谐社区。

3. 特色志愿服务案例

兴圃社区健康教育促进会和"心圃花开"青少年心理咨询工作室被评为宁波市"十好百家"优秀民间组织，每年惠及居民 10000 余人次，深受群众欢迎。自开设公益夜诊和"小儿问诊"以来，医生志愿者们每月服务居民 50 余人次；"慢性病俱乐部"每年开展 36 次量血压活动、12 次量血糖活动，每月惠及居民 250 余人次；健康教育讲座每年惠及辖区内居民 360 余人次；平均每年向社区居民发放控油壶、限盐勺、腰围尺等健康支持性工具 500 余套，评选示范健康家庭 20 户。

兴圃社区通过有效利用辖区医疗志愿服务资源，积极回应民生诉求，为社区居民搭建医疗问诊平台，让服务"老小"的触角更加精准地延伸到居民"家门口"，筑"朝夕"健康生活圈，让居民"近"享便民医疗服务，也让辖区的医务志愿者发挥作用、实现价值。

四　宁波新时代文明实践社区志愿服务面临的挑战及对策建议

现阶段，宁波市社区志愿服务工作已取得一定成效，在促进民生保障、环境保护、社区建设、社会文明等社会治理各项事务方面，社区志愿服务发挥着重要作用。但随着经济社会的快速发展和社会需求、服务群体的不断变化，志愿服务内容需要向纵深扩展，传统的工作思维、方法和措施需要进一步调整。

（一）面临的挑战

1. 社区志愿服务的管理体系待提升

虽然当前宁波新时代文明实践社区志愿服务已形成了较为完善的管理体系，但仍需要进一步提升制度化水平。在当前社区志愿服务工作的实际运营中，由于较为缺乏制度的引导和规范，很难形成标准化的管理机制和运营模式，而主导社区志愿服务工作的社区志愿服务工作者又因精力有限、思维定式和资源的局限性，不能有效地将社区志愿者组织动员起来，社区志愿服务的互助力量无法形成。

2. 社区志愿服务的专业程度需提高

当前，宁波新时代文明实践社区志愿服务在队伍构成上呈现多样化的特点，但在专业化水平方面尚存在提升空间。尽管志愿服务队伍已开始积极向社会工作、心理学等专业领域拓展，但整体而言，志愿服务的专业化水平仍需进一步提高。一是志愿服务队伍中拥有专业背景的志愿者比例不高，难以满足社区居民对专业服务的增长需求。二是专业培训不足。现有志愿者的专业培训机会有限，影响服务质量和效率的提升。三是志愿服务支持主要依赖社区内部资源，缺乏来自政府、企业、教育机构等外部力量的广泛参与和支持。

3. 社区志愿服务的外部支持体系待健全

当前，宁波新时代文明实践社区志愿服务有意识地提升对外联结资源的能力，但是仍未建立起较为完善的外部支持系统。一方面缺乏稳定的志愿服务项目资金来源。志愿服务需要成本，但是大多数社区没有志愿服务专项资金，并且负责运作的项目者不了解资金和资源的获取渠道，导致社区志愿服务项目的资金筹措和资源整合始终没有形成有效的方法和路径。经费不足是社区发展志愿服务面临的最重要的困难，也是较为普遍的现象。正是资金的缺乏，导致社区志愿服务仍停留在动员志愿者献爱心、免费提供服务的原始模式上，难以形成品牌和示范效应。另一方面缺乏完善的志愿者激励保障措施。尽管大部分志愿者对于激励、奖励等没有提出具体的要求，但还是有相当一部分志愿者希望得到表扬和激励，并期望在志愿服务开展过程中能够得到培训，确保志愿服务的开展更加专业化和精准化。当前，社区志愿服务的开展缺乏必要的保障措施和激励措施，而社区在这一领域也缺乏有效的手段，导致社区志愿服务的效能始终较低，志愿服务对于社区治理的作用十分有限。

（二）对策建议

1. 基于社区志愿服务的管理特点，形成结构完整的工作模式

目前已经颁布的《志愿服务条例》、《浙江省志愿服务条例》和新修订的《宁波市志愿服务条例》中，都较为明确地对社区志愿服务的开展进行了规定，形成了由文明办协调、民政部门主导、各单位配合的基本管理格局。因此，必须发挥新时代文明实践站的统筹功能，将社工站、文化站、儿童之家、青年之家、老年服务中心等各职能部门的基层站点的功能进行整合，由实践站负责人统筹负责社区志愿服务总体工作，合理调配人财物，兼顾各部门的工作要求，实现"1+N"工作模式，形成社区基层治理矩阵，减少内耗带来的资源浪费，提高社区治理的工作效能。

建立全面的社区志愿服务动员机制，深化政校行企社"五位一体"的协同合作模式，即将社区周边的政府、学校、行业、企业、社会组织全面动员起来，有效整合辖区内的各种社会资源，为社区志愿服务团队提供资源链接路径、传授链接方法、建立链接机制，使各方能够常态化地参与到社区志愿服务中来。同时，鼓励和加强志愿服务组织间合作，通过区域性联盟式发展，实现辖区内各志愿服务力量的"抱团"，减少、避免志愿服务组织之间的恶性竞争，按照"广泛参与、科学决策、公开监督、成果评价"的模式推进社区志愿服务事业良好发展。

2. 构建社区志愿服务保障机制，形成运营规范高效的支持体系

由相关部门根据《志愿服务条例》的相关规定，加快落实社区志愿服务专项资金，明确社区志愿服务的资金来源、额度和使用类别，将其纳入街道（乡镇）基本考核中，既保证了社区志愿服务能有一定的兜底资金，又

能保证资金使用的规范性，充分发挥政府投入的保障和引导作用。同时加大对辖区企事业单位进行社会捐赠的倡导力度，鼓励有条件的社区开展社区志愿服务基金建设，形成"财政保障、社会支持、多元发展"的经费筹集模式，为社区志愿服务的开展提供充分的保障。

根据社区自身的资源优势和地域特点，创新社区志愿服务的嘉许机制。完善现有的各项管理制度，积极统筹资源，参照先进地区的相关做法，为志愿者提供健康体检、医疗急救、心理疏导等服务保障和文体场馆使用、文化活动参与等礼遇项目，并引导社区志愿服务组织将安全保障纳入日常管理，为志愿者有序参与志愿服务活动提供必要的信息、安全、卫生等有力保障，提升志愿者的社会美誉度。

3. 把握社区志愿服务的专业需求，形成具有地方特色的核心力量

在保证社区开展常态化志愿者培训的同时，通过构建以市级、区级的本土志愿服务专业师资为核心力量，以片区化包干结对为主要形式，以"导师带徒""以点带面"为主要方式的社区志愿服务督导机制，优化社区人才培养模式，让志愿服务的专家成为社区志愿服务的"护航者"，帮助社区实现志愿服务的过程化管理，提升服务理念、提高服务质量，因地制宜地探索出一条符合宁波社区志愿服务需求的人才可持续发展之路。

要掌握品牌建设的规律，整合辖区内的优势资源，以街道（乡镇）为单位统一协调，实现社区之间的资源互通、队伍共享、品牌共建，以"社工引领志愿者、志愿者协助社工"的社区专业志愿服务发展模式，促使社会工作者与志愿者两个群体之间优势互补、强强联合，提高社区志愿服务体系的供给效能。通过政策支持、资金引导、资源对接、宣传推进等方式，集中将优势资源和专业力量投入到品牌项目中，因地制宜开展常态化的专业志愿服务项目，逐渐形成特色明显、成效显著、队伍稳定、需求持续、模式清晰、容易推广的志愿服务品牌。

B.12

宁波市鄞州区明楼街道和丰社区
新时代文明实践志愿服务发展报告

宋　睿　吴达宇　卢　燚*

摘　要： 近年来，宁波市鄞州区明楼街道和丰社区秉持"党建引领、志愿先行、服务群众、共同缔造"理念，充分挖掘辖区居民青年化、新兴业态聚集化的区位潜力，积极动员、整合区域志愿资源，探索了体系化打造红色青年志愿服务联盟，精准化链接志愿服务需求、资源和项目，众筹式共创社区志愿文化生活圈等特色做法。和丰实践对未来社区治理与志愿服务的高质量发展具有重要的启迪意义。然而，当前该社区的志愿服务事业也存在合作机制联动缺位、制度保障实效较弱、专业化人才培训缺失、经验可复制性不足等隐忧，应着眼于"数字化"应用、"专业化"发展和"项目化"转型等方面，进一步释放志愿服务高质量发展的可持续动能。

关键词： 志愿服务　众筹共创　未来社区　高质量发展

一　和丰社区新时代文明实践志愿服务的发展概况

宁波市鄞州区明楼街道和丰社区地处甬江东岸，是宁波文化创意、工业设计等新兴业态高度聚集的核心区域。该社区由"两商两居"（和丰创意广场、东岸里商圈、东岸名邸小区一期、东岸名邸小区二期）组成，截至

---

* 宋睿，宁波诺丁汉大学学工部辅导员，研究方向为志愿服务与社会保障；吴达宇，中央民族大学民族学与社会学学院博士研究生，研究方向为基层社会治理；卢燚，宁波市鄞州区明楼街道和丰社区党总支书记、居委会主任。

2023 年底，共有 6000 余名青年白领和 1127 户居民常驻社区。2018 年以来，和丰社区秉持"党建引领、志愿先行、服务群众、共同缔造"理念，紧紧围绕"红色创意高地，全民志愿之城"的发展定位，积极整合区域志愿资源，探索"5HE·五圈"工作法，相继推出"初心创投""午间微志愿""志愿合伙人"等项目载体，实现志愿理念、志愿创意及志愿文化的汇聚交流，助力宁波爱心城市、文明城市建设。和丰社区先后获得全国民族团结进步示范区示范单位、浙江省生活垃圾分类高标准示范小区、宁波市品质社区、宁波市文明社区等荣誉称号。

（一）和丰社区演变的历史进程

"和丰"二字源于 1905 年的和丰纱厂，它象征着宁波市近代工业的起源。在新民主主义革命时期，和丰纱场中的先驱们多次投身工人运动热潮，组建了宁波市第一个城区党支部，为这一片区深埋了红色根脉。百年后，红色基因仍为社区群众提供了强劲的精神动力，引领他们积极投身到服务他人的行动中，为共同生活空间奉献热情和智慧。

2003 年，宁波市文化局将"和丰纱厂"旧址列为宁波市第三批文物保护点。2009 年，为满足城市产业转型升级需求，宁波市将和丰纱厂原址改造成工业设计与创意产业集聚区——和丰创意广场。2011 年 10 月 20 日，经过两年多的建设，和丰创意广场正式开放。2015 年，广场周边的楼盘相继交付，和丰社区正式成立。面对新生社群基层治理涌现的诸多痛点、难题，街道和社区相关条线负责人决心以志愿服务和公益活动为抓手，动员社区群众，培育全民参与、随手做志愿的文明新风。

（二）新时代文明志愿服务实践的现实基础

2017 年 8 月，和丰社区建成"创中心·益基地"，包括"益丰巢"社会组织（党建）孵化基地，以及"益平台""益行动""益起来""益时光""益精彩""益分享"6 个实体化服务阵地，引进"星级演讲俱乐部""汉唐艺苑""新奢尚形象设计"等第三方单位开展口才培训、形象设计、小小导购员等 30 余种公益课程和活动。2018 年 3 月，和丰社区还推出了"创·益宝"线上公益基地，鼓励爱心人士在微信公众平台上报名志愿者、认领公益项目。

2018 年 7 月，中央全面深化改革委员会第三次会议审议通过《关于建设新时代文明实践中心试点工作的指导意见》。2021 年，和丰社区入选浙江省第四批"未来社区"创建试点名单。这为和丰社区的基层治理指明了方向，即将志愿服务平台和文化氛围营造融入打造未来社区"三化九景"的框架体系内，着力打造服务群众的社区。同年，和丰社区结合宁波新时代文明实践志愿服务阵地建设实际需要，成功打造宁波市第 19 个志愿服务 We 站和丰站，"1+1+N"志愿服务矩阵初具规模。截至 2023 年 10 月，和丰站已累计为 3342 名志愿者提供服务支持，覆盖服务受众约 2 万人次。

当人们展开和丰区域发展的时间卷轴，不难发现，社区锚定的"红色创意高地，全民志愿参与"的目标正在一步步变成现实。在市、区、街道等多级部门统筹协调下，浸润在浓厚志愿文化氛围中的和丰群众以实际行动打造了具有"未来范"的社区志愿服务样板，其经验做法具有显著的启迪意义。

二 和丰社区新时代文明实践志愿服务的经验做法

（一）总体思路：体系化打造红色青年志愿服务联盟

就志愿服务工作的顶层设计而言，和丰社区探索了"一纵三横"丰字型党建工作模式。坚持党建统领，充分发挥青年党员志愿者的模范带头作用。健全"一核带三建""一员领三人""一单连三链"等工作机制，推动人、企业、社区共生发展"三个全周期服务"。自 2022 年起，丰字型党建工作模式多次作为典型案例出现在省市级有关交流会中，收获了许多点赞。

第一，在社区志愿服务组织的培育过程中深化"一核带三建"。整合各类组织 115 个、各类阵地 15 个、各方队伍 18 支共 2500 余人。将"支部建在文明实践网格上",构建"社区—网格—微网格"组织架构,将"党员嵌入网格",推动机关党员干部进网入格、任务领办、赛评奖补等机制落地。

第二,倡导"一员领三人",以党员为先锋,由红色联盟出"和·伙人",吸纳爱心企业和第三方公益组织 85 家;志愿团体招"丰彩人","午间微音乐厅"等一批公益项目认领落地,惠及群众 2 万多人次;社区居民成"众智人",发布"招贤榜",遴选出 20 余名志愿服务骨干代表。

第三,在志愿服务供需匹配的流程管理方面"一单连三链"。具体而言,就是以服务对象的需求清单为导向,拉长党建引领的志愿服务链,建成"1905"红色书房、VR 沉浸式党史体验馆等新型党建基地;拉长未来创业服务链,依托和丰众创空间,引入创客团队和初创企业 50 余个(家);拉长未来生活服务链,建设邻里客厅、社群支持等小场景,真正做到群众需要延伸到哪儿、红色青年先锋的志愿服务就跟进到哪儿。

(二)实施路径:精准化联通志愿服务需求、资源和项目

1. 坚持互联互动、共建共享,拧成社区志愿服务"一股绳"

一是注重发挥区域党建的整合引领作用。创设"双向认领""四联工作法"等工作载体,自 2018 年起持续开展"初心创投"系列行动,推动园区企业、社会组织和群众社团自治组织等志愿力量互联互动,实现需求、资源、服务的有效衔接。

二是注重发挥"两新"组织的先锋模范作用。推行"志愿合伙人"制度,建立健全资金联筹、阵地联动和活动联办的运行模式,引导志愿组织出项目、出团队,企业出资金、出人力,结对形成"志愿伙伴"。目前,已有 16 家共建单位、48 家企业、42 支志愿服务团队积极参与社区共建,实现了"家门口的志愿服务"。

三是注重发挥志愿力量的模范带头作用。组建文体、环保、关爱、平安、教育 5 大类 18 支志愿服务队伍并设立 15 个志愿岗位,"红丰初心宣讲团"、甬江微观察、创新创业服务队成为"明星服务队",每周推出志愿服务活动菜

单，每月设置志愿服务积分评比，让比积分、晒积分成为一种新时尚。

2. 加强志愿服务阵地、情感纽带，下好社区治理"一盘棋"

一是打造新时代文明实践试点。2019 年作为全区试点率先探索新时代文明实践站建设工作，2021 年建成全市第 19 个宁波志愿服务 We 站和丰站，通过强化资源整合、抓好内容供给等有力举措，建立"1+1+N"志愿服务矩阵，扎实开展五个"十佳"志愿先进典型评选活动，推动新时代文明实践志愿服务工作在基层落地落实。

二是打造志愿服务爱心驿站联盟。广泛联合东岸里商圈、东和路临街商铺、和丰创意广场楼宇企业等，在苏宁小店、招商银行明州支行等商户企业设立 33 个"爱心驿站"，为企业白领、环卫工人提供免费热水、热饭、复印、轮椅借用等爱心服务，构筑起功能多元的爱心驿站联盟。

三是打造数字化志愿服务平台。2022 年，社区推出"荷蜂助手"未来社区智慧服务平台，社区居民、区域企业单位、社会组织均可便捷地在"线上"选择、认领志愿服务项目，申请、担任社区"和·伙人"志愿者，并在"线下"具体参与相关志愿服务活动。目前，已开展爱心绿豆汤、图书换绿植、"小候鸟"行走甬城等 30 多个志愿服务项目，受益人群 1 万余人次。

3. 强化需求导向、资源集聚，织好精准服务"一张网"

一是抱团自助服务。聚焦企业群众所需，建立需求、资源、项目"三张清单"，开展"和丰社区志愿服务需求问卷调查"，推动区域内部资源整合、服务项目供需对接，促进互助互享。自 2018 年起，社区发布的"微医院""午间微音乐厅"等一批群众喜闻乐见的志愿服务项目得以对接落地。

二是拼团微服务。聚焦群众需求及社会公共服务"短板"，常态化开展"志愿微集市"，引领非公企业出资，通过独立认筹、联合众筹等方式，满足群众的微心愿或开展微服务，践行社会责任。

三是组团精准服务。聚焦区域治理和文明城市创建等重难点问题，由社区党员志愿服务队、物业公司、居委会组成"红管家"社区共治委员会，深度实践"多向进入、交叉任职"，重点解决违规安装户外晾衣架、商圈油污管网堵塞、消防通道停车等 50 余个问题。

（三）项目孵化：众筹式共创社区志愿文化生活圈

在实地调研过程中，相关工作人员为调研组成员作了重点介绍：2022年以来，和丰社区借"未来社区"提升工程之东风，立足于培育社区志愿文化新风，注重服务场景的改造与更新；统筹运用需求调研、众筹共享等工作方法，成功运营了"初心创投"和"志愿合伙人"两大志愿服务项目孵化平台；彰显了志愿阵地共创共享、服务成效"看得见""摸得着""融得进"的志愿力量；打造了颇具和丰色彩的"15分钟志愿生活圈"；通过三大举措成功联动"和丰未来社区—海丝未来街区—众创未来楼宇"多元志愿主体，打造充满市井味、烟火气的生活服务和创业支持。①

一是开展"众筹共创"。聘任81家企业、42个社会组织的负责人为联盟"和·伙人"，设立"众筹公益金"，由"和·伙人"出项目、出资金，把社区及居民需求分解为创业就业类、微改更新类、救助关爱类、社会治理类、专业服务类"五大项目包"，通过发布公益召集令等方式众筹"初心基金"50余万元，定向用于项目推进。

二是聚焦"一老一小"。统筹联盟内养老服务机构、老年爱心食堂、日间照料中心等阵地资源，聚合驻区单位、社会组织等资源力量，推出养老套餐服务、家居适老化改造、社区时段托管等精准服务，引进"小电长"线上公益等优秀社会组织作为养老服务补充，健全普惠型社区照料服务体系，实现"家门口养老入托"。

三是提升"数字化能级"。通过党员干部、网格员入户宣传等办法引导居民注册"荷蜂助手"微信小程序，落实在线审核、记录、兑换志愿积分的"一条龙"线上服务，居民注册量达2200余人。建立积分兑换机制，通过"服务或点击量兑换积分、积分兑换优惠卡券或服务"的方式，截至2023年12月底，累计产生积分321030分，已兑换消费积分141054分。可以说，"赚积分、比积分、用积分"已经成为社区"新风尚"。特别是在

---

① 刘怡然：《和丰社区：重构社区记忆共赴美好生活》，《宁波通讯》2022年第6期，第15~17页。

2021～2022 年的常态化疫情防控期间，和丰社区集中涌现出许多无私奉献的优秀志愿者，"有时间做志愿者"成为部分居民自觉的内驱力。

三　和丰社区新时代文明实践志愿服务的典型示范

（一）特色项目

1."初心创投"志愿组织孵化项目

"初心创投"志愿组织孵化项目肇始于 2018 年和丰社区试行推出的"初心创投"行动，这一项行动旨在聚焦和丰区域企业、员工和周边居民的实际需要，围绕创业创新、生产生活和公共服务，推行分众式志愿服务和众筹式公益慈善。爱心企业降本增效，为居民提供优惠的物品、服务；居民们通过广泛的社区参与，建设让本地居民和外来企业家及其员工和谐共享、温暖人心的社区共同体。如此，打造了共建共治共享的社区公益闭环。

2022 年起，在社区党委大力推进党建引领未来社区建设的背景下，"初心创投"逐渐合理规划参与式生活馆、未来生活实验室、60+活力中心众创空间等共享客厅的运营。闲置的公共空间成为邻里、教育、健康、治理、创业等场景线下"中心核"，这离不开"初心创投"成员们的贡献。

所有参与"初心创投"孵化计划的志愿服务组织及项目可获得公益"天使投资"，这些投资的资金主要有三大来源：一是由明楼街道划拨给和丰社区，用以进行未来治理场景建设的专项资金；二是"初心创投"项目工作组定期发布公益召集令，由爱心企业和社区精英众筹获得的"初心基金"；三是由宁波市专门根据和丰社区治理实际需要定期拨付的福彩公益金，为和丰未来社区和志愿文明的后续发展查漏补缺。根据社区工作人员提供的一份成文于 2023 年 8 月的工作报告，"初心基金"已累计超过 50 万元，2023 年度市级划拨的福彩公益金额度为 20 万元。

截至 2023 年 11 月，"初心创投"孵化联盟已经成功吸纳诺邸书展、盒马鲜生等近百家邻里商业、本地企业成立"1+N 复合场景联合体"，通过社群链接公共资源和商业资源有效互补，不断突破社区共建壁垒边界，推动资源共享和价值交换，从而创造持续有活力、内生有动力的街区联动。此外，创投资金所支持的志愿服务阵地和品牌项目基本能够精准对接"一老一小"需求，做精做细服务供给，在提升社区生活品质的过程中，潜移默化地形塑居民情感认同。例如，针对 0~3 岁临时托管的高频需求，推进婴幼儿照护服务点、儿童驿站等建设；针对辖区老年人提出在"家门口"开设老年大学高频需求，以活动和授课为导向改造居家养老空间。坚持"从居民中来，到居民中去"，引导居民全过程参与，不断提升居民对社区的认同感和归属感。

2. "和·伙人"志愿骨干培育项目

"和·伙人"取合伙人之谐音，是和丰社区在实践中逐步构建的，可以有效发掘社区在地化志愿精英，吸纳各行各业热心公益、有较强意愿和专业能力的骨干志愿者参与社区治理的人才培育机制。"和·伙人"最早于2020年问世，历时 3 年，总计吸引了辖区内 16 家共建单位、68 家企业和 42 支志愿服务团队"手挽手"，共同担任志愿服务合伙人，为居民提供精准、暖心的志愿服务。此外，根据每个单位/个体的服务特点差异，和丰社区又复制了"和·伙人"的成功经验，推出"丰彩人"和"众智人"计划。可以说，"人人参与、人人尽力、人人享有、人人出彩"的志愿合伙人项目已经成为提升居民文明素养、释放协同治理红利的"和丰密码"。

值得注意的是，"和·伙人"项目火热运营的秘诀，关键在于围绕"伙伴"关系搭建、日常运营和持续动员三个维度，实现了社区社会组织与志愿文化氛围的"双促双发"，破解了志愿服务进万家之社区的"堵点"问题。

首先，志愿合伙人从体制机制上构建了"伙伴"组织联通网络，整合了流动资源，从而得以高效地整合志愿性资源，提供多元主体合作的载体平台。一是在社区"丰"字型党建框架下，构建完成社会组织党建"12345"工作体系，在明楼街道的指导下，制定实施《"丰领社潮"党建十条》，建立社会组织、党组织、党员、党组织书记"一体四孵"培育模式，实行社会组织学习议事、组织生活、牵头轮值、专题研商、联谊交流和特色活动的"5+N"机制。其中，重点是充分整合好全区的社会组织和志愿管理服务资源，利用"初心创投"品牌打造协同治理的志愿服务组织矩阵。二是开放包容，与市场机构成为伙伴。邀请书店、咖啡馆、电影院、艺术沙龙等机构成为和丰志愿服务合作伙伴，以"购买服务"的形式加强社会化运作和参与。三是与"两新组织"成为伙伴。继续在文化创意型企业团组中同步推进"午间微公益"的活动实施，传播"公益""助人"理念，充实志愿服务资源，激发社会组织活力。

其次，在日常管理中严格实行"伙伴轮值"制度。实行党员志愿服务联盟成员单位轮值制度，牵头编制活动"菜单"，由联盟成员单位轮流组织开展活动，面向区域白领职工提供人才培训、法务咨询、理财辅导、健康管理、创业帮扶、婚恋交友等服务。2023 年，共 30 多位来自工业设计龙头企业等单位的"和·伙人"先后牵头开展服务活动百余次，惠及职工群众 1 万余人次。同时，建立先锋党员志愿者考评激励制度。深入开展星级动态考评和党员锋领考评，将公益服务、行业自律、诚信经营作为考评的重要内容，按 15% 的比例评选"锋领党员"，对四星级以上党支部给予不低于 5000 元/年的运转经费和 2000 元的奖励经费，评选表彰 7 个五星级"鄞领开放式组织生活基地"。同时，定期开展十佳公益先锋、志愿之星、最美和丰人、诚信先锋等评选，充分调动联盟成员和区域白领职工的积极性。

再次，通过创新"伙伴"动员方式，提高社区志愿服务的知名度和公信力。用活数字平台，针对居民生活需求，社区推出微信小程序"荷蜂助手"，集用户注册、客群画像、场地预约、公益捐赠、服务报名等 20 余个模块于一体。居民可通过小程序获取社区各类热门志愿服务活动、创业招聘、周边公益集市的一手资料，将志愿服务活动与文创广场的商圈结合起来，使用"荷蜂积分"可以在线兑换各类抵扣券和日常用品，激活辖区"人""商"联动。针对社区内常见的企业数字服务需求，和丰社区与一家"和·伙人"企业联合开发基于 CIM 平台的社区智慧服务平台，并搭建"综合治理"可视化模块，借助志愿者骨干的力量，低成本实现社区治理和志愿服务项目运营管理数据的互通。

最后，和丰社区激活"淘宝式"志愿者社群。鼓励社区社会组织人员积极参与市级"We志愿"和省级"志愿浙江"志愿者管理体系，提高新时代文明实践站（所）的使用效率，整合机关职能部门、街道、社区党组织的教育、医疗、法律、心理等各类专业特长党员资源，开展先锋志愿者组团式服务，大力推出适合志愿服务的各类服务产品和活动项目。此外，号召社区内众多的青年群体发挥自己的聪明才智，每周参与诸如"共享集市""脱单便利店"等40多场低/零成本便民公益活动，在随手做志愿者的同时拓展自己的交友圈，链接创业资源。初步实现全领域服务圈、全天候服务链、全年龄志愿者的工作局面，公益志愿蔚然成风。

（二）优质志愿服务组织与典范人物

1. Toastmasters俱乐部

2016年，Toastmasters俱乐部入驻和丰社区"益丰巢"社会组织（党建）孵化基地，致力于帮助青少年、社会工作者、企业白领等学习说话、聆听、思考的方式。2018年4月开始，认领"公益新闻人培训计划"项目，每周三晚定期开设口才演讲、新闻书写、公众号开发、公共关系维护等中文、英文培训，不断提升社区居民和企业白领宣讲口才素养。2021年，该俱乐部会同和丰社区党群服务中心相关工作人员，承担组织"初心宣讲"比赛和培训使命，日益成为和丰社区理论宣讲志愿服务发展的重要支柱。

2. 和丰"益"青年志愿服务队

2018年，"益"青年志愿服务队成立。这是一支由青年党员、团员、学生等组成的"青春力量"，积极倡导"人人公益、处处公益、随手公益、快乐公益"的公益生活方式，组织开展"午间公益1小时""白领低碳公益""糖果换烟""甬江微观察"等19项公益项目，是和丰社区新时代文明实践站志愿者队伍的主力军。

3. 和丰剧社

2017年，由30余名60后~90后越剧爱好者组成的和丰剧社成立，面向越剧爱好者开班，并专门聘请宁波小百花越剧团导演指导训练。其成立仅一年便被评为鄞州区明楼街道二星级社会组织，原创剧目《越韵芬芳》在宁波广电"老爸老妈"春节联欢晚会上演出。剧社还多次走进居士林、养老院等机构，为老年人群送上戏曲盛宴。

4.真美丽书咖

2016 年，两名"海燕海归"在和丰社区便民服务中心创办了"真美丽书咖"。开业以来，她们热衷社区公益，先后认领 6 个公益服务项目。其中，"奇换邻里"线上线下同步开展闲置物品交换，打造邻里物件交换平台；"巧手烘焙·美丽厨房"则在午休、周末等闲暇时间开设烘焙等课程，让居民和白领学习蛋糕、甜品、巧克力等制作手艺。

5."和·伙人"郑银梅 & 银领文创工作室

66 岁的社区居民郑银梅年轻时曾是专业的文艺工作者，过去 5 年间，她每周都会给居民带来精彩的越剧公益课。在和丰社区，这样的特色课程很多，茶艺课、古琴课、彩铅课、插花课等，颇受居民欢迎，志愿服务"和·伙人"给居民奉上了一道道精神文化大餐。

担任"和·伙人"以后，郑银梅领衔 36 人组建了一支社区文创团队——银领文创工作室，每周五晚定时定点编排节目，创作、排演了多部展现祖国变迁、城市人文的精品原创小品和戏曲节目，为辖区文艺爱好者搭建了创作舞台。其中，《垃圾分类家园美》《记者采访——记改革开放 30 年》《节水风波》等作品多次参加市区级演出、比赛并获奖。

四 "志愿和丰"面临的挑战和困境以及对策建议

（一）"志愿和丰"面临的挑战和困境

坦率地说，尽管明楼街道与和丰社区在志愿服务方面取得了令人瞩目的成绩，但对比中央、省、市关于高质量推进区域性志愿服务工作的相关要求，还存在不小的差距，今后仍面临一些重大挑战，主要表现在以下四个方面。

1.志愿服务政社合作联动机制缺位，阻碍发展聚合力成型

首先，和丰社区新时代文明实践志愿服务的蓬勃发展，得益于鄞州区中

心城区的地理区位和快速发展的社会经济状况，加上区政府的适当引导，许多志愿服务组织便如雨后春笋般在城乡社区生根发芽。当前，一些志愿服务组织具有鲜明的"小而精"特征，它们往往由几个志同道合的爱心人士自发组建，提供的服务多与助老助残、卫生清洁、扶贫救济等社区微民生事务相关，服务辐射的范围往往局限于单一街道甚至单一社区。从问题视角而言，"小而精"的组织无法凭借自身力量突破地域局限性和服务领域的局限性①，其服务项目往往"叫好不叫座"，即群众口碑良好，但服务项目通常惠及面窄，受益人群仅几十人甚至十几人，缺乏发展动力。

其次，自发形成的基层组织之间缺乏统一且顺畅的交流机制，很容易在特定的小片区内出现资源不匹配、供需不对等的现象。例如，和丰社区曾就居民服务需求进行过问卷调查，针对"最希望获取的志愿服务类型"一题，超过40%的受访者期望在生活中能够获得法律援助和教育培训类志愿服务，但实际入驻社区的志愿服务队伍没有任何一支可以提供司法援助或成人教育类服务。并且，在区、街道、社区的多头引进下，在这个老年居民占比并不高的社区里，总共入驻了3家助老便民服务组织，导致出现了较为明显的志愿资源闲置和供需错配状况。

最后，街道和社区层面志愿服务工作主管单位同社会组织间的工作联动机制仍然缺位。治理现代化的核心要义在于促成市场和社会力量广泛参与解决社会民生问题，诱发政社协同的普遍合作，最终形成党委领导、政府负责、民主协商、社会协同、公众参与、法治保障、科技支撑的社会共同体。从过去五年的志愿服务政策供给来看，虽然鄞州区已建立起"文明办牵头协调、民政部门侧重行政管理、共青团侧重具体组织实施、其他部门各负其责"的工作机制，但街道和社区在具体工作的执行中，仍存在主体责任未压实、服务管理方式不够科学、星级组织过多承担行政发包任务等问题。例如，几位"和·伙人""丰彩人""众智人"在访谈中均表示："社区在获

① 党秀云：《迈向高质量的社区志愿服务：发展机遇、现实困境与未来趋势》，《中国行政管理》2024年第2期，第65~75页。

得"四个100"荣誉以后，上级政府的考察调研变多了，对我们也提出了更高大上的创新要求，但对我们的支持并没有因此增加。可是我们自己明白，我们就这么几个人，精力和能力都有限，参加比赛和考察的时间多了，真正扎实推进服务项目的时间就少了，对于新的发展点也比较迷茫。希望街道和区里能够帮我们搭建桥梁，帮助我们对接需求互补的同行，一起合作创新。"

2. 志愿服务制度保障实效性较弱，难以应对新情境新问题

所谓制度，通常可以被广义地理解为在特定历史条件下形成的法律规定、社会公约、道德标准、礼俗习惯等，是所有能够对特定场域内的社会成员行为和相互关系形成约束的规范共识。

纵观和丰社区新时代志愿服务工作规则制度的发展历程，不难发现，2018~2020 年，和丰社区跟随鄞州区的要求，先后发布了《星级志愿者礼遇办法》《志愿服务专项资金管理办法》《疫情防控志愿者关爱关怀办法》，在制度层面给予了志愿者们多方位的保障。然而在微观的服务项目运营层面，许多操作性制度未能与时俱进，面对层出不穷的服务新情境，暴露出了很多问题。

第一，数字平台上的志愿者选拔与审核机制过于宽松，大多数志愿者通过志愿服务平台报名，获得平台上任意组织审核就可以成功注册，但是接纳组织并不清楚志愿者的品德、动机、专业与服务意向等，这也增大了挫伤组织和志愿者个人积极性和互信基础的可能性。

第二，从志愿服务项目来看，绝大多数志愿者根据单位、社团和社区发出的志愿服务需求而参与其中，这类临时性活动的组织方及参与者并没有对被救助者真实需求信息的全面了解，也没有设置有效的纪律约束和安全保障规章，使志愿服务的形式大于实际效果。

第三，从志愿服务效果评估制度来看，当前的制度文本对于评估标准的表述较为笼统模糊，缺乏量化指标，在操作环节依赖主观评判，也没有将服务对象的评价纳入考核范畴，使得最终结果可能出现偏差：一是相同的志愿服务内容却有不同主体不同场合的差异化评价结果，降低了志愿服务积极性；二是鼓励部分人志愿服务作为"炫耀"的资本，将社会责任履行形式化。由此可见，今后，鄞州区的志愿服务需要制定更加全面客观、与时俱进的评估制度细则，进而保障服务实施过程中的志愿者权利和志愿服务供给质量。否则，长此以往，公众对区内志愿服务事业的规范性、专业性产生信任危机，不利于社区志愿服务工作的可持续发展。

3. 志愿服务培训体系尚未建立，影响后备骨干人才梯队建设

从代际关系的视角解读志愿服务在不同位态上的"冷"与"热"。不难发现，和丰社区几年来如火如荼的全民志愿服务推广行动，其落脚点主要在于提高志愿者在人群中的覆盖率，对于志愿服务专业化的重视度却不够。因此，类似垃圾分类、公益阅读、"共享"性善举等耗时短、偶发性的志愿服务行动吸引了许多人加入志愿者队伍。但是，这些志愿者对于志愿服务的认知理解还停留在简单的义务劳动层面，缺乏对专业化志愿服务的思考和实践。而那些乐于奉献、实务经验丰富的老骨干却受困于文化程度较低，无法为志愿服务的专业化发展添砖加瓦。可见，后备骨干人才的缺失已经成为困扰基层志愿服务实现专业化转型的关键问题，在受访者的心中仅次于资金不足。究其原因，专业志愿服务培训体系的长期空缺首当其冲。[①]

具体来讲，一方面，相较于宁波市其他先进社区，和丰社区的志愿服务骨干们经验丰富有余，但理论储备不足。志愿服务骨干志愿者们缺乏必要的研究基础和授课能力，无法将自身经验转化为传播内容，"传帮带"式后备人才培养机制也就无从谈起。另一方面，区级志愿服务产学研转化效率低下也阻碍了培训体系的构建。鄞州南高教园区中，万里学院开设了全市首个社会工作专业，浙大宁波理工学院成立了全市首个社会组织研究院，宁波市志愿者学院落户宁波卫生职业技术学院，宁波市国际志愿者基地落户宁波诺丁汉大学，等等，全市志愿服务的智慧大脑汇聚鄞州。但是，区政府未有专项计划打通域内志愿服务产学研转化的闭环，对志愿者服务专门培训事务也不够重视。通常，只有参与重大赛会活动的志愿者才能上一些简单培训课，课程设置和授课内容的选择也带有随意性，不成体系。和丰社区也不可避免地

---

① 詹斌：《宁波社区志愿服务如何"爬坡过坎"》，《宁波通讯》2019年第17期，第64~65页。

遭遇了这一难题。

4. 社区志愿服务经验可复制性不高，制约和丰模式进一步推广

就和丰社区而言，其新时代文明实践志愿服务发展的基本样态是：政府引导而不统合，民间力量根植于街社土壤，自发合作，唤醒沉睡的志愿能量。"小而精""一社一品""微治理"成为该社区志愿服务形象的代名词。特别是近五年来，和丰社区所在的明楼街道涌现出许多在省市级大赛中斩获大奖的优秀志愿服务项目。但随着大赛的结束，项目并没有因此而得到进一步的复制和推广，经验总结也未得到进一步的宣传，相反，很多项目逐渐退出，或逐渐弱化。甚至有些项目由于原团队无力维持，被多个组织逐步拆解，最终演变为碎片化的志愿服务项目。明楼街道品牌项目碎片化、强地缘限制的组织特性决定了当下的区域性经验并不具备显著的借鉴意义，对于有志于打造具有未来范和现代化意蕴的和丰社区来说，过去的发展路径已不再具有现实意义，需要进一步研究、总结、提升。

由此看来，"十四五"期间，畅通志愿服务政社联动渠道，充分发挥区级主管单位的资源统合能力，进而有序引导、鼓励民间志愿服务组织错位发展、合作共赢，形成以第三次分配推进共同富裕和高质量发展的和丰志愿聚合力势在必行。

（二）对策建议：迈向高质量发展的举措

1. 高质量推动志愿服务的"数字化"应用

一是着力建设明楼街道的文明实践"数字化地图"，全面对接"志愿浙江"数字化平台，固化实践活动的发布、认领、监督、记录，人员的招募、培训、激励，团队的登记、管理、支持和保障等内容，提升公众参与实践活动的便捷度、组织项目供需对接的精准度和管理激励的科学度，为高质量推进新时代文明实践志愿服务提供"样板"。二是着力提升志愿服务主体的"数字化"应用能力，依托新时代文明实践中心（所、站），围绕基层群众的现实需求，健全"点单""派单""接单""评单"等文明实践数字化工作体系，全面激发数据要素价值，打造人员阵地"一屏管理"、参与活动

"一键响应"、服务时长"一秒可查"、资源对接"一步到位"、数据集成"一舱掌控"的数字化集成体系，实现志愿服务全流程在线管理，提升服务便捷性、群众参与度。

2. 高质量推动志愿服务的"专业化"发展

一是打造专业化的阵地。坚持以开放、共享、科学的理念拓展新时代文明实践中心（所、站）建设，在"合"的基础上突出"融"，构建点多面广、功能完备的文明实践志愿服务圈，完善运行机制，统筹整合多方资源、队伍、项目形成合力，让文明实践中心（所、站）成为开展志愿服务的有效阵地。以群众需求为导向，形成"服务菜单"供群众点单。完善联席会议、联动输送、结对联谊、评估评价、交流协作等运行机制，确保文明实践阵地门常开、活动常办。二是打造专业化的项目品牌。深入实施践行以主流价值新风尚、引领移风易俗新风气和拓展文明实践新内涵等为主题的志愿服务项目，通过各级志愿服务项目大赛，加强项目申报、征集、开发、展示、交流、拓展等工作，发现、培育、推广一批能创新、易操作、可复制的专业化志愿服务项目，并形成特色明显、门类齐全、模式领先、具有和丰社区独有特色的文明实践志愿服务项目库。三是打造专业化的人才队伍。要从志愿服务的管理、培育、执行三个层面充分考虑，培养一批具有项目设计、组织管理、宣传推广能力的志愿服务专业工作者；一批具有一定理论功底、充分的实践经验、善于培训指导的志愿服务专业师资；一批具有较强领导力、能够吃苦耐劳、不忘初心的志愿服务专业骨干。

3. 高质量推动志愿服务"项目化"转型

一是做"项目化"的推动者。聚焦"打通宣传群众、教育群众、关心群众、服务群众的'最后一公里'"的定位，全面深化"随手志愿""互助互帮"的理念，培育一批"政治站位高、业务能力强、专业功底深、实践经验丰富"的本土文明实践宣讲师，深入各区（县市）新时代文明实践中心（所、站），围绕"理论政策宣讲、主流价值培育、基层文化兴盛、文明乡风培育、民生民情服务"等领域开展文明实践项目的挖掘、整理、设计等工作。

二是做"项目化"的先行者。有序参与全区范围内新时代文明实践工作者、组织（团队）负责人、骨干的轮训工作，培养项目化运营的专业队伍，以项目形式推动基层文明实践志愿服务工作的有序开展，更加有规模、有计划、有体系地带动广大人民群众参与志愿服务。

三是做"项目化"的传播者。加强志愿服务团队间的交流、互动与融合，学习借鉴各地的实践经验和做法，在交流中增进了解、传播理念、学习模式、提炼标准，将志愿服务典型项目中可复制、可推广、可传播的内容有效扩散，让更多的团队成为"项目化"的受益者。

四是做"项目化"的示范者。通过志愿服务项目化健全项目体系，促进各领域文明实践志愿服务资源和内容的融合，逐渐形成一批具有示范作用的，内容涵盖卫生健康、支教助学、法律维权、文化体育、心理疏导、环境保护、社区服务等全领域的民生服务项目，增强广大群众的获得感幸福感安全感。

B.13

宁波市奉化区西坞街道蒋家池头村
新时代文明实践志愿服务发展报告

苏彤彤　郑深波*

摘　要： 为深入贯彻习近平新时代中国特色社会主义思想，蒋家池头村以新时代文明实践站为依托，聚合社会资源，培养志愿队伍，拓展服务功能，实施惠民项目，让志愿服务成为创新乡村治理的有效抓手，以德为基，明德化育，不断擦亮"和美乡村"的品牌名片，开展文明新农村建设，推进"1235"志愿服务工作体系和志愿服务队伍建设，通过党建引领创新志愿服务工作，积极打造志愿服务阵地，建设乡村志愿服务队伍。未来，蒋家池头村始终坚持以打造最具幸福感的"和美乡村"为目标，围绕"党建强村、德育润村、产业富村、文化兴村、生态美村"二十字发展方针，一张蓝图绘到底，一体推进乡村振兴、共同富裕，为乡村新时代文明实践志愿服务积极探索新路径。

关键词： 蒋家池头村　志愿服务　乡村治理　为老志愿服务

一　蒋家池头村新时代文明实践志愿服务发展概况

2019年10月，奉化区被列入新时代文明实践中心建设全国试点，以基层的创造力激发文明实践的生命力，先行先试、创新创优，推动文明实践由

---

* 苏彤彤，宁波大学法学院硕士研究生，研究方向为行政管理；郑深波，宁波市奉化区宣传服务中心副主任。

中心建设向示范区升级，新探索、新载体、新成果不断涌现，文明实践由点点"盆景"成为奉化大地亮丽的"风景"。2023年1月以来，奉化区充分发挥文明实践志愿者的主体力量，整合511支新时代文明实践志愿者队伍，推出514个志愿服务项目，9万余名注册志愿者开展了7100多场服务，让志愿服务更合群众需求。位于西坞街道东南方向的蒋家池头村距奉化城区20多公里，村域面积3.06平方公里，村民900余人，其中老年人近400人，党员55人。全村以产销花木、文旅为产业主体，2023年集体经济收入82万元，经营性收入69万元。蒋家池头村是远近闻名的和美村、幸福村、善治村，厚植和美文化，以优质公共服务撬动基层治理"大效能"，先后获得全国学雷锋志愿服务"四个100"最佳志愿服务社区、全国乡村治理示范村、全国妇联基层组织建设示范村、浙江省文明村、浙江省全面小康建设示范村等荣誉。

为有效应对老龄化，提升本村老年人的生活质量，蒋家池头村利用村委会已有基础设施，实施一系列的措施，成功地构建了科学配餐、公共就餐、特殊送餐的养老志愿服务模式，服务范围覆盖全村老年人，使老年人在自己的家门口就能享受到美食和服务。为了提高村民的志愿服务意识，蒋家池头村将志愿服务纳入村规民约，着力打造"和美"志愿服务队伍。党的二十大报告提出以习近平新时代中国特色社会主义思想为指导，全面推进志愿服务的制度化、专业化、信息化和国际化。这些新要求和新目标的提出，对促进志愿服务的发展和进步具有深远的意义。

2018年以来，为推动习近平新时代中国特色社会主义思想更加深入人心，进一步加强改进农村基层宣传思想文化工作和精神文明建设，打通宣传群众、教育群众、关心群众、服务群众的"最后一公里"，根据2021年11月中共中央办公厅印发的《关于拓展新时代文明实践中心建设的意见》，蒋家池头村积极响应国家政策，结合自身实际整合现有基层公共服务阵地资源，打造理论宣讲平台、教育服务平台、文化服务平台、科技与科普服务平台、健身体育服务平台，统筹使用，协同运行；组织农村党员群众深入学习习近平新时代中国特色社会主义思想，引导村民领会掌握这一思想的基本观点、核心理念、实践要求，不断增进政治认同、思想认同、情感认同，增强"四个意识"、坚定"四个自信"，更加自觉地维护核心、拥戴领袖，更加自觉地在党的领导下走中国特色社会主义道路。紧密结合农村实际，组织开展形式多样的教育实践志愿活动，让村民更真切地领悟思想，将其更好地用于指导生产生活实践。

蒋家池头村的志愿队伍发展经历了两个阶段。第一个阶段是2005~2018年。这一阶段主要针对村庄环境问题，成立蒋家池头村和美志愿服务队。队伍主要负责村庄绿植养护，成为建设和美乡村的"美容师"。第二个阶段是2018年之后，志愿服务团队与乡村治理相结合，开始逐步探索体系化发展路径。2019年成立蒋家池头村文明实践志愿服务队，包括党员（先锋）、青年、妇女（和美）、老年（初心）和润艺五支志愿者服务队。截至2024年1月，村内注册志愿者达到128人，占村常住人口的15%，每年组织志愿服务活动约400场。

二 蒋家池头村新时代文明实践志愿服务经验做法

（一）组织运作机制与模式

蒋家池头村实施"1235"文明实践志愿服务工作法，打造志愿服务品牌，为新时代文明实践志愿服务提供可借鉴运作模式。

1.志愿服务组织体系

蒋家池头村坚持"创新服务、志愿为民"理念，形成"1235"文明实践志愿服务工作体系。"1"即以新时代文明实践中心建设为核心，积极打造村新时代文明实践站，开展志愿服务活动；"2"即老年食堂、文化礼堂两大服务阵地，借助两大服务阵地，为开展志愿服务活动提供场地支持；"3"即孝膳堂、道德庭、和美家园三大品牌项目，通过打造服务品牌，提升蒋家池头村的知名度和号召力，推动邻近村相互学习和借鉴；"5"即先锋、和美、初心、青年、润艺五支志愿服务分队，推出"道德银行""典型推选"等嘉许激励机制，逐步构建起"组织有力、活动创新、礼遇保障"的文明实践志愿服务体系。

蒋家池头村以新时代文明实践为抓手，以尊老敬老、和美乡风为主题，开展精准化和常态化志愿服务活动，用心打造志愿服务品牌，促进志愿服务标准化建设。要将志愿服务从一时的风潮转变为常态化的乡风，需要坚持推行以德为基、以志愿为荣、以教化育人的理念，使其成为农村精神文明建设的重要基石。在志愿服务开展方面，蒋家池头村的经验做法是将新时代文明实践工作与乡村治理工作相结合，努力探索党建引领、阵地建设、道德激励和文化传承等新时代志愿服务方式，推动乡村文明建设与发展。

2. 志愿者队伍体系

蒋家池头村在充分整合资源、打造最美乡村、积极参与乡村治理的同时，也着力于推动志愿服务工作体系建设，积极成立志愿服务工作团队，主要形成了五支志愿者队伍：党员"先锋队"、妇女"和美队"、青年志愿服务队、老年"初心队"和"润艺"文艺队。党员"先锋队"始终坚持"一个支部一座堡垒，一名党员一面旗帜"的理念，充分发挥党员先锋模范作用，引领提升志愿服务队伍的整体服务意识和大局观念。妇女"和美队"秉持"奉献、友爱、互助、进步"的志愿服务精神，活跃在村庄的各个角落。她们不仅是美丽家园的贤惠"女主人"，更是村庄老人的孝顺"乖女儿"、文体活动的服务"主力军"。蒋家池头村以党支部为纽带和桥梁，通过"党建带团建"的方式，成功感召了一批品学兼优的中学生和大学生，组建了一支充满朝气和活力的青年志愿服务队。他们用实际行动践行着"党建带团建"的理念，为村庄的发展注入新鲜血液、带来新希望。通过"党建+老建"的模式，蒋家池头村成立了老年协会和老年"初心"志愿服务队，从德高望重的老党员中择优选出协会会长并担任队长。老年志愿者们用自己的经验和智慧，为村庄的发展贡献力量，实现自我价值，真正做到了老有所为、老有所乐。"润艺"文艺队通过开展"文化走亲""种文化"等活动，让优秀农村传统文化在志愿者的引领下重焕活力与风采。蒋家池头村因地制宜将 5 支队伍划分为 5 个网格，建立政策帮办、困难帮扶、纠纷帮调、邻里帮忙、家园帮洁"五帮"工作机制，构建群众足不出村的"服务驿站"。

（二）志愿服务方式

1. 凝聚志愿服务力量，坚持党建引领路线

2022 年，宁波市出台了《宁波市网格工作事项管理办法》，进一步厘清各事项职责边界，蒋家池头村积极贯彻此办法。蒋家池头村共有党员干部 55 人，村"两委"班子 5 人，结构合理、年富力强，把"为民谋幸福"作为不懈追求，走好乡村善治之路。同时，党员带头组建志愿服务队伍，对蒋家池头村志愿服务工作起到引领作用，通过创新实施的"5+6+10"党员联系群众工作法，形成了村干部联系党员、党员联系群众的服务网络，确保了志愿服务、意见收集反馈、矛盾纠纷解决等工作的有效开展，同时也使得村庄在重大事项传达、违规事项劝阻、结对共建帮扶和惠民政策宣传等方面的工作得以顺利进行。（"5+6+10"工作法致力于为村民提供各种志愿服务。由 5 位村"两委"班子成员任 5 个组组长，每个组带 6 名党员，每位党员再带 10 户农户，实现服务网络的全村域覆盖。2019 年以来累计开展党性教育志愿活动 300 余场，助力蒋家池头村获评浙江省红色根脉强基示范村、宁波市五星级基层党组织、奉化区爱国主义教育基地等）。蒋家池头村的发展成就就是牢牢把握住了"抓民生也是抓发展"的真谛，持之以恒把民生工作抓好，一件事情接着一件事情抓，一年接着一年干，锲而不舍向前走，让群众看到变化、得到实惠，在更高水平上实现幼有所育、学有所教、劳有所得、病有所医、老有所养、住有所居、弱有所扶，让群众有更多、更直接、更实在的获得感、幸福感、安全感，坚定了"听党话、跟党走"的信心信念，开创了"党群心连心、服务零距离、矛盾零上交"的和美新局面，并且充分发掘乡贤力量，由蒋家池头村党支部牵头，与优秀乡贤所在的企事业单位党支部共同构筑"乡村振兴·共同富裕党建联盟"，构建乡贤参与志愿服务、反哺家乡的平台，累计获得乡贤捐赠资金 800 万元，成为村庄各方面

发展的重要支撑力量，乡贤的资助也是蒋家池头村"老年食堂"这一志愿服务项目运行下去的资金来源之一。

2. 保障志愿服务开展，打造特色服务阵地

蒋家池头村依托文化礼堂和党群服务中心两大阵地，整合乡村资源，促进多方主体共同参与志愿服务，为乡村志愿服务的开展提供了坚实保障。

一是文化礼堂。文化礼堂由原燎原大会堂改造，在保留时代风貌的基础上进行现代化改造，建筑面积1000余平方米，共投入资金100余万元，配置了数字大屏、多彩灯控、先进音响等基础设施，修整了和美乡村建设成果展厅、农家书屋、乒乓球室、道德讲堂、名师工作室等多功能阵地，每年开展志愿服务活动120余场。2018年，文化礼堂被浙江省委宣传部、浙江省农村文化礼堂建设工作领导小组办公室誉为五星级文化礼堂。蒋家池头村农村文化礼堂志愿服务项目作为宁波市委宣传部、宁波市文联牵头结对的百个农村文化礼堂志愿服务项目之一，选派市级专家重点围绕戏曲、书法、摄影、音乐、舞蹈、曲艺、民间文艺等内容开展面对面辅导不少于8次，每次辅导不少于2小时，平时通过网上平台开展交流学习。

二是党群服务中心。党群服务中心采用一体两翼的空间布局：一体是以村民委员会为主阵地的综合服务空间，约600平方米，综合设置了便民服务站、村民议事厅、党员活动室、老年食堂等12大功能场景，形成"一中心N场景"的枢纽型服务网络；两翼分别为以文化礼堂为核心的文化展示空间和以老年之家为核心的老年休闲空间，总共约1000平方米。办好"小办公、大服务"便民服务大厅，每日安排2名村委班子成员轮流坐班，实现政务服务、公共服务与邻里互助有机叠加，打造功能复合、便民惠民的"5分钟党群服务圈"，平均每月服务40人次，累计服务5000人次。

3. 增强志愿服务意愿，构建"道德银行"激励机制

蒋家池头村始终秉承"道德至上"的服务观念，努力打造道德银行这一品牌服务。道德银行主要推行道德积分激励引导机制，村民在遵纪守法、环境卫生、志愿服务等方面的表现都将被量化并记录积分。每月，村委会统计积分并在红榜上进行公示，村民可以在积分超市兑换相应的实物或服务。

蒋家池头村每年以举办"我们的村晚"等大型活动为契机，对表现突出的志愿者进行表彰和奖励。

4. 培育志愿服务土壤，提倡"好人带众人"服务理念

蒋家池头村共有"最美浙江人"1名，"奉化好人"2名，"最美志愿者"6名。为了更好地发挥优秀典型的榜样作用，蒋家池头村采取了"好人带众人"的服务理念。一方面，村庄规范了模范好人的礼遇帮扶实施办法，确保好人得到应有的尊重和帮助；另一方面，依托这些好人的榜样力量，引导更多的人参与到志愿服务中来，不断扩展志愿服务的内涵和外延。在蒋家池头村，志愿者们积极参与解难帮扶、事迹宣讲、节日慰问和日常照料等各类志愿服务活动。这种广泛的参与在全村营造了浓厚的志愿服务氛围，让更多的人感受到了温暖与关爱。

（三）活动内容

1. 聚焦"老有颐养"

蒋家池头村有60岁以上老人292人，其中80岁以上老人62人，占老人总数的21%。蒋家池头村弘扬"尊老至上"的慈孝精神，把关爱老年人摆在志愿服务的首位。村里引导老年人参与志愿服务、环境卫生整治、垃圾分类等公益活动，进一步提升老人的社区活动参与度，丰富老人的精神文化生活。除了吃饭、休闲，蒋家池头村还能满足老年人最基本的医疗需求，打造中心级乡村卫生服务站，奉化"医共体"总院、西坞分院医生定期坐诊，实现"一村建设、周边共享"的"家门口"就诊服务，服务站还为志愿者提供每年免费体检服务。蒋家池头村有一支老年"初心"志愿者队伍，以老有所养、老有所医、老有所为、老有所学、老有所乐为目标，不仅关注老年人的切身利益，为解决邻里矛盾出谋划策，还为村庄的发展提供宝贵的建议和方向。此外，蒋家池头村特别开辟了一块名为"初心"的菜园，由老年协会承包并义务种植，所有收获的蔬菜全部赠予村里的老年食堂，为老人们提供新鲜健康的食材。这一举措不仅丰富了老年人的饮食选择，也体现了村庄对老年人的关心和照顾。老年协会的成立和"初心"菜园的开辟，进

一步展现了蒋家池头村对老年人的尊重和关爱，真正做到了弘扬"尊老至上"的慈孝精神，实现了从"物质养老"到"精神养老"双丰收。

蒋家池头村聚焦"老有颐养"服务理念，开展"餐前伴读""餐中伴餐""困难伴送"的"孝心三服务"模式，让老人们切实享受到贴心服务。志愿者会在餐前为一些有需要的老人读报纸并与他们进行交流，如果有独居老人前来就餐，志愿者会与他们一起吃饭，陪他们聊天，并定期举办集体生日会，使他们感受到关心和温暖。对于一些身体不好、有困难的老人，志愿服务队伍会派专人前往老人家中送餐，提供便捷服务。除此之外，志愿服务团队照顾高龄独居老人的日常生活，开设"和乐"课堂和"暖心"医站。蒋家池头村致力于弘扬志愿精神，通过有温度的民生服务，提升村民幸福感。

2. 关注"幼有所护"

蒋家池头村注重弘扬崇文重教精神，继承耕读传世的优良传统。在文化礼堂二楼打造"儿童之家"，根据不同年龄段儿童的实际需求，推出上门托育、驿站看管等阶梯式托育服务，定期组织儿童健康管理专业培训，做到智慧托育、科学育儿。暑期实施"春泥计划"，开办"小候鸟"假日学校，给予村内小朋友学科文化和传统美德教育，既解决了家长的困扰，也为青少年提供了更好的学习成长环境。另外，在金溪河对岸，打造一处乡野乐园，为村民提供亲子游乐场所，同时逐步将这一项目打造成村级文旅产业。

3. 丰富"文体活动"

蒋家池头村以"润艺"文艺志愿服务队为依托，组建女子腰鼓队、舞龙队、快板队、伞舞队等多支远近闻名的文艺团队，开展"文化走亲""种文化""我们的节日"等活动，在传统的元宵、端午节等节日里，她们包饺子、做汤圆、包粽子、制作手工香囊，然后送给村民。每年的春节文艺晚会，她们还会准备精彩的扇子舞、快板等文艺表演，为村民献上欢乐与祝福。当村里搭台做戏时，她们自发组成服务队，为观众提供热水和零食小吃等贴心服务。优秀农村传统文化在这里重焕活力与风采，让村民的精神生活更加富足。

4. 保护"生态家园"

蒋家池头村坚持"绿水青山就是金山银山"的发展目标，深耕村容村貌建设，坚持生态环境、人居环境、人文环境一体打造，以改促治、以线带面、精雕细琢，让田园变公园、村庄变景区、农房变客房，全面提升村庄人居环境，打造宜居宜业的和美乡村。蒋家池头村曾获 2021 年度全国学雷锋志愿服务"四个 100"全国最美志愿服务社区。这份殊荣的取得离不开和美巾帼志愿服务队的贡献。这支队伍主要由 75 名女同志组成，她们在党群服务中心、新时代文明实践站的共同指引下，以善作首，积极参与疫情防控、"我们的家园"建设、移风易俗、垃圾分类等志愿服务，是文明乡风建设的重要力量。

三　蒋家池头村新时代文明实践志愿服务典型案例

（一）典型项目："老年食堂"

近年来，蒋家池头村在新时代志愿服务工作方面取得了显著进展。村庄不断壮大志愿服务队伍，积极培育优质的志愿服务项目，并着力打造孝善文化志愿服务品牌。这些努力使得志愿服务工作日益制度化、规范化、常态化和多样化。蒋家池头村特别重视"老年食堂"项目的建设，并将其作为村庄的重点项目之一。2017 年 7 月 1 日，"孝膳堂"开放，为 75 周岁以上的独居老人、残疾人士以及 80 周岁以上的老年人提供中餐和晚餐服务。这一项目现已成为奉化区乃至宁波市农村居家养老的典范。居家养老是农村养老的基本模式，老年食堂不仅解决了老年人的吃饭问题，还是他们相互交流、排遣寂寞的重要场所，更是村庄了解老年人生活状况的重要平台，有助于及时发现老年人遇到的困难、满足老年人的生活需求。此外，老年食堂也是蒋家池头村志愿者团队发挥作用的重要阵地之一，志愿者们积极参与食堂的各项服务工作，为老年人提供帮助和支持。他们的付出不仅让老年人感受到温暖和关爱，也为村庄的和谐稳定发展做出了积极贡献。通过这些努力，蒋家池头村的志愿服务工作取得了显著成效，为村庄的可持续发展注入了强大的动力。这种以老年食堂为载体的志愿服务模式，不仅关注老年人的基本生活需求，更注重他们的精神需求和社会参与。这种创新和关怀并重的做法，为其他村庄提供了宝贵的经验和借鉴。

蒋家池头村"老年食堂"志愿服务项目自实施以来，项目内容不断完善和丰富。一是在创新机制上着力。蒋家池头村制定了严谨的"五个一"工作标准，包括一个管理小组、一套工作流程、一支志愿队伍、一块初心菜园以及一本明细账目，确保食堂的运营管理高效有序。村委会负责整体统筹管理，而志愿者则协助日常的运营工作，确保每日能满足近50位老人的就餐需求。此外，食堂还建立了老人健康档案，定期对菜品、环境、服务以及老人的身体状况进行调查，结果显示，96.7%的老人认为自从在食堂就餐后，他们的身体状况有所改善，变得更加硬朗。二是在多元供给上出力。食堂每周制定一次菜谱，确保每餐都有三菜一汤，而且三天内的菜品不重复。对于就餐的老人，根据年龄段仅收取餐费：75岁以上的老人4元，90岁以上的老人3元，而95岁以上的老人则完全免费。为了保障食堂的持续运营，村里实施了乡贤"反哺"计划，引导乡贤和企业以冠名捐赠或指定捐赠的形式，为食堂提供了大量支持。自计划实施以来，累计接收的现金及食材等物品折价已超过20万元。三是在社会共治上聚力。为了确保食堂的正常运营，村里75名和美志愿者轮流参与食堂的工作。他们累计服务时长超过1.5万小时，每年为老年人提供上门送餐服务达2000余次。

蒋家池头村"孝膳堂"成为新时代文明实践志愿服务品牌，百善孝为先，孝是中华文明的根本，这也是蒋家池头村将老年食堂取名为"孝膳堂"的原因。蒋家池头村始终从"孝"字出发，让老年人的物质生活和精神世界得到双重满足，给他们带来幸福晚年，真正实现居家养老。兴办孝膳堂以来，每日前来就餐的老人已接近50人，形成了"以老为老""以残助老""以青孝老""人人爱老"的浓厚"慈孝"氛围，成为新时代文明实践的一道"美丽风景线"，村里也出现了一些喜人的变化：一是村民对党和政府更加信任和拥护，对志愿服务队伍也更加信赖。村民们深知是党和政府让他们吃上了这么好的饭，对志愿服务这一工作给予了高度赞扬，也更积极参与到各项志愿服务活动中。二是村民对村党组织、村委会和村干部的工作更加支持。他们看到了村里的付出，尤其是"和美"志愿者队伍为村民提供的便利服务增强了村民对党组织的认同感和归属感，由此为村里的各项事业发展注入了强大动力，有些老人主动化身为党的理论传播宣讲员，参加志愿宣讲活动，与大家分享自己的所见所闻所感，这使得志愿活动得到了广泛的好评和认可，进一步弘扬了志愿服务精神。在孝膳堂和良好风尚的引领下，全村逐渐形成了以慈孝等优秀传统文化为主导的文明道德乡风。

2023 年 10 月 10 日，民政部等 11 部门联合印发《积极发展老年助餐服务行动方案》，明确要积极稳妥、因地制宜发展老年助餐服务。蒋家池头村创新"老人付一点、政府补一点、企业捐一点、菜园供一点、志愿者助一点"（"五个一"）运营模式，成为奉化区老年助餐的亮点名片。近年来，浙江省宁波市奉化区结合辖区内人口密度、空巢独居老人分布、用餐需求等情况，以"中心食堂+老年食堂+助餐服务点+送餐入户"助餐服务体系为基础，将服务延伸至老人家门口，打造老年人"幸福餐桌"。目前，奉化区已建成 2 家中心食堂、101 家老年食堂、55 个邻里助餐点，助餐服务惠及 5500 多位老人。

（二）典型队伍："吉祥三宝"特殊志愿者团队

作为社会弱势群体，残疾人在社会当中的作用常常被忽略。蒋家池头村充分调动残疾人群体的积极性，让其各展所长、各尽其能，成为村庄建设和志愿服务的一股特殊力量。鼓励残疾人群体参与到村庄志愿服务的工作中来，配合开展老年食堂送餐、维护文化礼堂秩序、公共场所花木浇水等工作，让残疾人群体为志愿服务建设创造价值，也找到自己的人生自信。定期走访慰问，积极为残疾人群体落实低保、补助等政府支持政策，村"两委"班子每季度组织对残疾人群体进行走访慰问，询问他们的健康、生活、就业等各方面情况，为他们送去关爱和温暖，对生活确有困难的给予经济和生活上的帮助，真正在实现共同富裕的道路上做到"一个也不能少""一个也不掉队"。目前，村里共有三位残疾人参与到志愿服务当中，他们被亲切地称为"吉祥三宝"，分别负责为老年食堂送餐、督促老年服务中心文明行为、维护村内绿地三项事务。"吉祥三宝"不仅为健康、文明、和谐的村庄环境创造了价值，也收获了广大村民发自内心的尊重和认可，更带动了一大批村民参与到村庄治理和志愿服务中来。

四　蒋家池头村新时代文明实践志愿服务面临的挑战与对策建议

在文明村创建持续推进和文明乡风引领下，蒋家池头村从"一处美"向"一片美"、从"环境美"向"生活美"、从"外在美"向"内涵美"进发，群众热切期盼的产业兴旺、生态宜居、乡风文明、治理有效、生活富裕的美好愿景正在变成现实，这个半山区的千人小村正在成为践行"两山"理念、建设美丽乡村的样本，成为城里人向往的和美、幸福、文明新时代文明志愿服务农村。

（一）面临的挑战

蒋家池头村在推进新时代文明实践志愿服务建设上还存在一些不足之处。一是志愿服务者的专业化程度不足。"和美"志愿服务团队主要由村里的老年人组成，他们在健康和体能方面可能面临一些限制，这会影响其提供志愿服务的能力。此外，针对老年人的培训和发展需要采取特殊的策略和方法，因为他们与年轻人在学习能力和需求方面存在差异，为了有效地提升老年志愿者的技能和专业水平，需要探索适合他们的培训方式和内容。老年人还可能面临沟通或合作上的挑战，这会影响他们与其他志愿者和社区成员的合作，削弱和降低志愿服务的协同效应和效率。二是缺少年轻的志愿服务骨干。目前，蒋家池头村在新媒体宣传运营和文案编辑方面的人才储备不足。年轻的志愿服务者拥有广泛的社会联系和影响力，他们能够借助新媒体等现代信息技术手段，宣传推广志愿服务活动，吸引更多人参与其中，扩大志愿服务的社会影响力和覆盖面。三是社会认知与参与度不高。提高村民对志愿服务的认知度和参与度是志愿服务工作顺利开展的重要前提。然而，蒋家池头村目前仍有部分村民对志愿服务的意义和价值认识不足，参与积极性不高，因此如何加强宣传教育，提高村民的志愿服务意识和社会责任感，是一个需要解决的问题。

（二）对策建议

一是提升志愿者服务的专业性，提供全面的培训发展计划，包括志愿服务理念、组织文化、服务技巧、安全与健康等方面的内容。此外，还应该提供针对特定领域的技能培训。尤其是对于老年人来说，培训的内容要简单易懂，持续的时间要长，做到循序渐进。

二是做到志愿服务持久化，志愿服务文化作为组织的"软实力"，是团结和凝聚广大志愿者的有力抓手。应积极培育和践行社会主义核心价值观，强化宣传志愿服务意义，大力营造志愿服务氛围，不断创新志愿服务项目，表彰优秀志愿者，报道区镇志愿服务工作先进人物和先进事迹，真正使志愿服务文化融入日常社会生活，在生活中把志愿服务文化化于无形并躬身践行，让志愿服务文化扎根、丰富和发展。

三是发掘年轻志愿者力量，通过社交媒体、校园社团等渠道，宣传乡村志愿服务的意义和价值，让更多年轻人了解和关注乡村志愿服务。同时，可以开展一些推广活动，例如志愿者招募宣讲会、志愿服务体验活动等，吸引年轻人参与。与政府、企业、社会组织等合作，整合资源，为年轻志愿者提供更多的支持和机会。例如，可以与政府机构合作开展环保项目，与企业合作提供实习机会等。

四是试点"时间银行"互助养老体系。依托"甬易养"智慧养老服务系统，围绕养老志愿服务活动，建立"政府主导、通存通兑、权威统一"的"时间银行"运行机制。出台"时间银行"试点方案，整合辖区志愿者、志愿服务资源，鼓励年纪相对较轻、有能力的老年人加入志愿服务团队，以现有助老服务时长兑换今后居家养老上门服务时长、老年食堂用餐券、康复辅具使用等养老服务内容，营造"全民助老"氛围。

五是提高社会认知与参与度。加强宣传教育力度，通过多种形式普及志愿服务知识和理念，提高村民的志愿服务意识和社会责任感。同时也要积极组织各类志愿服务活动，引导村民积极参与志愿服务实践，形成全社会关心支持志愿服务的良好氛围。

B.14
宁波市宁海县跃龙街道怡惠社区新时代文明实践志愿服务发展报告

周慧欣　胡雯雯*

摘　要： 为深入贯彻习近平新时代中国特色社会主义思想，大力弘扬"奉献、友爱、互助、进步"的志愿服务精神，切实发挥志愿服务在社会治理中的积极作用，打造宣传群众、教育群众、引领群众与服务群众的社区，宁波市宁海县跃龙街道怡惠社区有效盘活阵地资源，积极探索服务群众新路径。社区建立了"社会组织+社工+志愿者"的基层治理模式；广泛开展形式多样的志愿服务活动，打造"怡乐有礼，惠助邻里"的怡惠生活；通过发挥社区"大党委"作用，构建"党员先锋引领，服务群众更贴心"的志愿服务新体系，共同营造邻里守望的良好氛围，不断提升群众的幸福感、安全感和满意度。未来，怡惠社区将聚力打造特色街区、健全志愿服务激励机制，并为志愿服务队伍"注入"新血液，继续擦亮全国最美志愿服务社区的招牌。

关键词： 怡惠社区　大党委　社会组织　社工　志愿者

一　怡惠社区新时代文明实践志愿服务发展概况

社区志愿服务是完善社区治理体系的必要环节，也是培育社区居民公共

---

* 周慧欣，宁波大学法学院硕士研究生，研究方向为教育管理与政策；胡雯雯，宁波市宁海县跃龙街道怡惠社区社工。

意识与公益精神的重要途径。为把志愿服务活动不断引向深入，进一步深化"奉献、友爱、互助、进步"的志愿服务精神，凝聚更多社会群体力量积极参与志愿服务活动，推动全系统志愿服务工作健康稳步发展。怡惠社区依托社区新时代文明实践站、"浙里办"、"志愿浙江"等平台广泛开展志愿服务活动，并于 2018 年获得宁波市最美志愿服务社区称号，于 2019 年获得浙江省最美志愿服务社区称号，于 2020 年获得全国最美志愿服务社区荣誉称号、全省最美志愿服务社区荣誉称号以及市级最美志愿服务社区的荣誉称号。同时，怡惠社区致力于将志愿服务打造成社区特色文化品牌，2021 年怡惠社区新时代文明实践站被评为县级示范型新时代实践站。此外，怡惠社区的"三五"巡逻队案例——"'银辉党员'助'三五' 齐心协力守家园"荣获 2023 年百佳优秀工作案例。

怡惠社区地处宁海县跃龙街道，东起桃源中路，西到北斗北路，南至中山中路，北到外环路，是宁海县的金融、文化、商贸中心。该社区面积为 0.6 平方公里，常住户 4023 户，户籍户 2592 户。截至 2023 年 12 月，社区内专职工作人员共计 17 名，社区党委下设立 6 个党支部，现有党员 214 人；社区内机关单位 38 家，共建单位 15 家，沿街商铺 662 家，社区联合工会三产经营户 800 多家，分为 10 个大网格、60 个微网格；社区共有注册志愿者 2000 余人，志愿者们在传统节日、大型文化旅游节庆活动等关键时间节点举办各具特色的新时代文明实践活动，每年开展活动近千次，服务群众万余人，拥有多名"钻石级"明星志愿者。此外，该社区在"浙里办""志愿浙江"成立"怡惠社区学雷锋志愿服务工作站"，截至 2023 年 12 月，怡惠社区新时代文明实践站发布并开展各类志愿服务实践活动共计 500 余次、已有注册志愿者 732 人，累计公益服务时长达 4573.5 小时。

自 2002 年起，怡惠社区被选作文明创建试点单位，在志愿服务活动开展的第一个阶段，社区主要是在宁海县每年的传统节日——中国徐霞客开游节期间，挖掘社区中的热心居民与社区领袖，选其成为志愿服务活动小组长，由小组长通过亲友关系组建志愿服务小队，共同参与维护治安秩序、老年义务巡逻、分发宣传资料等工作。社区志愿服务活动自开展以来取得了良好的服务效果，社区也不断归纳既有经验和做法，创新探索志愿服务新路径。经过 14 年的沉淀与发展，自 2016 年起，怡惠社区开始结合信息化技术打造党建引领志愿服务项目，通过逐步引进社团和社会组织，怡惠社区建立了涵盖社区、社工、社会组织、社会资源及社区志愿者"五社"联动的社区治理模式。

近年来，为进一步弘扬志愿服务精神，由社区支部书记带头，怡惠社区从"理论宣讲""价值培育""文化兴盛""乡风培树""民生民情"五方面推进新时代文明实践。社区通过统筹辖区商铺、机关、企业、学校以及工益社会组织志愿服务资源，创新构建"共享集市"、"蒲公英"医疗服务队、"三五"巡逻队、潘天寿广场文明守护志愿服务队、银辉党支部志愿队、爱心护苗队等 39 支不同类别的志愿者服务队伍，进一步丰富文明实践活动内容，打造"怡乐有礼，惠助邻里"的怡惠生活。

二 怡惠社区新时代文明实践志愿服务经验做法

（一）志愿服务运作机制与模式

1.志愿服务组织体系

在怡惠社区成立之初，社工机构便进入社会组织、社区、文明实践站和社区服务中心，彼时社区仅聘请了 17 名专职社工，面对数千人乃至数万人的服务需求，常常面临应接不暇、顾此失彼的问题。由此，怡惠社区构建了"社会组织+社工+志愿者"的工作模式。在此模式的运营过程中，社会组织扮演着"机身"的角色，是社区志愿服务发展的核心主体。培育成熟的社会组织能够有效吸纳社会公益资源，也是党建引领下确保各项社区志愿服务活动常态、长效推进的基础；社工与志愿者则扮演着"机翼"的角色，是社区志愿服务发展的重要组成部分。在合作过程中，社工能够与志愿者分享专业知识，传授技巧和策略，从而进一步提升社区志愿者的专业化水平；而志愿者的参与一方面能够为社工提供丰富的人力资源，另一方面，由于志愿者普遍来自社区，其"当事人"角色能够为社工带来服务对象的视角，告知社工其服务对象的真实需求，与其分享宝贵的实践经验。由此，双方共同构建和睦友爱的幸福社区。

为推动新时代文明实践站高质量发展，怡惠社区依据 2023 年宁波市新时代文明实践工作的开展要求，高标准、高起点推进社区新时代文明实践站建设，站内设置了健康小馆、党员课堂、文明讲堂、市民学校、家长学校未成年活动中心等活动区域。通过团队积累和志愿活动开展，怡惠社区新文明实践志愿服务"We 站"应运而生，作为社区志愿服务枢纽站，这里既是独立的工作场所，同时也是志愿服务活动风采的集中展示区域。

2. 志愿者队伍体系

志愿服务队伍是开展文明实践活动的主要力量，着力于构建科学完备的文明实践志愿服务组织体系，积极汇聚各方志愿力量，切实提高志愿者和志愿服务组织的能力素质，才能真正让文明实践志愿服务队伍强起来、活起来。[1] 2023 年，怡惠社区新时代文明实践站主要围绕学习实践科学理论、践行主流价值、宣传党的政策、丰富活跃文化生活以及深入移风易俗五大文明实践内容提供志愿服务，针对居民实际需求，构建了实践站站长垂直领导下的 12 支志愿者队伍。实践站由怡惠社区党支部书记（志愿服务小队队长）担任实践站站长，并配有专职管理员，专职管理员由怡惠社区宣传员担任。站长负责组织领导、指挥协调等工作；管理员主要负责各个志愿服务团队活动的组织和日常工作。社区成立了青年阵地志愿服务队、爱心护苗志愿服务队、新市民便民志愿服务队、科普志愿者志愿服务队、居家养老志愿服务队、共享集市志愿服务队、垃圾分类志愿服务队、反诈志愿服务队、健康志愿服务队、潘天寿广场文明守护志愿服务队、党员志愿服务队、"蒲公英"医疗服务队，针对社区居民实际需求提供更为精细化的志愿服务。

此外，社区内还有卫生局、住建局、中小学等行政企事业单位 20 余家，

---

① 张进美、周宁：《社区志愿服务组织可持续发展机制及发展策略——以 ZB 市为例》，《云梦学刊》2024 年第 4 期，第 114~124 页。

工商户 800 余家，专业服务资源丰富。为充分调动这些资源，社区以基层党建"契约化"共建为抓手；不断整合优化资源，促进社区新时代文明实践提质增效，发动党员志愿者、企事业单位人员、普通群众加入社区活动，形成了"三五"巡逻队、"党群同心圆"小分队等特色鲜明的志愿服务队伍 39 支。居民志愿者队伍负责日常巡逻，及时发现并反馈环境卫生、不文明现象等问题；党员志愿者定时、定岗、定责认领居民矛盾调解任务；企事业单位队伍则根据自身实际，提供更为细致的专业性服务。

（二）志愿服务方式

1. 党建引领，构建志愿服务新体系

基层党建引领社区志愿服务具有重要意义。一方面，能够有效统筹社区资源，有助于打破社区志愿服务失灵的困境；另一方面，能够将志愿服务作为社区党建的重要载体，充分发挥党支部的战斗堡垒作用，扎实推动志愿服务活动提档升级，党员与群众同频共振、总体联动，实现"1+1>2"的倍增效应。[①] 结合怡惠社区志愿服务实际情况，基层党建在社区志愿服务中的地位和作用概括起来主要包括三个方面。一是文化导向。怡惠社区新时代文明实践站是党员干部和群众理论学习、道德实践、文明提升的品牌活动阵地，在这里，党员干部和社区居民集中学习党的政策，自上而下传达关于意识形态工作系列重要讲话精神，这既是加强基层党建工作本身所需，又是加强社区治理、维护社区稳定、推动社区发展的重要内容。二是组织联动。基层党建工作与环保、医疗、教育以及其他社区工作是共生共赢的关系，因而基层党组织是社区与其他组织建立关系的中间枢纽。例如，怡惠社区与县团委建立合作关系，与学校建立联结关系，让大学生志愿者融入社区，积极参与社会志愿服务，为社区志愿者队伍"注入"青春血液，同时在社区打造"青春志愿阵地"，为今后社区各类活动的开展提供服务阵地。三是服务保障。

---

① 刘黄娟、李亚兰：《基于"个体-组织"互动的 AMR 模型建构：中国志愿者服务供给可持续性研究》，《中国非营利评论》2023 年第 2 期，第 42～67、317～318 页。

在安全巡逻、调解居民矛盾纠纷、社区卫生保障、日常文化活动等各类文明实践活动中，基层党组织和党员志愿者往往发挥着引领示范和中流砥柱的作用，真正做到"党员先锋引领，服务群众更贴心"，为社区居民做实事、做好事。

2. 资源整合，构建多元主体治理格局

怡惠社区在充分整合自身基础性资源之余，聚力于探索多元共治模式，动员社会各方力量共同参与到社区治理当中。例如，据社区支部书记介绍，潘天寿广场是居民开展各种文化活动的首选场地，但噪声扰民、垃圾乱扔、居民发生矛盾纠纷等现象时常发生。为了解决这一问题，社区组织辖区内热心居民成立"老年义务巡逻队"，每周定期对社区各片区进行巡逻；组建"党群同心圆"党员志愿者分队，积极引导广场各文艺活动团队在合适的时间文明开展活动；联系街道综合行政执法局和派出所，与"党群同心圆"党员志愿者一起巡逻。由此，多方共同营造和谐广场，初步实现了共建共治共享的社区管理新模式。

3. 党企社联动，强化组织资源依赖关系

2023年6月以来，怡惠社区坚持以党建为引领，积极响应并坚决打击诈骗犯罪行为，按照国、省、市、县关于打击整治养老诈骗专项行动统一部署要求，社区进一步深化"红色领航"，催生"红色动能"，紧盯"流量点"宣传形成"反诈面"，并在社区组织成立反诈宣传志愿服务队，由党员志愿者和社区反诈专员在社区内常态化开展反诈宣传知识讲座。此外，为促进反诈意识深入人心，延伸反诈触角，社区于2023年筛选线上线下流量较大的餐饮商铺作为"反诈合伙人"，并成立"反诈合伙人"志愿服务队，携手30多家小餐饮和商铺共筑反诈屏障，进行联盟反诈。社区充分利用辖区内小餐饮店、商铺内的空白、显眼区域等空间资源，如柜台、外饮用水瓶身、外卖封签与贴纸、外卖袋等载体展示反诈内容，开展"沉浸式"反诈宣传工作。

4. 以"五化"服务体系擦亮全国最美志愿服务社区品牌

怡惠社区自2021年获得全国最美志愿服务社区以来，大力弘扬"奉献、

友爱、互助、进步"的志愿服务精神，拓宽服务领域，努力推进自身建设，在党建引领下建立"服务团队专业化、合作方式契约化、服务内容多样化、优质内容项目化、管理方法社团化"的创新式"五化"志愿服务体系，全方位强化社区志愿服务领域与能力。在怡惠社区，"共享集市"每月为居民提供生活服务、健康管理和法律咨询三大服务；"三五"巡逻队每周三、周五为社区排除隐患、守护平安；"爱可成声"孵化成为优秀项目，每月由听障支持小组开展防治干预活动。

怡惠社区致力于拓展志愿服务领域、挖掘辖区内外志愿服务资源，目前已有合作志愿团队26家。社区以需求为导向，紧抓"五化"志愿服务体系，与服务团队定制更加个性化的服务内容，为社区居民提供更加多样化的服务项目，切实提升社区居民的生活幸福感与社区归属感。

（三）志愿服务内容

新时代文明实践活动让志愿服务深入人心。近年来，宁波市正在加快完善养老托育服务体系。通过走访以及社区负责人介绍，怡惠社区同样存在大量的退休空巢老人和缺少父母陪伴成长的儿童。面对"一老一小"两类群体，社区思考如何开展为老服务，同时解决托幼问题。从整体上来看，怡惠社区的志愿服务对象与志愿服务活动也主要是针对这两类群体。为此，怡惠社区聚焦这两类群体的实际需求，通过开展志愿服务，链接社区内外部资源实现精准关爱帮扶，解决群众"急难愁盼"问题。此外，社区还注重基层群众的精神文化需求与社区建设，因地制宜地开展各具特色的文明实践活动，确保大门常开、活动常态、内容常新。

1. 聚焦"老有所依"

社区健康是一个关乎社区居民身心健康的重要议题，而老年人的健康问题更是重中之重。通过走访发现，怡惠社区内空巢老人较多，且或多或少患有三高、糖网病等慢性疾病，但这些老年人对其自身的健康问题重视不足。为此，怡惠社区整合辖区志愿者，分别成立了健康志愿服务队、"蒲公英"医疗服务队以及怡惠健康志愿服务队，常年开展敬老帮扶、便民服务、咨询宣传等志愿服务，为构建和谐社区添砖加瓦。此外，由社区牵头积极与协办单位如宁海第一医院、宁海第二医院以及宁海眼科医院展开合作，组织相关志愿服务队伍合力为老人提供健康知识讲座以及咨询服务等。截至2023年12月，怡惠社区联手协办单位持续为老年人提供免费测血糖、血压、尿酸以及健康咨询服务，有效增强了居民健康素养和自我管理意识，获益人数达2000余人。

除了健康问题，社区还十分关注养老服务，社区在居家养老服务上推行"走出来、走进去"的原则。"走出来"指的是由社区工作人员带动辖区内的老年人从家里走出来，以潘天寿广场、宁海剧院等各类公共服务设施为场地，组建成立社区腰鼓队、秧歌队、乒乓球队等文化娱乐队伍，开展丰富多彩的老年文化活动。同时，开放社区图书室、活动室、棋牌室、远教电化室等，为社区老年朋友提供娱乐、交流、锻炼的平台，使老人们更好地融入社区这个大家庭中去。"走进去"指的是社区在全面深入了解老年人家庭、身体、居住、经济、需求等状况的基础上，建立了老年人基本情况信息、老年人个人服务需求档案，并通过社区工作人员定期与不定期相结合的方式上门调研和走访，加强与老人的接触交流，减少他们的孤独感，并进一步强化了社区老人的幸福感与获得感。

2. 聚焦"幼有所护"

为营造安全、健康、文明的成长环境，增强广大青少年文明、健康、安全意识，社区成立了爱心护苗志愿服务队伍以保障孩子们上学途中的安全。早高峰时期，孩子们就在车与车之间穿来穿去，随之产生的是需要给予高度重视的安全隐患。为此，每到大中小学开学之际，志愿者们就会积极开展爱心护苗行动，他们身穿红色马甲、脸上佩戴医用口罩、耐心引导接送车辆临时停放、维持校园周边秩序、接送孩子过马路，保障孩子们家校"最后一百米"的安全通畅。

3. 聚焦"文化生活"

为推动社区居民深入理解党的方针政策与主流价值观，怡惠社区积极组织辖区内党员和社区居民集中参与深入学习宣传贯彻党的二十大精神、学习

《习近平新时代中国特色社会主义思想专题摘编》主题学习交流会以及开展线上参观学习"大道之行——'八八战略'实施 20 周年主题展览"等文明实践活动，有助于进一步把党员的思想统一到党的二十大精神上来，同时有助于将凝聚的思想信念力量转化为服务群众的实际行动，以学促干，扎扎实实助力创城，推动党的二十大在实践中走深走实。

为弘扬民族传统文化，提升居民生活质量，怡惠社区在每年年初提前制定全年文化活动计划方案，根据春节、端午、冬至等传统节日、节气，针对不同居民群体举办文化活动，如春节写对联活动、元宵节猜灯谜领奖品、妇女节甜品制作教学活动，提升基层群众的文化获得感，进一步促进基层文化兴盛。此外，社区还联合各成员单位开展助残日、邻里文化节和防空减灾宣传周活动，增加居民平安消防知识，丰富小区文化生活，促进邻里和谐。同时，结合"15 分钟品质文化生活圈"，社区每周按照惯例在潘天寿广场开展健身活动，居民在活动过程中自发形成广场舞、柔力球、羽毛球等健身队伍，从而充实居民的业余或退休生活，不仅有助于实现广大居民在"家门口"健身，满足基层群众健身指导需求，更有利于进一步营造社区全民健身的浓厚氛围。

4. 聚焦"社区建设"

为进一步深化垃圾分类理念，鼓励引导辖区居民主动参与垃圾分类，掌握科学垃圾分类方法，怡惠社区成立了垃圾分类志愿服务队。在社区内，大家分工明确，干劲十足，一手持着垃圾钳，一手拿着垃圾斗，捡拾小区绿化带中的纸屑、烟头、塑料瓶、塑料袋等各类垃圾，清理多余的杂草并分发垃圾分类宣传手册。由此，社区内部及周边生态环境愈加优美，同时进一步增强了居民们保护社区环境、爱护家园的意识，使他们自觉养成保护生态环境的良好习惯。

此外，为积极响应创建文明城市的号召，怡惠社区组建了"三五"巡逻志愿服务队，志愿者于每周三、周五对社区周边绿化带垃圾进行清理，并对违规停放电动车、自行车现象进行整改，为社区营造良好的创城氛围。

三 怡惠社区新时代文明实践志愿服务典型案例

随着新时代文明实践活动的深入开展，怡惠社区志愿服务也呈现出生机勃勃的景象，社区内涌现了一大批典型项目和志愿服务领袖，展现了人民群众的优秀品质和奉献精神，彰显了社会主义核心价值观。

（一）典型项目："共享集市"志愿服务项目

为促进志愿服务专业化、全面化发展，怡惠社区充分发挥组织与动员能力，结合社区实际建立了以"共享集市"形式呈现的"固定爱心日"志愿服务项目，通过深入挖掘社区居民需求，为社区居民提供针对性、持续性和时效性的志愿服务。怡惠社区"共享集市"项目诞生于 2016 年，成立初期主要作为党员固定服务日，2018 年被正式命名为"共享集市"活动，活动对象不仅限于党员，主要为社区居民提供信息咨询、健康管理、便民服务三大类型服务，以期凝聚人心。怡惠社区"共享集市"志愿服务项目主要采取服务与摊位展示相结合的方式，以"赶集"的形式，每月开展一次共享集市活动，提供"6+X"类服务项目，即在"磨刀、理发、修甲、配钥匙、家居生活、爱心缝补"6 项固定服务项目的基础上，依托新时代文明实践站定期收集群众需求，定向组织"夏日送清凉"、"浓情重阳，爱传怡惠"、"共享集市"主题党日活动、"共享集市"冬日专场以及共享集市新春专场——"党建促和谐，欢喜闹元宵"猜灯谜等惠民活动，让居民在"家门口"享受到各项便民服务。8 年来，"共享集市"已然成型并深受居民欢迎，截至 2023 年 12 月底，"共享集市"已经开展了 70 余次，参与志愿者多达 726 名，累计受益居民万余人次，让居民享受到了更安心更便利的服务。

怡惠社区的"共享集市"志愿服务项目是践行共建共治共享的社区治理格局的怡惠经验，在此过程中，该社区除了开展常态化的志愿服务活动，还坚持"引进来"活动与"走出去"活动相结合，服务于不同社会群体。

社区鼓励企业、社会组织等多元主体参与社区志愿服务，例如，在 2018 年"共享集市"中，社区引进了美康惠健康管理志愿服务项目团队，依托"健康小馆"平台为居民免费提供健康服务，建立动态健康档案，每日服务 70 余人次，至今已完成 2500 余份居民健康档案。2023 年 12 月，怡惠社区开展了"共享集市"冬季专场，便民服务项目丰富多样，涵盖司法咨询、按摩推拿、口腔健康、传统磨刀等。活动现场热闹非凡，共接待居民 300 余人次，并辐射到了周边社区居民。参加活动的社区居民纷纷表示："这活动真是太好了，让我们居民能在家门口前赶大集，真是太方便了！"端午节临近，为了增强居民对社区的归属感，2023 年 6 月 11 日上午，怡惠社区社会组织服务中心开展共享集市专场——"浓情端午节，香粽润和谐"活动，发香袋、点雄黄、传统磨刀、按摩推拿、口腔健康等各个项目有序开展，社区居民一起包粽子，共度端午节。活动现场其乐融融，志愿者服务到位，共接待居民近 400 人次，实实在在让社区居民获得幸福感，让大家"足不出户"就能享受到各种各样的服务，受到大家的一致好评。

此外，为发挥怡惠社区党员志愿者的先锋模范作用，更好地服务社区群众，社区在充分了解社区群众需求的基础上，不断拓展党员志愿者服务平台，每月在社区内组织开展"共享集市"主题党日活动，促进党员志愿服务专业化、全面化发展，形成了"党员先锋引领，服务群众更贴心"的志愿服务体系。据社区党支部书记介绍，怡惠社区"共享集市"项目的党日活动主要是以"赶集"的形式将各方资源整合起来，架起了党群沟通的桥梁，营造了和谐的社区环境，使资源利用最大化、使群众享受服务便利化，突出了主题党日活动的针对性和实效性，同时进一步加强了基层党组织和党员队伍建设，有效推动了党员志愿服务工作常态化、规范化、制度化发展。例如，2022 年元宵节前夕，怡惠社区开展共享集市新春专场——"党建促和谐，欢喜闹元宵"猜灯谜活动，灯谜以党建知识、人文百科、字谜、成语等为主题，将传统节日与党建知识结合，为党员活动增添异彩。

据悉，怡惠社区"共享集市"的相关经验做法作为优秀主题党日活动于 2018 年 6 月在《共产党员》杂志刊出。同时，"固定爱心日"便民服务公益行动还获评宁波市"百佳社区文明创建工作品牌"。概而论之，怡惠社区"共享集市"作为推动志愿服务常态化发展的新业态新服务，既满足了社区群众基本公共服务和便民服务需求，又有利于补齐社区服务短板，破解生活难题，快速吸引周边资源汇聚，为完善邻近社区的运作机制提供了良好示范。

（二）典型项目："'怡乐桑榆'惠生活"系列服务项目

怡惠社区坚持"和谐社区，健康为本"，关注居民健康生活。作为老年人慢病关爱项目的系列衍生项目，怡惠社区社会组织服务中心以打造"健康怡惠"品牌为工作理念，推出了"'怡乐桑榆'惠生活"系列项目，对社区内老年人的健康生活进行项目化管理。自2017年开展，从最初的慢病管理到心理关爱再到糖网病防治，对居住在社区内的居民的健康生活进行项目化、精细化管理。

在前期开展的"'怡乐桑榆'惠生活——空巢老人健康关爱计划"项目中，服务中心发现已有不少身患糖尿病的老年人存在早期糖尿病性视网膜病变，但是这些老年患者往往因早期自身无明显眼部症状而容易忽视，并且对糖网病没有正确的认识和专业化的指导，等严重时再发现已造成视力严重受损，因此预防和早期介入干预是老年人糖网病防治最好的方法。为此，怡惠社区社会组织服务中心与宁海县眼科医院开展长期合作，常态化邀请宁海眼科医院在社区内开展"怡乐桑榆"惠生活——老年人早期糖网病防治干预计划，通过专业的医疗服务和小组工作，从精准筛选服务对象、社区健康服务、小组活动三个子项目入手，对患早期糖网病或有糖网病趋向病变的老年人进行早期干预。在项目开展过程中，社区与医院从社区卫生服务站的慢病健康管理系统中筛选出患糖尿病且病程达10年以上的100名老年人，并对其进行空腹血糖检测和眼底镜筛查，排查出了15名典型患有早期糖网病的老年人。为了对这批患病老人的血糖和眼底进行定期检测，志愿者组成早期糖网病患者支持性小组，并为每位病人建立健康档案，以小组活动的形式有效提高社区内老年人对糖网病变的知晓率和防治意识。该项目充分运用社区资源，以专业的服务项目协助老年糖网病早期患者构建社区糖网病变管理支持网络，让患者形成自主互助模式，降低因糖尿病导致的致盲率，让患早期糖网病的老年人有更高的生活质量。由此，怡惠社区与眼科医院通力合作，通过专业的干预和介入，提升患糖网病老年人对于糖网病变的知晓率，进而控制血糖和眼底的病变率。

此外，怡惠社区基于前期对社区内患高血压、糖尿病老年人群体排摸数据的分析，发现社区内有 15 名同时患有糖尿病、高血压慢性疾病的空巢老人。为此，社区十分注重老年人高血压病症的预防，并且为社区内空巢老人提供长期健康咨询服务。社区与宁海县第二医院开展合作，定期在健康小馆举办高血压病的防治讲座，为空巢老人讲述高血压病症的概况、危害、症状、危险因素以及日常控制措施，开展健康咨询、慢性病监测、小组活动等项目，以增强社区空巢慢病患者的自我健康管理意识，并协助他们构建社区慢病管理支持网络，该项目受到了空巢老人的热烈欢迎。

总而言之，"'怡乐桑榆'惠生活"系列服务项目着重采取医疗保健、小组工作、心理疏导等多种方式为社区老人提供健康服务，不仅保障了空巢老人的慢性病健康管理，也是对社区照顾模式的一个实践过程，对社区居家养老工作具有良好的实践和引导作用。因此，在 2021 年，"'怡乐桑榆'惠生活——老年人早期糖网病防治干预计划"获得新时代文明实践志愿服务项目大赛三等奖。2023 年开展的"'爱可成声'——老年人早期听力障碍干预项目"荣获宁海县新时代文明实践志愿服务项目大赛铜奖和第五届"宁海慈善奖"优秀项目。

四　怡惠社区新时代文明实践现存挑战与对策建议

近年来，怡惠社区积极响应新时代文明实践中心建设工作，扎实推进新时代文明实践活动，在此过程中基于社区自身资源优势，不断创新探索新时代文明实践路径，催生出新时代文明实践的新探索、新载体、新经验，切实增强了群众的获得感和幸福感。然而，在当前新时代文明实践工作的高质量发展新阶段，怡惠社区志愿服务在开展过程中仍然面临一些问题与挑战。

（一）现存挑战

志愿者构成固化，社区人力资源利用率低。当前，我国企业退休人员的管理工作逐渐开始移交给社区，由社区层面承接企业退休人员的社会化管理工作，如建立人事档案、办理医疗保险、发放养老金、丰富退休人员精神生活等。据怡惠社区党支部书记介绍，社区内有大量且相对离散的企业退休人员，而使这批居民安享高质量的晚年生活是社区在企业退休人员社会化管理服务工作中的主要目标。因此，引导企业退休人员积极参与社区志愿服务活动，不仅能在一定程度上加强社区凝聚力、充实该群体的精神生活，而且有利于推动社会稳定和谐发展。在怡惠社区志愿服务发展的近 21 年间，其志愿者主要由热心居民、退休老干部、党员、大学生等群体构成，并且存在一个志愿者在多个志愿服务项目"身兼数职"的情况，志愿者数量十分有限。可见，充分调动社区内企业退休人员这部分人力资源能有效解决志愿者构成固化、社区里人资源利用率低的局面。

志愿者礼遇褒奖措施单一，激励效果不明显。众所周知，社区志愿服务虽然提倡的是无私奉献和友爱互助，但是同样需要一系列"反哺"机制来呵护志愿者的热情，让志愿者在付出劳动的同时也可以享受福利，从而推动社区志愿活动实现良性循环。2002~2023 年，怡惠社区的志愿服务激励方式仍主要是精神激励。据了解，社区每年会在 9 月 9 日重阳节这一天，对社区内服务效果较好的志愿服务团队、项目以及个人进行集中表彰。这种激励方式虽然成本较低，但存在层次不高、内容不多、涉及不广、影响不大以及短期效应的问题。可见，在怡惠社区志愿服务的运作过程中，尚未妥善兼顾志愿者个人志愿性与社区层面正向激励的有机统一。因此，为促使志愿服务再"增值"，社区还应继续探索其他具有"怡惠色彩"的激励方式。

志愿服务场所受限，活动持续性低。据社区支部书记介绍，该新时代社区文明实践站（志愿服务工作站）面积狭小，可用于开展志愿服务活动的场所十分有限，因此，除护苗行动以及广场夜间守护行动等在户外开展的活动能够每天进行以外，理发、日常健康维护行动、社区楼道灭火器排查、反诈防诈宣传以及我是"楼道小先生"系列活动等都是每周或每月开展一次，这些活动的持续性较差，居民难以获得更好的服务，同时志愿服务项目的专业性水平也难以有效提升。

（二）对策建议

一是打造党建引领志愿服务特色街区。为有效解决怡惠社区志愿服务活动开展场地受限的问题，社区正在建立和打造党建引领志愿者服务特色街区，特色街区的建立建成不仅有利于志愿服务活动的常态化开展，还有利于强化优良志愿服务活动的宣传和示范效应。首先，特色街区建成后，"共享集市"志愿服务项目将由传统的每月开展一次转变为每周固定开展，精准服务特定对象，有效提升社区内居民幸福感。其次，社区未来将充分利用特色街区的空间优势，集中展示优秀志愿者风采和优秀志愿服务项目，进而营造更浓厚的志愿氛围，实现以点带面，动员更多社会组织和社区居民自发参与志愿服务活动，增强社区居民的认同感、凝聚力、归属感和责任感。最后，怡惠社区将充分发挥社区基层党组织的领导作用和党员先锋模范作用，动员社区居民、退休老干部、党员、社区内行业领袖带头参与、常态化参与社区志愿服务，形成基层党组织主导下党员优先作为、"社会组织+社工+志愿者"积极作为、社区居民集体受益的良好局面。

二是为志愿者队伍"注入"新鲜血液。未来，怡惠社区将跳出社区热心居民、党员、社会团体和学生群体的招募框架，从社区内1240多名企业退休人员中物色一批50~60周岁人员，号召他们一起加入社区志愿服务。在为这批志愿者正式安排具体任务前，将从社区层面系统地了解新晋志愿者，根据志愿者个人意愿、专业优势梳理社区志愿服务活动清单，再根据社区现有的服务需求清单进行供需匹配，实现活动清单与服务需求清单的无缝衔接。这不仅有利于继续落实落细各项志愿服务工作，还有利于志愿者用实际行动弘扬"奉献、友爱、互助、进步"的志愿者精神，丰富这批社区新晋志愿者的精神生活，使他们以热情饱满的精神状态服务社区。

三是探索"因地制宜"的志愿者激励模式。近年来，为强化社区志愿者的获得感和认同感，社区正在探索适合本社区志愿者的"时间银行"兑换机制，以期建立党建引领社区治理"以服务换服务"的"双向闭环"志愿服务激励机制，形成全民志愿服务新风尚，助推社区新时代文明实践志愿服务有形化、常态化、长效化。[①] "时间银行"兑换机制是对新时期社区志愿服务的一项有效激励措施，旨在表达对社区志愿者们无私奉献、积极踊跃、遇事担当、不怕麻烦、不舍昼夜，按照要求完成各项服务保障工作的认可、肯定和感谢，志愿者们以高度的责任感和实际行动塑造了新时代社区志愿者的良好形象，也有利于吸引更多的居民参与社区志愿服务。

在具体做法上，怡惠社区将根据每位志愿者在社区志愿服务中的服务时长、服务难度和强度来记录其所得积分，同时，社区将购买可供兑换的礼品，主要有牙膏牙刷、洗衣液、抽纸、毛巾等，这些礼品会根据其各自对应的市面价值来进行积分赋值，志愿者们可使用其所获得的积分在社区文明实践站兑换相应礼品。以类似"时间银行"兑换机制的礼遇褒奖激励与回馈活动，广泛引导志愿者和社区群众自觉投身于社区志愿活动，调动起志愿者在社区志愿服务中的积极性、主动性，同时让群众逐步成为志愿服务的主力军，逐步实现党员志愿者、志愿者"以老带新"的生动局面，让好人好事在怡惠社区蔚然成风。

---

① 刘叶、李莉颖：《城市社区志愿服务激励机制的特点和需求——基于 S 市 H 社区的观察》，《内蒙古科技与经济》2024 年第 7 期，第 55~58 页。

B.15
宁波市北仑区大碶街道灵峰工业社区
新时代文明实践志愿服务发展报告

陈　沁　陈梦婷*

摘　要： 为使习近平新时代中国特色社会主义思想更加深入人心，打造宣传群众、教育群众、关心群众、服务群众的社区，灵峰工业社区积极开展新时代文明实践志愿服务，依托社区新时代文明实践经验，搭建"1+2+N"的志愿服务体系与"8+N"的志愿服务队伍组织体系，通过党建引领建立服务机制，聚焦网格挖掘志愿服务需求，因地制宜共建实体阵地，培育社区志愿服务队伍，开展关注企业发展、服务社区群众、丰富文化生活、促进社区建设的志愿服务活动，形成了富有特色的志愿服务项目。未来，灵峰工业社区将更关注对社区居民精神文化需求的满足，建立健全志愿者激励措施，激发社区居民自主性，为社区新时代文明实践探索新路径。

关键词： 灵峰工业社区　志愿服务　党建引领

一　灵峰工业社区新时代文明实践志愿服务发展概况

灵峰工业社区位于宁波市北仑区大碶街道，占地面积近3000亩，是一个以模具和汽车配件生产为主的工业社区，也是全国最大的压铸与汽车配件生产集聚地，先后被评为"全国压铸模具标准化示范基地"与

---

* 陈沁，华东理工大学社会与公共管理学院博士研究生，研究方向为社区治理；陈梦婷，宁波市北仑区大碶街道灵峰工业社区党群服务中心主任。

"中国压铸产业示范基地"。在社区内生活的企业职工有 6000 余人，其中 75% 为流动人口。社区内有 88 家企业，其中，中等规模以上企业 44 家，上市公司 6 家，国家级专精特新"小巨人"8 家，制造业单项冠军 4 家。2022 年年产值达到了 311 亿元，同比增长 21.6%。90% 的企业为压铸模具及其上下游配套企业，形成了分工合理、配套健全、协作紧密的模具产业链，其中高新技术企业 26 家，中国压铸模具重点骨干企业 11 家，国家级实验室 2 个，国家、省市各级研发和工程（技术）中心 20 多个。园区内聚集了诸如宁波拓普集团股份有限公司、继峰汽车零部件、隆源精密机械、微科光电、埃利特、润轴、星源卓镁、爱可森等优秀制造业厂商。

自 2008 年起，浙江省宁波市北仑区创新探索"工业社区模式"，让企业和职工作为社区的居民共同参与社区治理。在该背景下，灵峰工业社区于 2015 年正式成立，以"党建引领、政府主导、社区协同、企业参与"的理念为指引，建立党群服务中心这一服务平台，依靠区域性党组织的力量整合资源，聘请社工包片服务职工和企业，通过组建"锋领企服联盟"推动部门治理队伍下沉，形成工业社区的独特治理模式，同时在社区治理方面收获荣誉颇丰，获得 2021 年"全国五一劳动奖状"，获评市级社会治理创新示范点、全省第四批城乡社区治理和服务创新试验区。

在习近平新时代中国特色社会主义思想的领导下，为打造宣传群众、教育群众、关心群众、服务群众的社区，灵峰工业社区坚持学习贯彻党的二十大精神，践行社会主义核心价值观，推进社区内新时代精神文明实践志愿服务建设。自 2015 年社区建立之初便逐步开展新时代精神文明实践，经过三年的探索，于 2018 年初步形成了志愿者服务体系。灵峰工业社区依据社区的独特性与治理优势，探索出了一条工业园区志愿服务的模式和道路。该社区通过党群服务中心，联合政府部门平台和辖区内企业，整合、撬动社会资源，开展丰富的志愿服务活动。

截至 2023 年 12 月，灵峰工业社区开设志愿服务项目共计 380 个，志愿者累计志愿服务时长超过 15000 小时。职工文化活动中心项目每天不间断开展，志愿者累计志愿服务时长达 30000 多小时。"臻锋"巡逻队项目开展百余次，志愿者累计志愿服务时长 6000 小时。在志愿者队伍建设方面，依托党建引领吸引了 6000 余名社区内党员职工参与，其中继峰、旭升、华朔、辉旺、爱可森等非公企业逐步或已经实行全员志愿者模式，仅继峰一家企业内部已开展志愿活动 500 余次，参与人数超过 2000 人。同时，形成"灵动"志愿者协会和"臻锋"巡逻队两支常态化特色志愿者队伍，共有志愿者 290 名，其中有 45 名"臻锋"巡逻队队员、75 名"灵动"志愿者，170 名企业志愿者。灵峰工业社区获评 2020 年度全国学雷锋志愿服务"四个一百"最佳志愿服务社区、2023 年浙江省习近平新时代中国特色社会主义思想研究中心调研基地、浙江省学习贯彻习近平新时代中国特色社会主义思想现场教学示范点。

二 灵峰工业社区新时代文明实践志愿服务经验做法

（一）志愿服务运作机制与模式

新时代文明实践要求以志愿服务活动为主要形式，以志愿者为主体力量，面向社区推进文明实践志愿服务。灵峰工业社区根据"1+2+N"构建起社区志愿服务体系，形成"8+N"支志愿者队伍，为新时代文明实践提供制度化保障。

1. 志愿服务组织体系

灵峰工业社区经过探索实践，形成了社区志愿服务"1+2+N"的体系。"1"是指党建引领，即以基层党组织为核心，发挥其领导核心作用，为志愿服务提供方向指引。通过党建联建活动开展，为汲取志愿服务资源提供组织保障。"2"是指依托新时代文明实践站、职工文化中心两个实体阵地，提供社区志愿服务开展的空间资源，保障志愿服务有秩序、常态化开展。"N"代表多种志愿服务力量，包括民营企业、职工、群团组织、辖区单位、部门等多元主体构成的社区志愿服务矩阵，有利于提供丰富的志愿服务内容以满足社区居民需要，扩大志愿服务覆盖面让社区多元主体受益。

灵峰工业社区文明实践点紧密结合企业发展、社会治理等工作，坚持以人为本，践行"山高人为峰"的理念，聚焦园区内企业与群众的需求与困难，积极链接外部资源，整合社区内部资源，开展多样的社区志愿服务，让园区内企业与群众感受到党的力量、党的温暖，引导其为美好生活而奋斗。在志愿服务开展方面，社区将新时代精神文明工作与社会治理工作结合起来，根据工业社区的特点，探索"党建+志愿服务""网格+志愿服务""阵地+志愿服务"等新时代文明实践模式，积极推动工业社区文明建设，探索工业社区、民营企业的志愿服务建设路径。

2. 志愿者队伍体系

构建科学完备的志愿者队伍体系，汇聚社区内志愿服务力量，是新时代精神文明实践的重要着力点。灵峰工业社区根据北仑区的指示要求，构建起社区"8+N"支志愿服务队伍，除理论政策宣传、文化文艺服务、助学支教、医疗健身、科学普及、法律服务、卫生环保、扶贫帮困8类常备队伍外，还根据社区特色形成了"灵动"志愿者协会和"臻锋"巡逻队等常态化特色志愿者队伍，搭建起志愿者队伍的基本架构，成为志愿服务开展的坚实基础。

志愿者队伍的培育和发展是实现新时代精神文明建设实践持续不断的精神之源。灵峰工业社区以志愿者精神价值为核心，建立起完善的招募选拔、队伍管理、专业培训、激励表彰的培育体系。以"奉献、友爱、互助、进步"的志愿精神为基本理念，明确志愿者队伍以社区精神文明建设与社区发展为中心，促进社区内企业与职工参与到社区志愿服务中。以党组织与融合性社会组织为抓手，有效招募选拔志愿者：一方面，面向企业开展志愿者招募与提供志愿服务；另一方面，通过志愿者队伍形式促进流动人口社区融合。积极运用数字化手段赋能志愿团队建设，推进社区志愿者管理信息化，使用 We 信息平台对志愿者进行注册、考核、记录。同时，根据北仑区民政局制定的《北仑区社区社会组织培育指引》，通过工业社区社会组织服务平台（孵化站），对社区志愿者服务队伍进行规范化、专业化培育发展，支持其成为社区社会组织，进一步推动志愿服务专业化、常态化开展。目前，已组建"漾公益"社会组织，获得了良好的社会反响。

（二）志愿服务方式

近年来，灵峰工业社区结合社区特点与实际情况，着力推进志愿服务的制度化、社会化、专业化，走出一条新时代文明实践工作路径，探索实践志愿服务的新模式。

1. 党建引领，建立社区志愿服务机制

灵峰工业社区是宁波"工业社区模式"的积极探索者，社区内不设居委会，依靠党建的方式实现工业社区治理。因此，党建引领志愿服务是该社区开展志愿服务的重要方式。

首先，依托党组织建设形成志愿服务组织体系。基层党组织是志愿服务活动的领导核心，也是组织、协调和指导志愿服务活动开展的坚实基础。通过党建引领组织建设可以确保新时代文明实践的开展始终围绕党和人民的需要，维护志愿者和志愿组织的合法权益，推动社区志愿服务有序开展。灵峰工业社区依托北仑"区—街道—工业社区—企业"四级党组织，吸纳驻区单位、龙头企业、群团组织等力量，形成志愿服务的重要动力。以"两新"党组织为抓手，挖掘一批非公企业党支部书记、优秀党员组建"车间党课"志愿者宣讲队伍。开展党的二十大精神宣讲、传承家风家训等有礼讲堂活动共160余场。

其次，发挥党员在志愿服务中的示范引领作用。灵峰工业社区在志愿服务开展过程中，着重发挥党员的先锋模范作用。灵峰工业社区内220名党员发挥先锋模范带头作用，积极动员数百名企业员工成为志愿者，形成六个志愿者组织。常态化开展365"臻锋"志愿活动，将清洁园区、文明劝导、安全检查志愿服务与园区管理相结合，营造社区整体志愿服务氛围。同时，推动党员志愿者与辖区内企业、职工结对，指导辖区内企业安全生产，为困难职工开展"冬季送温暖""温暖回家路"等志愿服务。

最后，依托党建机制实现志愿服务资源整合。通过党建联建机制进行社区内外资源整合，协调政府部门、企事业单位、社会组织、高校等各方资源，为志愿服务活动提供资金、场地、物资等方面的支持。灵峰工业社区的党群服务中心为志愿服务的开展提供了现实场地。通过党建联建，联合公安局、工会、北仑人民医院、宁波职业学院、银行等，在公益集市开设反诈宣传、职工活动、健康义诊、假日学校、产业工人金融咨询摊位，开展公益理发、公益培训、糕点义卖等公益志愿服务活动。依托社区内部锋领企服队伍"日必问、周必研、月必访、季必诊、年必评"的常态化联系制度，链接20多个下沉职能部门资源，提供有助于企业发展的公益咨询服务。

2. 聚焦网格，挖掘社区志愿服务需求

网格化管理是社会治理创新的重要方向，是实现基层社会服务与治理精细化、集约化和高效化的重要手段。[①] 灵峰工业社区依托社区网格管理，精准挖掘志愿服务需求，形成了具有自身特色、满足不同需求的志愿服务品牌项目。

精准挖掘志愿服务需求。灵峰工业社区依托社区的网格体系，精确把握社区居民需求，提供精细化的志愿服务。灵峰工业社区划分有5个专属网格和110个微网格，每家企业至少一个微网格，多数微网格长是党员。为延伸工作手臂，织密最小作战单元，在每个微网格下设立3名微网格员，整个社区共有330名微网格员。多数微网格员由企业党组织负责人、工会主席、人力资源负责人兼任，在他们工作过程中，及时挖掘企业诉求与职工需求，根据需求、问题、资源"三张清单"展开需求调研，形成了诸如"灵动"假日学校、周末阳光辅导班、技能培训、企业安全生产等志愿服务项目。

打造特色志愿服务项目。得益于网格治理形成的志愿服务网络，灵峰工业社区根据不同的网格需求，开展了符合网格需求、具有网格特色的志愿服务活动，实现了志愿服务开展的精细化与精准化，提高了志愿服务的效能。

---

① 秦上人、郁建兴：《从网格化管理到网络化治理——走向基层社会治理的新形态》，《南京社会科学》2017年第1期，第87~93页。

其中，网格二支部根据职工的托管需求形成了"灵动"假日学校志愿服务项目，网格三支部基于精神文明建设需求形成了车间党课红色教育项目，网格四支部根据提高产能需求形成了科协组织体系项目，等等，实现了一个网格一个品牌项目，助力社区精神文明建设。

3. 因地制宜，共建社区志愿服务阵地

实体阵地为志愿服务提供了稳定的场所，一方面保障志愿服务的制度化、常态化开展，另一方面提高志愿者的参与意愿，促进志愿者队伍形成凝聚力。灵峰工业社区依托社区"一站一中心"两个实体阵地，整合志愿服务资源，促进多元主体提供志愿服务资源，为社区开展志愿服务提供坚实保障。

一站为新时代文明实践站。新时代文明实践站是基层思想政治工作的坚强阵地，它服务于群众，是学习传播科学理论的大众平台，是培育时代新人和弘扬时代新风的精神家园。灵峰工业社区新时代文明实践站由社区支部书记担任站长，以培育践行社会主义核心价值观为根本，引导群众树立正确的世界观、价值观和人生观。通过开展家风家训课堂、志愿服务讲座以及举办党的二十大精神展览等，传承弘扬中华优秀传统文化，弘扬党的精神，增强群众的文明素质和责任感。整合政务资源和力量，提供职工赋能、便民服务、法律咨询、读书交流等志愿服务项目，基本满足辖区 88 家企业，2 万余产业工人的日常生活及精神文化需求。同时，积极开展志愿服务活动宣传，在站内张贴志愿者招募海报、发布志愿服务信息，成为社区志愿服务宣传组织的主阵地。

一中心是社区职工文化活动中心。职工文化活动中心是社区内的一个多功能文化活动场所，旨在满足社区职工的文化需求，促进社区的文化发展。活动中心总面积达 11000 平方米，设置室内职工健身房、"臻心"咖啡吧、职工书屋、室外篮球场等 8 个室内外活动场地，分为 14 个类别，拥有 33 件文体器具，供企业和职工开展团建等各类活动，全年免费开放。活动中心具备多种功能，如职工培训、文化娱乐、交流互动等。社区职工文化活动中心不仅为职工提供了一个学习、交流的平台，也成为社区志愿者沟通交流、开展志愿服务活动的重要场所。针对社区职工城市融入、兴趣爱好、婚恋交友等需求，社工带领志愿者团队组织开展丰富的社区活动。2023 年，社区累计开展社团活动、香薰蜡烛、咖啡拉花、手工皮具等 160 余场活动，惠及职工万余人，营造了社区和谐的整体氛围。

4."四链"管理，培育社区志愿服务队伍

志愿者队伍建设在志愿服务事业中具有至关重要的意义。志愿者队伍的素质和能力直接影响志愿服务的质量。一方面，通过加强志愿者队伍建设，提供有针对性的培训和指导，可以提升志愿者的服务技能和服务态度，从而提高志愿服务的整体水平。另一方面，志愿者们在服务过程中所展现的无私奉献、助人为乐的精神，能够传递正能量，弘扬社会主义核心价值观。志愿者队伍建设有助于塑造积极向上的社会风尚，提升公民道德素质。灵峰工业社区通过组建志愿服务队、开展志愿服务培训，推动志愿服务制度化常态化，不断提高志愿服务质量。同时，因地制宜推出一系列志愿者"反哺"机制，让志愿者在付出的同时也可以享受福利，推动志愿服务活动实现良性循环。灵峰工业社区在志愿者管理方面形成"四链"工作机制，着力于培育一支常态化开展志愿服务的社区志愿者队伍。

一是构建凝聚服务团队合力的"参与链"。社区积极搭建平台，成立以流动人口为核心力量的融合性社会组织志愿服务队，让他们在企业中就可以参加服务计时，帮助其子女通过量化积分顺利入学。同时，通过每个季度定期开展志愿骨干交流分享会、志愿者团队建设活动，营造团结奋进的志愿服务氛围，增强志愿者团队的凝聚力。

二是完善提升志愿服务水平的"技能链"。社区定期对志愿者进行分类，开展有针对性的培训，培训内容包括志愿者基础知识、专业服务价值、服务对象特征、服务方法与沟通技巧、志愿者注册登记、志愿者能力建设等。通过培训丰富志愿者对于志愿服务的知识体系，深化志愿者对于志愿服务的认知，进而提升其服务能力。先后开展防疫服务岗前培训、急救知识、生活垃圾分类、We 志愿平台操作方法、交通安全知识等培训活动。

三是打造激发志愿服务动力的"嘉许链"。志愿者参与志愿服务活动统

一以手机APP"We志愿"为平台，该平台会实时记录志愿者的服务内容、时长等数据。基于此，社区建立健全志愿服务褒奖激励制度，进一步激活了志愿服务的内在动力：①开展星级评定。依据志愿者的服务时长，志愿服务累计达到40小时、60小时、80小时、100小时和200小时的志愿者，可依次认定为一至五星级志愿者。②开展表彰展示。每年根据志愿者参加服务的时长、服务对象反馈等综合因素，推选10名优秀志愿者并在年终召开志愿者表彰大会。

四是实现展现志愿服务效能的"互动链"。灵峰工业社区在职工志愿服务参与园区治理上突出双向奔赴。其中，宁波隆源股份有限公司的张金达于2020年3月29日作为园区青年职工与习近平总书记面对面交流，后被共青团中央评选为全国优秀共青团员；来自宁波继峰汽车零部件股份有限公司的夏国海组建了一支超300人的"锋彩"志愿服务队，活跃在抗击台风、疫情防控、文明创建、夜间平安巡逻等一线，队员朱贤长成长为全国优秀农民工，为园区和谐稳定贡献一份力量。

（三）志愿服务内容

灵峰工业社区根据社区志愿服务体系与志愿服务手段，根据社区的特点与群众需求，从企业发展、服务群众、文化生活、社区建设四个方面开展社区的志愿服务活动。

1. 关注企业发展

灵峰工业社区内企业众多，灵峰工业社区本着"以服务社区的方式服务企业"的理念，将服务企业发展作为社区志愿服务发展的重点工作和方向。为破解社区内企业发展资源有限、职工服务有限的问题，灵峰工业社区提出了"共享"社区的理念，通过"生活类"和"生产类"资源共享方式，让场地、食堂、课程、HR、驿站实现"一园共有"，让电工、安全员、货运、工匠、供应链实现"一园共通"。在"共享"理念的指导下，社区组织内部企业资源，整合外部部门资源，形成特定志愿者服务队伍，服务社区内企业与职工、助力社区志愿服务发展。

关注生产安全，共享安全生产骨干。工业社区召集园区内企业安全生产技术骨干，引入宁波大学、宁波职业技术学院、应急管理局等安全生产领域专家，组建"企业安全互助社"，培育安全生产专业化志愿者团队，常态化开展安全巡检、排查安全隐患活动，提升中小制造企业安全生产规范化水平。

关注职工成长，共享技术专业课程。工业社区邀请经验丰富的技术工人、第三方培训机构的专业培训师、高等院校的专家学者组成"讲师"志愿服务队，形成涵盖学历教育、技能提升、兴趣培养等主题的"共享课程库"，既可以促进企业内训课堂向其他企业开放，又可以通过"点单式"约课帮助广大产业工人免费或优惠获得优质教育资源。

关注职工生活，共享企业食堂。工业社区鼓励有条件的企业食堂向周边企业职工开放就餐，在帮助解决小微企业员工"吃饭难"问题的同时，还能为快递小哥等新业态就业群体提供用餐服务，或在紧急时期为职工提供应急食品，减少了大型企业自办食堂的餐食浪费现象，以及小摊小贩多带来的治理堵点。

2. 服务社区群众

社区志愿服务是社区公共服务的重要组成部分，为社区公共服务提供了支持和补充。社区志愿服务通过各种形式的服务活动，满足居民的需求，增强社区凝聚力，提升居民素质。服务群众是社区志愿服务的核心和宗旨，也是推动社区发展和进步的重要力量。

开展托育服务，助力孩子成长。灵峰工业社区内多双职工家庭，为解决子女假期托育、上下学等问题，灵峰工业社区积极开展志愿服务，借助志愿者队伍力量满足社区需要。设立志愿护学队伍，在学生上下学期间，引导车辆行驶，保证学生上下学安全。主动对接宁波职业学院的学生，面向双职工家庭开展托管服务，托管时间为每周六上午8点到11点，课程除作业辅导、艺术培养等常规内容外，将更多地关注孩子心理素养的提升。在寒暑假开展"灵动"假日课堂，广泛地向高校、辖区单位征集教师，开展丰富的假日课程，组织研学活动，提高学生的素质水平与实践能力。

开展义诊服务，关怀居民健康。灵峰工业社区坚持以"民思我想、民需我为、民困我帮、民求我应"为志愿服务的宗旨,与宁波大学附属第一医院签署"医路跟党、医心企服"党建联建协议,有效保障社区义诊义讲的日常化开展。在定期开展的公益集市上,医院的骨科、呼吸内科、针灸康复科等 10 余个科室的 20 多名专家,带来了义诊、健康科普、肺功能测定、超声检查、眼底检查、骨密度测定等服务,满足了社区居民在家门口看名医专家的需求。医院根据企业园区内年轻化的年龄结构、职业特点,长时间重复单一动作的情况,开展有针对性的肩颈腰部劳损锻炼讲座,为员工提供保健建议。社区积极关注职工心理健康,与北仑区心理咨询专业团队合作,开展员工心理咨询服务、亲职教育课程。借助总工会职工流动体检车,为社区提供包括血常规、甲状腺功能、上腹部彩超、心电图等 15 个项目在内的免费体检服务。让一线产业工人通过此次体检及时了解自己的健康状况,对各种疾病能够早发现、早预防、早治疗。

开展法治服务,增强法治意识。灵峰工业社区内企业众多,围绕依法经营、劳动关系等方面的专业性法治需求较多。灵峰工业社区与北仑区工商联、司法局、法院、检察院、律师事务所联合开展普法遵法守法行动,还聘请了七个律师顾问团队,组成法律援助联盟,为企业和职工提供法律援助服务。邀请北仑区法院、检察院开展普法课程,针对劳动关系、合同、税收等企业与员工关注的重点问题,以"理论解读+案例分析"的授课方式,详细讲解企业合规背景下的用工关系实操案例,增强园区内部企业和职工的守法意识。根据所在部门推选出 14 名特邀调解员,为企业和群众协调纠纷,促进社区和谐。

开展便民服务,促进社区融合。灵峰工业社区为推动新就业群体更好地融入社区生活,营造共建共治共享的治理新格局,建设"甬爱e家"驿站,为工作者提供免费使用的城市共享空间场所,精准提供贴心便捷的服务。站点内部统一配备微波炉、充电器、换电柜等"10+X"设备,让驿站"易进入、可参与、能共享",致力将共享驿站打造成 10 分钟的"便民服务站"、全年无休的"奋斗加油站"、街角里巷的"民情前哨站"、供需对接的"文明公益站"、共建共享的"党团志愿站"。

开展巾帼课堂，关心女性职工。以一周一课的形式推出"峰"彩巾帼课堂，为女职工带来普法教育及家庭子女关爱系列课程，旨在提高辖区女职工的法律素养，掌握正确的亲子沟通技巧，为建设平安和谐社区、友爱文明家庭贡献巾帼力量。

3. 丰富文化生活

通过开展社区志愿服务，可以有效地丰富社区文化生活，提高社区居民的文明素质和生活质量。开展社区文化志愿服务活动不仅可以丰富居民的业余生活，还可以增强社区的凝聚力和文化认同感。

灵峰工业社区成立了全市第一家工业社区文联，延长文联组织工作的手臂，成为丰富企业精神文明生活的契机。社区文联主席由宁波市北仑旭日模具机械有限公司的企业家代表梅盛绮担任。通过社区文联积极与市、区文联联络并展开合作，链接外部文化艺术资源，增强社区艺术氛围，丰富社区精神生活，积极开展各类"艺术进社区"活动。邀请宁波职业技术学院艺术学院教师、中国美术家协会会员封思勇在社区开设为期1个月的色彩画培训班，让社区居民在"八小时工作"外近距离享受、体验艺术熏陶。此外，免费提供摄影课、书法课、绘画课等专业课程，经过专业培训，社区群众的绘画技术有了不小的提升。为了让群众有充分展示自己的机会，社区还举办了绘画联展，在展会上展示了13名居民的作品，激起了园区文艺爱好者们的热情。借此机会，吸引了一批拥有文艺特长的居民，形成文体类志愿者服务队伍，丰富了社区精神文化，不断提升社区居民的幸福指数，进一步打造社区治理新格局，建设温馨和谐的文艺之家。

4. 促进社区建设

促进社区融合。节日性志愿服务是社区常态化开展的志愿服务形式。节日性志愿服务促进社区成员的共同参与，有助于灵峰工业社区中的流动人口融入社区，增强社区的凝聚力，促进社区的和谐与稳定。同时，志愿服务活动弘扬了无私奉献、乐于助人的精神，引导人们积极参与社区公益活动，培养社区居民积极向上的价值观和高尚的道德品质，为社会树立了良好的榜样。灵峰工业社区整合新时代文明实践站、社区团委、社区文化加油站，以及工会、妇联等资源，常态化开展社区节日志愿服务活动。例如，新春、元宵节，组织社区志愿者开展对困难职工的慰问工作，为留守园区的困难职工送上由企业、辖区单位捐助的公益"新春大礼包"，传递社区对于弱势群体的关注与温暖，帮助其度过温馨的节日；植树节，灵峰工业社区团委、文化加油站、工会、新时代文明实践站联合发起了"植此青绿拥抱春天，在灵峰'浇'个朋友吧！"活动，由灵峰工业社区志愿者和宁波职业技术学院的志愿者携手，共同种下15棵灵峰树苗；端午节，开展"亲清粽香，乐享生活"主题活动，向社区内企业及职工送服务，开展包粽子等节日性活动，丰富企业职工的节日文化生活。

社区精神文明建设。社区志愿服务和文明社区建设相互促进、共同发展。通过开展志愿服务活动，可以推动文明社区建设的实现；文明社区建设也为志愿服务的发展提供了更好的环境和条件。这种良性互动关系有助于提高居民的生活质量、促进社会和谐稳定发展。针对交通堵点，灵峰工业社区形成了一支交通劝导志愿者服务队伍，整合民政、消防救援局等条线资源，购置开展交通劝导的志愿服务用具，开展常态化文明交通劝导。同时，组织小小志愿者服务队伍实行控烟劝导，对乱扔烟头、聚集抽烟等行为进行劝阻，发放张贴禁烟贴士。先后开展劝导活动20余场，发放宣传资料200余份，促进社区居民文明素质不断提升。

三　灵峰工业社区新时代文明实践志愿服务典型案例

（一）典型项目：365职工文化活动中心志愿服务项目

为更好地服务在工业社区内生活的职工，灵峰工业社区打造了一个一万多平方米的职工文化服务活动中心，包含图书馆、舞蹈室、篮球场、羽毛球场、乒乓球室、台球室、健身房等功能性娱乐休闲空间，是企业职工休闲交流的好去处。2017年初，社区社工组织开展了"365职工文化活动中心"项目，旨在动员社区职工成为志愿者，参与文化活动中心的日常运营。

该项目主要以"社工+志愿者"模式运行。为了保障职工文化中心志愿服务项目的运营，以社区一名社工为项目的主要负责人，以社工为中心进行活动统筹，建立起四支志愿者队伍，确保志愿服务围绕新时代文明实践开展，保障职工文化中心的日常运行。根据文化活动中心的需要，四支志愿服务队伍分别负责志愿者服务管理、志愿者服务策划、向外链接志愿服务开展资源、日常志愿服务实施。将社区志愿者根据工作能力与个人兴趣分到不同的队伍中，提高志愿者参与志愿活动的积极性及志愿服务活动实施的有序性。

该项目有效促进了社区和谐。灵峰工业社区内75%以上都是外来人口，将来自五湖四海的职工与普通职工一起编入志愿者服务队伍，能够促进职工之间的沟通，加强社区整体精神文明建设。目前，这支志愿者服务队伍已为中心活动人员提供引导、签到、文明劝导、器材使用指导和维护、清洁卫生、白天巡逻等多项志愿服务，累计志愿服务3万多个小时。

（二）典型项目：安全生产互助协会志愿项目

灵峰工业社区内既有上市企业、龙头企业，也有30家小微企业，总职工26000多人。然而小微企业受企业规模管理水平限制，普遍存在安全管理水平低、安全管理费用投入少、安全人员素质参差不齐等问题，让园区存在安全生产隐患。由于园区企业90%都是压铸模及汽车零部件上下游配套企业，在生产安全防范中有极相似处，于是社区建立安全生产互助协会，通过志愿服务的形式促进企业就安全生产问题沟通互动，解决问题。

安全生产互助协会由大企业的安管员带头，成立专门小组，每月定时入企检查，形成"发现问题—圆桌点评—整改完善—'回头看'"的闭环工作模式。首先，实地走访小微企业，精准定位生产问题根源，发现各类安全隐患。其次，举行圆桌点评会议，共同学习安全生产知识，提高安全生产的工作能力。再次，针对问题实行整改措施，将所学知识与能力应用到生产实践中。最后，组织企业志愿队伍互助检查，确保工作有效开展。

目前，这支15人的志愿团队已发展成65人的专业队伍，2022～2023

年，协会走进园区 45 家企业开展互查活动 53 次，共查出各类隐患 200 多项，整改完成率达 98%。通过互助检查，发现工作过程中的不安全因素并及时改正，进一步提升职工的安全生产意识和安全生产工作能力；通过查隐患、找差距，企业间相互汲取管理经验、排查事故隐患、解决实际问题，提升自主安全管理能力，促进落实安全生产主体责任；通过搭平台、促交流，最大限度地促进园区企业整体安全管理水平的提高，高效推动大碶街道的安全生产大局工作。

（三）典型项目："灵动"假日学校项目

灵峰工业社区内聚集了大量外来人口和双职工家庭，由于工作繁忙，孩子托管成为亟须解决的问题。为了让职工安心工作，社区秉持"为职工家庭服务、为企业生产解忧"的初心，形成"灵动"假日学校项目，通过整合多种志愿服务资源，在寒暑假期间开展托育志愿服务，解决园区内家庭的后顾之忧。

首先，"灵动"假日学校向外对接"校企社"志愿服务资源，为园区内职工开展假期托管志愿服务。项目面向宁波职业技术学院招募教师与高校学生志愿者团队：一方面保障了志愿服务开展的质量，让孩子们学有所得；另一方面实现了"产学研"的高效对接，修订了《春泥计划》假日阳光读本。其次，积极整合辖区内共建单位资源，面向海事局、银行、电力局等单位招募志愿者，开设特色志愿课程，丰富假日学校的课程体系。最后，社区工作者积极对接导入党建共建资源，推出内容丰富、专业性强的课程，涵盖电信诈骗、垃圾分类、爱国教育、"浙风十礼"有礼课堂等内容。同时，结合课外实践，开阔孩子们的眼界、增长学识，培养团队合作精神。

2023 年，"灵动"假日学校项目为近百名产业工人子女免费提供学习课程，内容包括爱党爱国、传统文化、法治科普、健康自护、职业体验等教育实践活动以及垃圾分类、文明出行等社会志愿服务活动，不仅解决了双职工家庭孩子托育问题，也通过志愿服务课程的开展，提高了孩子们的素质能力、培养了他们的志愿服务精神。

四　灵峰工业社区新时代文明实践志愿服务面临的挑战与对策建议

（一）面临的挑战

在各级政府、各部门的大力支持下，灵峰工业社区积极推进新时代精神文明实践志愿服务工作，在新时代文明实践志愿服务的实践中形成了一套较为完整的志愿服务体系与机制，推动社区志愿服务的常态化、周期性、生活化发展。但是，在志愿服务开展过程中仍旧存在一些不足，主要体现在如下几个方面。一是精神文化类志愿服务开展有限。社区志愿服务多重视提供企业职工生活的基本物质保障，更为重视基础志愿服务的开展，例如安全巡逻、安全互助生产，社区内部文艺社团较少，对丰富园区内居民精神文化方面关注不足。二是志愿者激励方式单一，流动性较大。现阶段多数志愿者参与志愿服务活动是为了获得孩子入学的积分，除入学积分激励外，志愿服务的激励举措主要是优秀志愿者激励表彰，激励方式较为单一。多数志愿者获取足够的入学积分后，便退出志愿服务队伍，造成志愿者团队流动性较大的问题。三是志愿者能动性发挥空间较小。社区内志愿服务主要以社工为中心开展，多数志愿服务围绕社区治理，因此志愿者能动性发挥有限，由社区内志愿者开展的志愿服务种类较为单一。

（二）对策建议

灵峰工业社区新时代文明实践志愿服务开展紧扣时代主题，围绕"群众的需求在哪里，志愿服务就延伸到哪里"的核心理念，深入贯彻落实习近平总书记关于社会主义精神文明建设的重要论述和有关志愿者服务的指示，加强志愿服务平台建设，规范志愿服务管理，针对上述社区志愿服务存在的问题，可以采用凝聚群众、服务群众、引导群众、创新志愿服务的方法，广泛动员群众投身社会主义现代化建设，培育社会文明新风尚。①

首先，联系社团资源，拓展志愿服务资源。重视社区内员工精神文化需求，灵峰工业社区文联将进一步推动基层文化繁荣兴盛，充分利用辖区资源，挖掘园区内两万多名青年职工的文艺特长，将活跃在企业中的文艺骨干吸收为文联成员。采用"菜单式"服务，群众根据需求"点菜"，开展多种文艺活动丰富职工的精神文化生活，进一步打造社区治理新格局，不断提升辖区职工的幸福指数。艺术点亮园区，让职工文艺爱好者有了新"归宿"，共同建设温馨和谐的文艺之家。

其次，健全激励措施，创新志愿服务保障机制。志愿服务虽然具有自愿性和公益性，但不能因此认定志愿者不需要物质和精神激励。推动基层建立健全社区志愿服务回馈机制尤为重要，对志愿者的回馈激励方式应该包括物质和精神两个层面。除子女入学志愿服务时长积分外，还需要制定志愿服务积分、志愿服务时间储蓄、参与成员互助等激励措施，不断提高志愿者的生命力、凝聚力和感召力，从而实现社区志愿行为的可持续性。

最后，发挥志愿者能动性，探索主理人志愿服务模式。积极发挥志愿者参与社区志愿服务的能动性。一方面，开展更为丰富有趣的社区志愿服务，依托实体阵地开展志愿服务宣传，促使社区内有志于公益事业的居民参与志愿服务，增强造血能力。另一方面，尊重社区志愿者的意愿，鼓励社区志愿者在志愿服务中发挥自己的长处，组织特色志愿队伍，开展有社区特色的志愿服务。采用社区志愿服务项目大赛的方式，向社区志愿者征集志愿服务项目书，为社区志愿服务厚植发展潜力、注入创新活力，确保志愿服务的针对性、积极性和长期性。

---

① 《中共中央办公厅 国务院办公厅关于健全新时代志愿服务体系的意见》，https：//www. gov. cn/zhengce/202404/content_ 6946879. htm，最后访问日期：2024 年 11 月 27 日。

项目报告 ◪

B.16
宁波新时代文明实践志愿服务优秀案例

张书琬　杨昊月*

摘　要：　在党的二十大精神引领下，宁波市积极优化志愿服务制度与工作体系，以满足人民需求为核心，打造"岗位化、专业化、社会化、网络化"的现代志愿服务机制，推动供需精准对接，促进基层志愿服务高效发展。目前，宁波新时代文明实践志愿服务已深度融入民众日常生活，形成"人人志愿、天天志愿、时时志愿、随手志愿"的浓厚氛围，并荣获全国"四个100"先进典型3项、浙江省"五个20"先进典型4项、宁波市"五个10"先进典型20项。2023年，在浙江省志愿服务项目大赛中，宁波市以卓越表现荣登榜首，彰显了其深厚的志愿服务底蕴与品质。未来，宁波市将持续深化改革、拓展服务领域，以志愿服务为动力，推动社会文明与城市和谐发展。

* 张书琬，中国社会科学院中国式现代化研究院助理研究员，研究方向为社会发展、社会治理与志愿服务；杨昊月，中共中央党校（国家行政学院）社会与生态文明教研部博士研究生，研究方向为志愿服务与社会保障。

关键词：　宁波市　新时代文明实践　志愿服务优秀案例

一　宁波新时代文明实践志愿服务项目开展情况

志愿服务与新时代文明实践有机融合。宁波市把志愿服务与新时代文明实践结合起来，整合调配全市各领域志愿资源和力量，从志愿服务岗到文明实践中心（所、站），实现了志愿者、服务内容、服务对象的有效对接，扩大了志愿服务在基层的覆盖面和影响力。例如，慈溪市作为全市最早的全国新时代文明实践试点城市，积极探索推进新时代文明实践志愿服务，服务领域涵盖政策宣讲、文明引导、文化文艺、助学支教、医疗健身、科学普及、法律服务、卫生环保、扶贫帮困、应急救援、助老助残等多个领域；社会团体广泛参与，累计获评全国"四个100"先进典型3项、浙江省"五个20"先进典型4项、宁波市"五个10"先进典型20项。

文明培育见行见效。宁波市入选中国好人3例、全国学雷锋志愿服务典型4例、浙江省道德模范3人、浙江好人37例、全国"新时代好少年"1例、省级"新时代好少年"3例，2023年度"最美浙江人·浙江骄傲"人物（提名人物）5人，均位列全省第一。制度化开展身边好人推荐评议活动，年度表彰"宁波好人"199名。隆重举办第八届宁波市道德模范颁奖典礼，受到市委主要领导多次肯定与表扬。建立23个好人帮扶基金、37个道德模范工作室。连续12年组织策划关爱"小候鸟"系列活动，开展暑期未成年人思想道德教育实践活动4600余场次，20余万人次参与。"最美上学路"建设持续推进，入选浙江省未成年人思想道德建设10件实事工程。宁波在全国未成年人心理健康培训会上作书面经验分享，作为省内唯一受邀城市参加长三角青少年风采展示活动并获最佳组织奖。鄞州区新时代文明实践中心入选全国维护青少年权益岗创建单位。

精神文明实践走深走实。设立每月5日为全市新时代文明实践主题日，各实践中心、所、站联动开展主题活动1.3万余场次，吸引120余万人次参加。在 250 余个实践所（站）试点探索社会化运营模式，全市组建各类文明实践基金 18 支，总金额达 8000 余万元。选树首批示范实践所（站）50 个，新增实践点（基地）520 余个。扎实推进"浙江有礼·宁波示范"市民文明素质养成行动，组织开展"浙江有礼·宁波示范"走进区（县市）活动，培育展示"义乡鄞州""幸福慈溪"等 10 个县域"有礼"金名片，"席地而坐"城市客厅、"点亮楼道灯 温暖回家路" 2 个项目入选第二批"浙江有礼"省域文明新实践为民办实事项目。培育选树有礼单元、有礼窗口、有礼地标、有礼实践等有礼品牌 170 个，41 个单位和案例入选"浙江有礼·四个一百"典型。示范推广百余个为民办实事项目，出台全国首个《"共享花园"建设指南》，发布全省首个政务服务"微笑指数"测评体系。全年举办各类志愿服务活动超 10 万场，服务群众超 500 万人次，服务时长达到 962 万小时。建成 150 个"宁波志愿 We 站"，推进"甬有暖阳"共富助老志愿行动，形成全市志愿服务年度优秀项目 50 多个，在第四届全省志愿服务大赛中获得 3 金 5 银 1 铜，居全省第一。

表 1　2023 年第四届浙江省志愿服务项目大赛宁波市获奖名单

金奖	"共享奶奶"——志愿互助服务项目
	"读懂一句话"——全民文艺宣讲志愿服务项目
	"来吧,朋友"宁波人人志愿添彩城市项目
银奖	百姓身边的垃圾分类志愿服务项目
	童韵寻史——宁波博物院小小文博人志愿项目
	"春天公交"——偏远乡村家门口志愿服务项目
	"乡村掌灯人"西南偏远山区电力志愿者培育项目
	81890 困境家庭应急帮扶志愿服务项目
铜奖	"红领大集"党员初心实践志愿服务项目
优秀奖	永恒的"一分钟"——鄞州区退役军人红色传承志愿服务项目
	爱点亮星灯——自闭症儿童及家庭帮扶志愿服务项目
	照亮"马赛克人生"——"小桔灯"温暖智残青少年家庭志愿服务项目

二 优秀案例展示

（一）"读懂一句话"——全民文艺宣讲志愿服务项目

1. 实施背景

党的二十大报告强调，健全用党的创新理论武装全党、教育人民、指导实践工作体系。加强基层理论宣讲是推动党的创新理论深入基层、深入群众、深入人心的重要途径，但是当前，基层理论宣讲在开展中遭遇了一些困境，特别是宣讲方式上缺乏与受众的有效互动交流，影响了成效。

同时，我们看到，广大乡村、社区随处可见围绕共同富裕、乡村振兴等主题、以各类金句为主要内容的"一句话"标语，然而很多老百姓不明白写在眼前的这些"一句话"和自己到底有什么关系，现有的理论宣讲形式还不能完全走入老百姓心中，怎么办呢？"聚焦一句话，用好一平米，上演一台戏，吸引一群人"，"鄞铃"文艺宣讲志愿服务队创新推出"读懂一句话"——全民文艺宣讲志愿服务项目，围绕老百姓身边的"一句话"金句，利用好村社的空地，将"一句话"的主题内容以老百姓喜闻乐见的文艺形式展现，让老百姓读得懂、记得住、讲得出，让"一句话"走近群众身边，让党的创新理论深入老百姓心里。

2. 主要做法

2019 年，中央音乐学院在鄞州设立全国首个新时代文明实践音乐中心，加上鄞州是全国微型党课发源地，于是，志愿者抓住机会，组建了三个梯队的志愿服务队伍，开展文艺宣讲，让党的创新理论插上文艺翅膀，飞入千家万户。

打造模板化"三堂课"，推动宣讲分众化。依据不同受众因材施教，紧扣群众需求，分门别类推出"大师课""精品课""普及课"。以"大师课"引领学。第一梯队的大师级志愿者推出文艺宣讲"大师课"，以大师影响力引领潮流。2020 年以来，项目已组织 15 场大师课，形成网络热潮。同时，将大师公开课视频拆分为 6~10 分钟的文艺微党课短视频，通过网络平台推送点播，不断扩大覆盖面。以"精品课"深入学。发挥常驻鄞州的中央音乐学院新时代文艺宣讲师"音乐种子"作用，通过组织创作营、开展基层采风等活动，帮助区级宣讲团把准方向、打开思路，专题创作"示范精品课程"98 堂。与宁波市演艺集团、浙大宁波理工学院等各类组织合作打造"共享舞台"，区级宣讲团主要在"共享舞台"上开展面向社会大众的广泛宣讲，也开展面向基层文艺宣讲员的示范宣讲，加强基层宣讲力量的培育。以"普及课"扩面学。组织"00 后"宣讲团、"80 天团"（80 岁以上老人）、青春红匠宣讲团等 52 支文艺微宣讲队、3200 多名基层文艺宣讲员，深入农村、社区、工地、企业乃至田间地头、直播频道，用方言、甬剧、走书、青年 talk 等具有地方特色和青年人喜欢的文艺形式开展宣讲。同时组织文艺微党课大赛、情境式宣讲、"鄞州正在唱"等赛事，通过以赛代练的方式，选拔工作典型、提升宣讲质量。

打好文艺宣讲"六个招"，推动宣讲多元化。立足鄞州实际，深入整合现有资源，打好"名人效应""实战示范""轻骑突进""榜样激励""现身说法""互动教学"六个招的"组合拳"，为"一句话"文艺宣讲聚势赋能。用好"名人效应"招，增强宣讲影响力。整合名人乡贤资源，扩大文艺微党课知名度、影响面，通过建立俞丽拿小提琴艺术馆、"小友友"大提琴社团、全国首个"中央音乐学院"乡村音乐教室等文艺微党课宣讲基地，集聚人气、打响品牌。用好"实战示范"招，增强宣讲凝聚力。强化文艺微党课区级讲师团建设，凝聚骨干力量，充分发挥"传帮带"的作用，通过一对一示范辅导、讲师团集中示范宣讲等多种形式，培养基层宣讲员快速领会、转化主题、编撰文艺课程的能力，提高理论宣讲水平。用好"轻骑突进"招，增强宣讲穿透力。发挥文艺微宣讲"队员一专多能、节目短小精悍、装备轻便灵活"的特点，在时事热点发生时，以"小场景""短平快"形式创作朗朗上口的节目，深入基层宣讲。用好"榜样激励"招，增强宣讲引领力。通过文艺形式讲述模范故事，以身边典型传播真善美、引领新风尚，如根据全国道德模范周秀芳感人事迹创作情景剧《支教奶奶》，生动阐释了习近平总书记提出的"扶贫先扶志、扶贫先扶智"的理念,在基层宣讲时多次激发听众共鸣,引发现场捐款捐物。用好"现身说法"招,增强宣讲感召力。让各领域、各阶层的奋斗者、亲历者们讲述自身的故事,通过现身说法的生动形式,激发听众投身共同富裕的新征程,如创作故事汇《稻花香里话共富》,让"90后"农民讲述自身创业故事,吸引更多的青年人回乡创业。用好"互动教学"招,增强宣讲亲和力。组织"一人一艺"培训,通过教唱一首红色歌曲、一段诗词朗诵等,以"沉浸式"教学形式,激发宣讲者和听众之间价值共振、需求共赢和情感共鸣,进一步达到普及文化艺术、传播党的"好声音"的目的。

唱好紧贴实际"一台戏",推动宣讲场景化。"鄞铃"文艺微党课的组织形式"可长可短、可分可合",既可以作为6~10分钟的独立短课,"见缝插针"地在村社基层宣讲,也可以把同一主题、不同风格的节目组合成一台60~90分钟的主题长课,用于传统节日、基层晚会、中心组学习、重大主题传播等场景。目前,已经整合形成了党的二十大精神、"八八战略"、共同富裕、乡村振兴、喜迎亚运等主题党课21个。其中,《永远跟党走》主题文艺党课,就是由情景剧《我以笔刃写丹青》、音乐说唱《奋斗 正青春》、小品《你好,周梅英!》等10堂题材多样、形式各异的文艺微党课串联而成。在其他时间段,这10堂文艺微党课通过"鄞铃超市",按照"群众点单、中心派单"的方式,被分送到基层各地,累计宣讲了500多场,深受群众欢迎。

3. 项目成效

项目实施3年来,开展宣讲3100多场,线上线下听众超过450万人次,志愿服务时长达2万多小时,已累计创作主题课件655个,并在全国文明实践志愿服务工作培训班、全国新时代文艺宣讲师座谈会,贵州、延安、张家港等多地进行宣讲示范和经验交流,获得中宣部领导肯定。项目工作经验被中宣部信息简报刊发,获中央电视台新闻联播、人民日报、光明日报等媒体多次报道。2020年,"鄞铃"文艺宣讲志愿服务队获评全国"四个100"最佳志愿服务组织、浙江省理论宣讲工作先进集体。2021年,鄞州文艺微党课做法获时任省委常委、宣传部部长朱国贤批示肯定，并入选浙江省宣传思想文化工作创新项目。2023 年，获得第四届浙江省志愿服务项目大赛金奖。

（二）"来吧，朋友"宁波人人志愿添彩城市项目

1. 实施背景

宁波是拥有"单项冠军"和"奥运冠军"的"双冠之城"，深厚的文化底蕴和蓬勃发展的经济实力让甬城的国际化程度不断提升，越来越多国际级和国家级赛事落户宁波。作为第十九届亚运会协办城市，帆船和沙排比赛所在地，为高标准、高水平、高质量做好本届亚运会志愿服务工作，宁波市志愿者服务指导中心于 2021 年发起"来吧，朋友"宁波人人志愿添彩城市项目，动员全城志愿者参与亚运、服务亚运、奉献亚运，并把志愿精神延续下去。

通过参与亚运赛事，提升城市形象，形成全民志愿的浓烈氛围。将"15 分钟亚运志愿服务圈"作为宁波形象、中国风范的展示"窗口"，让"随手志愿、人人志愿、全民志愿"在后亚运时代持续发力，成为甬城人民生活新风尚。

2. 主要做法

志愿服务模式：构建了"队伍—阵地—岗位—品牌"的"1+3N"服务模式，依托 1 支核心队伍，打造多点服务阵地，合理设置每人一岗，培育多个项目品牌，实现从参与一个赛事到服务成果转化再到人人志愿认知的全流程志愿服务项目闭环。

谁来做？（主体）——志愿服务组织体系完善：以宁波市志愿者协会为核心市级枢纽，织密"市—区县市—街道—社区"四级志愿服务网，构建党政机关+企事业单位+社会化组织通力合作的工作格局，志愿服务工作管理体系实现四级联动。

哪里做？（场景）——志愿服务阵地遍地开花：建设"15 分钟亚运志愿服务圈"，依托全市新时代文明实践中心（所、站、点）设置常态化服务阵地，800 多个集旅游咨询、亚运宣传、城市活动、便民服务于一体的常态化亚运城市志愿服务阵地遍布甬城街头、商业综合体和基层社区，串点成

线，连线成带，全面覆盖，为广大国内外来宾和市民、游客提供便捷、优质的志愿服务。

做什么？（内容）——志愿服务内容全面覆盖：①护航亚运。深化推进志愿文明、志愿平安、志愿生态、志愿关爱、志愿展示、志愿文化、救在身边"七大行动"，全面促进城市文明提升，营造文明出行、文明旅游的优质环境，保障服务融入基层社会治理、常态化。②服务亚运。708位赛会志愿者服务于3个场馆46个业务领域115个岗位；18万名城市志愿者提供文明劝导、平安巡防、信息咨询、交通引导等服务。通过志愿浙江、宁波We志愿平台进行招募、培训、管理、上岗等环节，保障赛会服务开展安全有序、零误差。③添彩亚运。提出"随手志愿 人人志愿 全城志愿"的核心理念，创作亚运志愿服务文创产品、激励徽章；设计发布志愿标识；原创《我愿》宁波亚运会城市志愿主题曲；原创城市志愿者服装；邀请宁波籍演员徐娇为宁波城市志愿服务形象总代言人，通过赛会服务形成示范效应，提升全民志愿认知，让志愿融入城市文明底色、品牌化。

3. 项目成效

一是打造宁波赛会志愿服务金名片：宁波志愿者在保障2023年女排奥运资格赛、中国网络媒体论坛、中国宁波国际攀岩大师赛、WTA女子网球赛、宁波马拉松比赛等重大赛会活动中，以专业、热情、周到的服务获得主办方一致好评。二是形成全城志愿新风尚：提供了国家大事过程中的群众参与机会，让群众把对"大我"的政治认同与"小我"的具体实践有机结合。三是城市影响力显著提升：赛会志愿者总服务时长超20万小时；城市志愿者服务时长超1000万小时，相关服务场景获人民日报、央视新闻等中央媒体宣传报道23次，高水平实现了"办好一个会、提升一座城"的目标。

（三）百姓身边的垃圾分类志愿服务项目

1. 实施背景

2018年11月，习近平总书记在上海考察时强调，垃圾分类就是新时尚。[1] 一场践行"新时尚"的垃圾分类，在全国地级及以上城市全面启动。那么志愿者在其中担任什么样的角色？发挥何种作用？宁波市镇海区九龙湖"黄背包"志愿者协会进行了探索和尝试。

"黄背包"成立于 2013 年，是一家以生态环保为主要服务内容的社会组织，发起人秦红波曾凭借山林清洁志愿服务获评"全国十大河湖卫士"称号，而她也是宁波最早的一批垃圾分类志愿者之一。2019 年，她带领 600多名"黄背包"志愿者以问卷调查、街头采访、群众座谈等方式，归纳总结出垃圾分类工作推行过程中基层普遍存在"不会分、不愿分"两大难题以及群众参与基层治理的"意愿不足、渠道不通、效果不足"等共性难点。为此，黄背包志愿者协会发起了百姓身边的垃圾分类课堂志愿服务项目。

2. 主要做法

"黄背包"志愿者协会充分发挥志愿服务有别于政府和市场行为的独特作用，探索出了垃圾分类有礼宣传、有理引导、有你共建三类服务机制，走出了全领域推广普及、全周期督导评价、全过程居民自治的服务路径，让志愿者成为推动垃圾分类理念认知的加速剂、习惯养成的固化剂、矛盾化解的润滑剂和群体效应的催化剂。

①有礼宣传。开展小板凳分类课堂、举着标语牌"夸夸劝导"，在宁波市镇海区 1332 个垃圾分类投放点派驻垃圾分类志愿者，在 87 个村（社区）组建 174 个"夸夸分类"社群，以"每日播报"的形式夸赞参与分类、正确分类的居民群众。②有理引导。对接中小学四点钟课堂、学伴小组，将垃圾再利用融入小朋友们的实践课程。5 年来，"变废为宝"课堂实现宁波市幼儿园、小学全覆盖，100 多名垃圾分类"制宝员"带领 3000 余名小朋友改造可回收物 2 万余件，作品经过展示、交换、义卖，让更多市民看到了垃圾分类的价值。③有你共建。志愿者的触角深入千家万户，5 年来将 330 条需求整理成 11 本需求册、240 余条经验汇编成 5 本智囊书，多渠道向政府

---

① 《总书记关心的百姓身边事｜垃圾分类："新时尚"的美丽折射》，https：//news. cnr. cn/native/gd/20190821/t20190821_ 524740473. shtml，最后访问日期：2024 年 11 月 27 日。

反馈 9 大类近百个问题经验，不少"民间智慧"被吸纳进政府工作办法，如 2023 年，在志愿者呼吁下，探索垃圾源头减量的浙江首家循环商店正式上线，由志愿者负责运营。

3. 项目成效

项目实施以来，团队共吸纳 1000 余名骨干志愿者参与，志愿浙江平台上的宁波市垃圾分类志愿者已超 20 万。项目始发地镇海区的垃圾分类正在由新时尚转变为好习惯，人人参与基层治理也渐成共识，在 2023 年度浙江省对全省 90 个县（市、区）生活垃圾分类工作评估中获得第一名，源头分类质量稳居宁波首位。项目经验在浙江省学习习近平总书记关于垃圾分类重要指示精神部署会上进行交流，团队获评全国母亲河绿色贡献奖，相关活动获央视、新华社等媒体报道 3000 余次，阅读量超 500 万。

（四）"春天公交"——偏远乡村家门口志愿服务项目

1. 实施背景

宁波地处四明、天台山脉，偏远山村众多，因地理位置偏远、村庄分布散落，偏远山村村民常需的民生小微服务资源缺乏和外来资源输送不精准、不集中、不系统问题长期存在，加之老龄化加剧，许多老年人无法及时就医、购物等，影响了他们的生活质量，村民需求与资源不匹配的矛盾进一步凸显，这严重制约了农村地区的经济发展和民生小微服务改善。调查发现，宁波现有 213 个偏远村落，村中 65 周岁及以上人口占比 76.7%，本地可提供服务的人才不足 0.5 人/村，属地志愿服务理念相对薄弱。从交通和便民设施来看，村落距离最近的便民服务点平均 13.5 公里，来回时长约 3.5 小时。秉持"让每个偏远山村都拥有一家民生小微服务站"理念，宁波市新时代文明实践志愿服务联合会发起偏远乡村家门口志愿服务项目。

2. 主要做法

一个核心。项目依托全市 78 条山区公交线，宁波市新时代文明实践志愿服务联合会整合全市 123 支社会志愿服务组织力量，通过"公交+志愿者""流动+集中"组合服务模式,将沿线 213 个偏远村公交站点作为志愿服务站点,以"城乡公交线"为核心输送枢纽,确保服务及时性和持久性。"一站式"服务流程。建立"一张清单明需、一条热线畅需、一个平台供需""三个一"供需机制和"每日轮办、每周督办、每月联办""三个办"服务机制。三大服务内容。开展包括理发、快递代送、家电维修、农产品代售等 38 项民生小微服务,将资源输送全面系统化和持续化,逐步改善村民需求与资源不匹配矛盾,实现生活服务、便民服务、健康服务三大服务,让每个偏远山村都有一家民生小微服务站目标得以实现。

3. 项目成效

项目实施 11 年来,在公交线路的脉络支撑下,已经能够向老人们提供包含家电维修、理发、药品代购代售等 40 多项"点单式"服务,不仅满足了山区群众最基础的民生服务需求,同时在助产增收、满足群众精神文化生活需求上助力,每一项服务内容都从群众最为需要、最为迫切的需求出发,为民所需。"春天公交"已经累计开展服务 5.2 余万次,代售农产品400 万余元,惠及群众 200 余万人次,让这些远离城市的村落真正享受到了与城市一样的便利,也让 78 条山区公交线成为宁波最具代表性的志愿服务风景线。

(五)"乡村掌灯人"西南偏远山区电力志愿者培育项目

1. 实施背景

2015 年,"时代楷模"、中华慈善楷模、宁波市钱海军志愿服务中心理事长钱海军牵头发起了针对困难残疾人家庭室内照明线路安全隐患的"千户万灯·照亮计划"。8 年多来,"千户万灯·照亮计划"已辐射浙江、西藏、吉林、贵州、四川、云南六个省(自治区),累计走访上万困难户,改造近 7000 户,行程 23 万余公里,受益 7 万余人。

在持续的调研和项目实施过程中,志愿团队逐渐发现这些相对落后地区的共有问题:一是当地缺乏专业的乡村电工志愿者;二是这些家庭的子女大多没有技能特长,就业困难。每当志愿者们准备离开时,有一句话总被当地人问道："你们走了，十里八乡都没有电工，灯不亮了，怎么办？"

面对当地的实际需求，宁波市钱海军志愿服务中心在实施"千户万灯·照亮计划"的基础上，针对性开展衍生助困志愿服务——"乡村掌灯人"西南偏远山区电力志愿者培育项目。

2. 主要做法

项目在一次次实践中不断升级，形成了"乡村掌灯人""跟-学-做"成长工作法，培养当地"三掌"型志愿者：掌握安全用电基本常识、掌握隐患排查基本技巧、掌护当地困难残疾人基本用电服务，助力当地志愿者队伍的高质量发展，搭建就业平台。

阶段一："跟"——成为"照亮计划"志愿者。联合当地政府、残联、村委发布号召，招募有意向加入、身体素质合适的志愿者成为项目助理志愿者，帮助施工志愿团队，承担当向导、做翻译、运材料、辅助施工等勤务工作，在参与中，感受技术赋能的力量，激发学习兴趣。阶段二："学"——开办"乡村电工培训班"。在当地设立学习中心，面向有电工职业意向的志愿者，将专业的电力技能课程送培下乡，开展普适性室内电力技能培训。通过基础培训和练习，他们不仅能排查隐患、宣传安全用电，还能自行安装线管、更换漏电保护器等。阶段三："做"——选育"乡村电工见习生"。在总结"照亮计划"实施经验的基础上，形成《标准化改造手册》学习资料，提升学习成效，并抽调优秀志愿者参加"照亮计划"见习，参与项目改造，积累实操经验，服务当地困难家庭。通过"跟"，让当地残疾人服务对象肯参与、懂感恩；组织"学"，让他们学本领、涨技术；凭借"做"，让他们敢动手、肯扎根。

3. 项目成效

近几年来，"乡村掌灯人"在西南三省累计发动 5000 余名当地志愿者，培育 30 名持证乡村电工，走访 10000 余户困难家庭，完成改造 1500余户，志愿服务时长 10 万余小时。2023 年 7 月，正式在四川凉山州启动"乡村掌灯人"三年计划，预计培育当地"乡村掌灯人"1000 名。"千户万灯"系列项目获得人民日报、新华社、中央电视台、《求是》杂志、浙江日报等主流媒体广泛关注报道，荣获中国青年志愿服务项目大赛金奖、中国公益慈善项目大赛五星优秀项目（金奖）等荣誉奖项，不断成长为公益领头品牌。

（六）81890困境家庭应急帮扶志愿服务项目

1. 实施背景

22 年前，宁波市 81890 第一条求助热线开通，"拨一拨就灵"成为对市民的庄严承诺。随着一个个紧急求助如雪片般向 81890 飞来，我们发现，这些求助中有大量困境家庭突发变故。当时，虽然政府和社会组织已经有了一些帮扶措施，但这群人的应急需求仍无人兜底。

据统计，2001~2003 年，来自 81890 求助服务中心这一公共服务平台的 20.46 万求助件中，尚有 0.17%（348 件）求助问题无法完全解决，其中困境家庭因病、因灾造成生活陷入不便的突发性求助占到了多数。政策不通畅、动态管理覆盖不全、自主求助意识不强烈等原因是造成困境家庭无法及时得到帮扶的主要原因。为了最大限度响应并帮助这些家庭，我们从 2004 年起组建了志愿力量，根据服务需求建立特色帮扶板块，与政府侧建立充分联动，为困境家庭提供应急帮扶。至此，我们正式发起 81890 困境家庭应急帮扶志愿服务项目。

2. 主要做法

成立 81890 志愿者协会，通过开设一条志愿专线、搭建一个志愿网站、凝聚一团志愿力量，着力解决紧急问题求助难、帮扶对象感知难、志愿服务到达难三类问题，为困境家庭遇到的突发情况兜起一个可求、可盼、可依靠的"安全网"。第一步：获取受助对象信息。通过 81890 公共服务平台获取求助信息，网兜志愿者通过日常各类活动走访等渠道获取求助信息。第二步：匹配资源，通过公共服务平台的问政流转，为受助对象对接政府资源。对于政府资源无法覆盖的对象或者无法覆盖的内容再匹配社会资源，联合志愿者、爱心商户等社会力量进行有效帮扶。第三步：回访确认，志愿者分阶段回访服务对象，跟进帮扶事项是否有效解决。

3. 项目成效

在不断地努力下，81890 困境家庭应急帮扶志愿服务项目从最初的 27 位志愿者、103 户受助家庭逐渐延伸。现在，参与该项目的志愿队伍已经拓展至 70 余支特色队伍、168 家爱心商户、3700 位志愿者。热心市民、道德模范、各级"好人"成为团队的中坚力量，获得帮助的家庭也加入了志愿队伍。服务体量逐年增加，从 2004 年项目初始期的 107 户，到现有的 3100 户服务对象。其中解决生产困境 132 户，挽回经济损失 112 万元；就业助学 972 户；政策帮办 507 户；其他临时性帮助 1489 户。依托政府资源及社会资源，我们牢牢兜住了这些需要帮扶的困境家庭：残障朋友不再担心突发疾病；患病职工的应急开支有了着落；农村的独居老人也有了自己的救命电话！

项目的服务模式也得到了社会层面广泛的认可与学习。随着全国 500 余批次调研团到访学习，该项目的服务模式已经在 200 多个地市推广；我们建立志愿联络点 200 余个，最远已在新疆库车建立站点；在志愿者的推动下，项目促进社会面推出普惠共济的商业补充保险——"天一甬宁保"为大病患者提供保险保障。一声声受助人的感谢，一篇篇新闻媒体的报道，使本项目得到了全社会的关注。项目获得了"全国'四个 100'先进志愿组织"、全国助残先进集体等各级荣誉 40 多项。我们很荣幸收到了联合国官员到访题词、全国道德模范孙茂芳题词以及习近平总书记的亲自接见。带着这些荣光与责任，81890 的志愿者也将一路心怀"织密一张网，兜住一群人"的理想踔步前行。

B.17
大红烙铁走千山
——家电医生维修项目发展报告

杨昊月　陈倩倩　郑深波*

摘　要：　大红烙铁走千山——家电医生维修项目以"千家万户"和"田间地头"为主阵地，通过党建引领、专业组团、规范运行和科学管理，创新性建立个性化定制、数字化预约、常态化定点联络"三联络"机制和48小时应急、72小时送达、30天集中服务"三服务"工作机制，实施共享式、联村式、入户式"三式诊疗"工作方法，有效解决了山区村民家电维修难问题，实现山区电器零闲置，为推进新时代文明实践贡献了党建引领与志愿服务互嵌、志愿服务赋能银发群体等宝贵经验。

关键词：　家电医生　党建引领　志愿服务

随着我国人口老龄化加剧，空巢老人数量快速增长。第七次全国人口普查数据显示，我国乡村60岁、65岁及以上老人的占比分别为23.81%、17.72%，比城镇分别高出7.99%、6.61%。农村空巢老人面临生活不便、养老服务基础设施薄弱、服务力量欠缺等普遍性问题。为实施积极应对人口老龄化国家战略，构建和完善兜底性、普惠性、多样性的养老服务体系，《"十四五"国家老龄事业发展和养老服务体系规划》①提出充分调动社会

---

* 杨昊月，中共中央党校（国家行政学院）社会与生态文明教研部博士研究生，研究方向为志愿服务与社会保障；陈倩倩，宁波大学法学院硕士研究生，研究方向为行政管理；郑深波，宁波市奉化区宣传服务中心副主任。
① 《国务院关于印发"十四五"国家老龄事业发展和养老服务体系规划的通知》，https://www.gov.cn/zhengce/content/2022-02/21/content_5674844.htm，最后访问日期：2024年11月27日。

力量参与积极性，加快发展生活性为老服务业，提高老年人生活服务可及性，培育老年人生活服务新业态，提供"菜单式"就近便捷为老服务。本报告以宁波市奉化区"大红烙铁走千山"服务项目为例，介绍志愿服务队伍作为社会力量的重要组成部分，如何开展志愿服务、满足老年人服务需求、整合社会资源并充分发挥党组织的作用，开辟创新提升社会治理水平、高质量推进中国式现代化的重要路径。

一 "大红烙铁走千山"项目缘起

在宁波市奉化区偏远山区，家用电器损坏后，普遍存在"三无"现象。一是"没人修"，奉化区 12 个镇、街道 30 个村（远离中心区 10 公里以上）没有一个村设有电器修理店，山区村民没地方修理电器；二是"不愿修"，市区、镇区的维修师傅数量少、生意忙，不愿意长途跋涉下乡修；三是"不想修"，山区损坏电器搬出来难、成本高，村民不想修，能用则用（安全隐患高），不能用就闲置。据不完全统计，原来山村每户约有 2.1 件闲置电器、使用"带病"家电 0.8 件，废旧家电闲置、丢弃现象十分普遍，同时存在极大安全隐患和环保隐患。

"大红烙铁走千山"——家电医生维修项目应运而生。大批党员、志愿者怀揣红色公益之心，走进奉化区大堰镇、溪口镇等山区（红色革命根据地），充分发挥党员先锋模范作用，如发光发热的烙铁一般为山区群众送去党和政府的关怀与温暖，助力乡村振兴，推动共同富裕。由此，"红"可以凝练为党旗红、志愿红、烙铁红、革命红、公益之心红。以五"红"聚力，党员志愿者队伍数千次走进山区，为山区群众开展常态化志愿服务。

二 "大红烙铁走千山"志愿服务项目的发展历程

宁波市奉化区绿叶志愿服务协会是一家走过 17 年公益历程的老牌志愿团队，红色是这支团队最鲜艳的底色，党建引领是这支队伍持续前进的核心动力。截至 2023 年，团队 300 余名成员绝大部分是奉化区岳林街道党员个体户，来自理发店、电器修理店、农具打造店、小诊所等，且都有一技之长。"以孝敬老、以善帮困、以精设项、以心服务"是协会成功发展的基石，团队围绕敬老助残、帮困解难等主题，17 年来开展志愿服务活动上千次，足迹踏遍奉化所有村落。其中"大红烙铁走千山"——家电医生维修项目深受山区百姓的欢迎。

（一）牢记初心使命　呵护"绿叶"萌芽

2005 年 3 月 15 日，岳林个协党支部与新民社区联合在廊桥边开展便民服务活动，受到群众普遍欢迎，包含党员和入党积极分子在内的 14 名成员当即组成非正式的志愿服务队，开始长期为群众提供无偿服务。2005 年 5 月，在奉化区工商局的牵线下，区个体劳动者协会岳林分会党支部的党员志愿者来到奉化 99 老人乐园开展慰问服务活动，在数次活动中积累服务经验、拓展服务内容。志愿者服务队印制绿叶志愿者服务队服务卡，服务内容包含理发、家电维修、自行车电动车维修、水电维修、口腔检查、量血压等 8 项基础内容。2006 年 3 月，岳林个协党支部成立了一支全部由个体工商户组成、专为弱势群体服务的志愿者队伍——绿叶志愿服务协会，"绿叶"由此萌芽。取名"绿叶"，是因为绿叶具有旺盛的生命力，象征着希望，象征着无私的奉献。

（二）坚定理想信念　"大红烙铁"扎根

2009 年 8 月，团队走访调研奉化区 20 个乡村后发现，有大量废旧家电因为"十公里内没人修（山区周边无维修店）、路途遥远不愿修（山区交通不便）、成本太高不想修（老家电配件资源少）"而闲置或"带病使用"，不仅浪费资源，还存在极大安全隐患。为解决山区家电维修难的问题，"大红烙铁走千山"——家电医生维修项目应运而生。项目通过组建专业化志愿服务队伍、社会化筹集保障资金、项目化管理闭环实施，确保废旧家电"安全回家"。2020 年，项目又启动"大红烙铁星火计划"，通过报废家电零配件回收，实现资源循环再利用。

"莫拉克"是 2009 年影响最大的一次台风，奉化不少村里百姓受灾。我们在调研走访时发现，大量老旧家电坏了，还有的"带病使用"，安全隐患不小。因为山区没有维修店，而且家电配件少，维修成本太高，给山区百姓特别是一些高龄老人的日常生活带来了很大不便。（项目负责人王晓杰）

"大红烙铁走千山"——家电医生维修志愿服务项目创设以来，每月 2 次入村入户义务维修家电，为大堰镇、溪口镇山区村民维修家电累计 4.8 万余件，承担配件费用等 40 余万元。队伍从最初的 6 人发展到如今的 300 人，累计服务时长 10 余万小时，行程达 10 万公里。实施地域为奉化山区，主要集中在溪口、大堰、尚田等街道（镇）以及壶潭村、石门村等偏远山村。受益人群为山村百姓，受益人数年均 8000 人。

绿叶志愿服务协会目前拥有党员 38 名、志愿者队员 300 多名。多年来，协会坚持党建引领，以"甘为绿叶，无私奉献"为初心组织个体户志愿者发挥自身专业所长，定期向农村、社区输送家电维修、理发、磨刀、体检、修理电动车等专业技术服务，活动足迹踏遍整个奉化。"大红烙铁走千山"——家电医生维修项目坚持每月 2 次上门为山村留守老人修理家电，目前已开展相关活动 290 次，修复家电 5.8 万件，惠及山村群众 10 万余人次。

表1 "大红烙铁走千山"服务清单

时间	服务对象	服务项目	服务内容	备注
2009 年	大堰、溪口镇山村农民	便民大篷车-家电修理	大堰 7 个村维修家电 1500 余台	2 个月一次
		便民大篷车-家电修理	溪口 4 个村维修家电 700 余台	2 个月一次
2010 年	大堰、溪口镇山村农民	便民大篷车-家电修理	大堰 8 个村维修家电 2100 余台	每个月一次
		便民大篷车-家电修理	溪口 5 个村维修家电 500 余台	每个月一次
2011～2015 年	大堰、溪口镇山村农民	大山一修-家电维修	大堰 15 个村维修家电 1.3 万余台	单月一次双月两次
		大山一修-家电维修	溪口 6 个村维修家电 3000 余台	单月一次双月两次

时间	服务对象	服务项目	服务内容	备注
2016～2020 年	大堰、溪口镇山村农民	大红烙铁走千山-家电医生	大堰 17 个村维修家电 1.5 万余台	2 个月一次
		大红烙铁走千山-家电医生	溪口 8 个村维修家电 2000 余台	2 个月一次
2021 年	大堰、溪口镇山村农民	大红烙铁走千山-家电医生	大堰 7 个村维修家电 1300 余台	2 个月一次
		大红烙铁走千山-困难农户农机具养护维修	大堰 5 个村维修农机具 300 余台	2 个月一次 跟踪式维修
2022 年	大堰、溪口镇山村农民	大红烙铁走千山-家电修理	大堰 8 个村维修家电 1500 余台	2 个月一次
		大红烙铁走千山-困难农户农机具养护维修	大堰 7 个村维修农机具 300 余台	2 个月一次 跟踪式维修
2023 年	大堰、溪口镇山村农民	大红烙铁走千山-家电医生	大堰 6 个村维修家电 800 余台	2 个月一次
		大红烙铁走千山-农机具养护维修	大堰 6 个村维修农机具 150 余台	2 个月一次 跟踪式维修

（三）对接群众需求 "绿叶"保驾护航

2023 年，"大红烙铁走千山"项目志愿者上门开展农机具养护服务，为秋收"保驾护航"。通过前期宣传，建立村镇常态化联络机制，提前联络相关农业生产工作人员，及时掌握当地困难农户对农机具养护修理的实际需求。他们采用定期集中式修理、定期上门养护、村委联络 48 小时上门维修相结合的方式，助力山区农户不误农时、增产增收。

以前我们的农机具坏了就扔掉重新买，要花不少钱。现在他们不但帮我们修好，还耐心教我们怎么使用和保养，每年起码节约好几千元钱。（大堰镇村民）

"大红烙铁走千山"——困难农户农机具养护维修项目实施以来，绿叶志愿服务协会已联系困难农户 300 余户，维修、保养农机具共计 210 余台

（件），为农民节约农机具维修养护费用 20 余万元，后续还将为溪口、松岙、裘村等山区的困难农户持续提供农机具现场养护修理、农机具养护知识普及等服务，助力乡村振兴，促进共同富裕。

表 2　"大红烙铁走千山"——困难农户农机具养护维修项目定向帮扶对象服务清单

服务组别	单位	人数	服务内容	备注
后勤保障组	绿叶志愿服务协会 奉化团区委	5~6	负责收割季后勤保障工作，物品准备，点心餐食发放	早餐时间 5 点左右
维护养护组	绿叶支援服务协会 大桥商会 奔野集团	6~8	负责收割季农机养护维修工作	对农机具提前保养，并负责跟踪保障当天所有农机具及其线路安全
生产组	绿叶志愿服务协会 大桥商会 奉化团区委	10~12	负责稻田收割大米、运输工作	
产品包装	绿叶志愿服务协会 尚田街道 奉化团区委	6~8	负责大米晾晒、加工、包装	设计产品说明、logo，包装袋提前准备、备用
直播销售组	绿叶志愿服务协会 奔野集团 奉化抖音团队	3~5	负责全渠道大米销售工作	数量有限，尽量在爱心义卖基础上进行直播预售、直售

三　组织运行机制与模式

（一）制度体系建设

有效的制度是志愿服务可持续发展的重要保障。要进一步加强新时代文明实践志愿服务机制建设，推动文明实践志愿服务制度化常态化。为保证"大红烙铁走千山"——家电医生维修志愿服务项目的高效运行和可持续发展，志愿团队在制度建设方面进行了一系列强化，推动志愿服务的可持续发展。

"大红烙铁走千山"——家电医生维修志愿服务团队规范明确。一是以章程为"纲",根据实际情况,团队制定了《奉化区绿叶志愿服务协会章程》,确立了相应的工作流程和操作规范,制度涵盖志愿服务活动的业务范围、组织机构、资产管理等方面,确保工作的合法性和规范性。二是以纪律为"核",在志愿服务常态化开展过程中,坚守"铁的纪律"——每次入村开展志愿服务活动,都自带炉灶和饭菜,不给村民增加负担。三是以复盘为"要",每次活动结束,"绿叶"志愿团队对在"大红烙铁走千山"——家电医生维修志愿服务活动中产生的文字、图片、视频等资料进行收集、整理和归档,定期向团区委、民政局、岳林街道等相关部门报送工作情况,形成了完善的志愿服务规范体系。

(二)工作队伍建设

志愿服务队伍是开展新时代文明实践活动的主要力量。"大红烙铁走千山"——家电医生维修项目注重组建组织化的志愿服务队伍,形成"主导力量+专业力量+骨干力量"的多元化队伍模式[①],依托志愿者学院、志愿服务项目大赛等载体,干中学、学中干,开展志愿服务培训,提高志愿者思想政治水平和业务知识技能,着力构建科学完备的新时代文明实践志愿服务组织体系。

1.发挥党员模范作用,建好志愿服务队伍

"绿叶"志愿服务队的负责人由岳林街道个协党支部书记和绿叶志愿服务协会会长毛祖汉担任。毛祖汉有良好的群众基础,通过个人感召力吸引众多志愿者加入"绿叶"志愿服务团队中,团队涌现了竺芳娇、周雪飞、潘亚儿、方定飞、舒善义、杨柏涛等一批骨干志愿者人才。同时,"大红烙铁走千山"——家电医生维修志愿服务团队把参与志愿服务作为入党的重要考察内容,推动党员密切联系群众,营造党员带头争当志愿者、党员带动周

---

① 郭彩琴、张瑾:《"党建引领"型城市社区志愿服务创新探索:理念、逻辑与路径》,《苏州大学学报》(哲学社会科学版)2019年第3期。

边的志愿服务氛围。

2.动员专业力量，提高志愿服务水平

"大红烙铁走千山"——家电医生维修志愿服务团队发动个体工商户，利用专业技能优势，通过给山区百姓修家电为空巢老人生活赋能。截至2023年，团队共有300余名成员，他们绝大部分是奉化区岳林街道党员个体户，来自理发店、电器修理店、农具打造店、小诊所等，且都有一技之长；"大红烙铁走千山"——家电医生维修项目已行经298个自然村，惠及29600多人，修理大小家电33236件。

3.注重骨干培养，做好志愿人才孵化

新时代文明实践志愿服务中，志愿者骨干的发掘和培养是关键环节。[①]"大红烙铁走千山"——家电医生维修项目在志愿报名、活动开展以及活动总结中全链条考察挖掘骨干力量。通过综合分析报名表中的特长与经验、面试时的交流和了解、培训时的参与表现和积极性，寻找热情高、爱奉献、有号召力、有组织力的骨干；通过安排文明实践志愿服务活动，在大家参与服务、奉献爱心的过程中，寻找具有协调能力、善于统筹计划的骨干；通过服务活动结束后的分享交流，寻找具有思考能力、善于总结提升、积极传播推广的骨干。

在志愿人才孵化过程中，全方位链接资源，借助志愿者学院专业师资，帮助"大红烙铁走千山"——家电医生维修志愿服务队优化志愿理念。通过"一对一"指导、"老带新"培训帮助志愿者提升志愿服务水平和志愿服务能力，优化项目实施团队的年龄结构。将志愿服务的重点与新思想新文明的传播相结合，多措并举，引导这些骨干成为"大红烙铁走千山"志愿服务队伍持续不断发展的中坚力量。

（三）工作阵地打造

因地制宜，把阵地建在"千家万户"。"大红烙铁走千山"——家电医

---

① 张晓红、苏超莉：《志愿服务促进党建工作创新研究》，《学校党建与思想教育》2013年第12期。

生维修聚焦百姓"微需求",办好民生"微项目"。利用各村活动中心、老年活动室等公共空间,在奉化全区范围内建立了4大服务片区、12家爱心服务点,确定了316家重点结对家庭,到山区开展流动式、常态化家电维修服务。紧贴民心,把阵地建在"田间地头"。"大红烙铁走千山"——家电医生维修项目将目光锁定大堰镇特困户,对特困户进行日常走访,关心他们的生活,还帮助他们完成种田、插秧等工作,提高农户经济收入。与时俱进,把阵地建在"线上高地"。"大红烙铁走千山"——家电医生维修项目充分把握时代脉搏,打造志愿服务的"线上高地"。由区志愿者协会、妇联和新时代文明实践点通过公众号、微信群等开展宣传。在村里推广"大红烙铁"专属二维码以及特制宣传标识,有智能手机的村民可以直接扫码,用老年机的村民可以委托村干部或亲邻扫码,通过留言、预约等方式即可与项目部沟通。构建多渠道、多维度的志愿服务传播与宣传机制,扩大志愿服务影响力。

(四)激励保障机制

为弘扬志愿服务精神、提升志愿者服务积极性、形成"好人好报"的价值导向,志愿服务活动激励机制不可或缺。多元化的激励机制有助于增强志愿者的荣誉感、责任感和归属感,充分调动各方参与新时代文明实践志愿服务的热情和积极性。"大红烙铁走千山"——家电医生维修项目外部激励与内部激励相生相伴,共同助推志愿者服务积极性提升。

外界媒体的宣传报道与政府部门的奖励作为外部激励对于"大红烙铁"项目组意义非凡。"大红烙铁"的故事被"学习强国"、人民网、浙江新闻客户端、宁波日报等媒体报道,被评为2020年度宁波市最佳志愿服务项目、2021年度浙江省志愿服务先进典型最佳志愿服务项目、2022年宁波市奉化区社会组织4A级项目,2023年获得奉化区新时代文明实践志愿服务项目大赛铜奖。"大红烙铁走千山"——家电医生维修项目负责人毛祖汉被评为2021年度宁波最美志愿者、2022年"浙江好人"、2023年浙江省社会组织领军人物。

"绿叶"志愿服务团队开辟自身激励机制,团队每周、月、年度评先评优,让社会认可和志愿服务有机结合,有效解决了工作和服务矛盾问题,将物质的"失"用精神的"得"予以弥补。为激励党员、志愿者的工作积极性，协会党支部每年评选表彰一批优秀党员、先进志愿者，并积极向上级部门推荐。目前，团队共有浙江省优秀共产党员 1 名、宁波市优秀党员 1 名、奉化区优秀共产党员 2 名、"浙江好人" 1 名、"宁波好人" 5 名。多元化激励机制充分激发了新时代文明实践志愿服务的生机与活力。

四 项目特色

（一）党建引领，构建新时代文明实践志愿服务组织体系

党建引领志愿服务是新时代文明实践志愿服务发展的重要保障，将党建融入新时代文明实践志愿服务，不仅能够充分发挥基层党组织在社区治理中的政治引领作用，而且有助于将社会主义核心价值观与"奉献、友爱、互助、进步"的志愿精神有机融合。岳林个协现有党员 33 名，他们都是来自岳林街道的个体户或企业主，每一位党员都是下乡便民服务的主力军。在"大红烙铁走千山"——家电医生维修项目中，党员始终站在前列，引领广大志愿者积极投身志愿服务。

1. 参与志愿活动是优秀党员的重要评定指标

在岳林个协党支部的工作中，依托志愿服务媒介，实现了党建工作的突破性跨越——用具体的时间来衡量，用大数据来说明党建可以具体量化。党支部把志愿服务的参与次数作为党员考核的重要指标，特别是星级评定和年终的优秀党员评选，都是以活动的参与次数和被服务对象的好评作为决定性依据。把为民服务理念以大数据的形式化为实践，形成一种实体的可以累积的奉献。

比学习、比奉献，是拥有"绿叶"志愿服务团队的岳林个协党支部的党员常态。如何让党员们心服口服，做到绝对公平公正，唯有以事实说话，以数字为准。整个"绿叶"团队每年有活动 92 次，活动参与总人数超过2500 人次，每次活动的参与者和参与时间都通过宁波市志愿者服务平

台——We志愿平台进行报送登记，对每一位参与党员的服务时间进行记录，并把时间进行累积，所有党员的服务时间在手机系统中一目了然。参加活动次数多、时间长的党员，累积的分值就高，反之就低。党建搭上志愿服务的快车，用时间来计量，用数据来研判。

2. 参与志愿活动是增添客户信任的重要方式

每一位个体户、每家企业在门店/企业内都有一块温馨提示牌，上面写有"今天是'绿叶'志愿服务队的志愿活动日，各位顾客烦请明天再来"字样，所有的个体户和企业主都被周边的人及客户包容理解，并极大地增加了客户的信任度，志愿活动日损失不但不会增加，反而赢得了新老客户的追捧。

3. 参与志愿服务是"为人民服务"的重要路径

对于"大红烙铁走千山"——家电医生维修项目的成员而言，"党员"的身份与"志愿者"的身份是紧紧交融在一起的。党员志愿服务是展现党员先锋模范作用的重要载体，作为志愿服务的先锋力量，党员不仅要充分领会志愿服务的重要意义，更要做志愿服务的坚定拥护者、有力宣传者、重视践行者，以实际行动推动党员志愿服务走深走实，让党员作用发挥"行稳致远"。"大红烙铁走千山"——家电医生维修项目中的党员和志愿者互相促进、互相支持，在促进整体氛围和谐的同时，也产生了暗自较劲的氛围感，特别是党员志愿者，更是激励自己要多奉献，一定要努力超越非党员身份的志愿者。常态化的志愿服务成为促进党建工作谋划、实施和实践的最好收获。

表3　2023年岳林个协党支部主题党日活动

时间	活动主题	活动主要内容
1月	学习党的二十大精神（全年开展）	持续深入学习"党的二十大精神"，及时跟进学习习近平总书记重要讲话、重要指示批示精神，不断强化政治理论和理想
	关心慰问党员职工	结合元旦、春节，关心慰问困难党员、困难群众、"爱心结对"帮扶对象。开展"送温暖"活动，关爱留奉过节的职工，提供更为便利和周到的人文关怀

时间	活动主题	活动主要内容
2月	党内法规专题学习	组织党员认真学习《中国共产党支部工作条例（试行）》《中国共产党党员教育管理工作条例》等党内法规，对加强支部自身建设进行交流研讨
3月	开展志愿服务	结合学习雷锋志愿服务月，组织志愿服务队，开展助力乡村振兴、便民公益等活动，服务社会、服务群众
4月	开展党史学习教育	依托主题党日、"三会一课"等，组织党员学习党史，把"我为群众办实事"作为党史学习教育的重要内容，引导党员、干部发扬党的优良传统，积极为职工群众排忧解难、展示新时代共产党员的良好风貌
5月	开展"三亮三比"活动	聚焦我为党旗添彩，开展党员"亮身份、亮承诺、亮成效、比技能、比作风、比业绩"活动，通过党员示范岗、党员先锋队、党员承诺践诺等形式，引导党员亮出身份和承诺事项，比作为、促发展
	党建引领志愿服务	为山区留守群众帮困解难。开展"大红烙铁走千山"、环境整治便民服务进社区、敬老助残等志愿服务活动
6月	开展政治"体检"	对照党章党规，对照人民群众新期待，对照非公企业社会组织发展需要，对照先进典型、身边榜样，查找自己政治思想、作风、能力等方面的差距和不足
	党建引领志愿服务	为山区留守群众帮困解难。开展"大红烙铁走千山"、环境整治便民服务进社区、敬老助残等志愿服务活动
7月	庆祝建党102周年	开展一次主题党日活动，采取支部书记讲党课、参观红色教育基地、重温入党誓词、党员过政治生日等形式，庆祝中国共产党成立102周年
8月	党建引领志愿服务	为山区留守群众帮困解难。开展"大红烙铁走千山"、环境整治便民服务进社区、敬老助残等志愿服务活动
	学榜样、践初心活动	向受上级表彰的先进基层党组织和优秀共产党员、优秀党务工作者学习，向身边优秀党员、优秀志愿者学习，对标先进、争当先进、凝聚推动发展正能量
9月	党建引领志愿服务	为山区留守群众帮困解难。开展"大红烙铁走千山"、环境整治便民服务进社区、敬老助残等志愿服务活动
10月	庆祝新中国成立74周年	开展形式多样的国庆文化活动，集中开展党史、新中国史、改革开放史、社会主义发展史专题教育，了解党的光荣传统
	党建引领志愿服务	为山区留守群众帮困解难。开展"大红烙铁走千山"、环境整治便民服务进社区、敬老助残等志愿服务活动

时间	活动主题	活动主要内容
11月	党建引领志愿服务	为山区留守群众帮困解难。开展"大红烙铁走千山"、环境整治便民服务进社区、敬老助残等志愿服务活动
12月	开展组织生活会	党组织负责人对全年党建工作进行"回头看",向支部党员大会述职,做好民主评议工作,向上级党组织提交全年述职报告

（二）机制创新，开创新时代文明实践志愿服务新兴模式

"大红烙铁走千山"——家电医生维修项目实行"三式诊疗"工作法，建立"三联络"和"三服务"工作机制，定制山村红色服务清单，为山区村民提供集中式、预约式家电维修、农机具维修养护等服务，并与本土爱心企业进行联系与沟通，获得资金、维修配件等资源支持，实现党员志愿服务常态化、可持续化，有效解决了山区村民家电维修难问题，实现山区电器零闲置。

1."三式诊疗"工作法

为了扩大服务覆盖面，项目创新实施了"共享式、联村式、入户式"诊疗工作法。"共享式诊疗"即依托团队门店资源，设立12个共享服务点；"联村式诊疗"即依据每月预约数据，提供集中维修服务；"入户式诊疗"即针对重点弱势群体，提供上门维修服务。团队在奉化全区范围内建立了4大服务片区、12家爱心服务点，确定了316户重点结对家庭，逐步构建起山村废旧家电维修全面支持体系。

2."三联络"工作机制

以乡村实际需求为导向，针对行动不便个体、基层普通群体和极偏远山区，项目采取"个性化定制、数字化预约、常态化定点"三联络工作机制，畅通需求对接。"个性化定制"即为志愿者定制"大红烙铁家电维修服务联络卡"，发放给定点服务对象，让每个乡村、家庭都有自己的"家电医生"。"数字化预约"即服务对象可通过"奉化区绿叶志愿服务协会"微信公众号

这一平台进行预约，提前告知预约时间、地点、需修理的电器种类等，做到精准化服务。"常态化定点"即在奉化全区设置多个定点服务点，配备专业技师及工具配件，既可以为村民提供便捷的维修服务，又是收集需求反馈的重要渠道。此模式保障了维修服务的及时有效，为项目长期稳定运行奠定了坚实基础。

3. "三服务"工作机制

项目创建"48 小时应急服务（遇到自然灾害）、72 小时送达服务（现场无法维修）、30 天集中服务（日常服务）"三服务工作机制，推动"大红烙铁走千山"服务项目提质增效。①48 小时应急服务：针对残疾、独居等困难群体，推出 48 小时上门服务。②每月预约服务：村民通过村委会登记预约，达到 10 人后，各村通过线上预约，服务队每月安排 2~3 人提供入村服务。③每季度定点服务：在溪口斑竹片区、大堰董李片区等地方偏远、村民居住分散的点位，每季度提供一次集中服务。

（三）服务优化，构建新时代文明实践志愿服务长效机制

志愿服务创新是构建新时代文明实践志愿服务长效机制的必由之路。"大红烙铁走千山"——家电医生维修项目把党建工作内容与志愿服务相结合并优化提升，形成长效创新机制。2018 年以来，"绿叶"志愿服务团队的几个服务项目都是笼统地开展便民服务活动，而通过宁波专家对团队的剖析、对具体服务内容的设计打造，团队为家电修理活动单独设计了"大红烙铁走千山"——家电医生维修项目，并通过几年的打磨，对项目服务方式、联络机制和工作方法进行了系统改良。目前，"大红烙铁走千山"——家电医生维修项目已经成为宁波市最佳志愿服务项目，获宁波市新时代文明实践志愿服务大赛金奖以及浙江省青年志愿服务大赛铜奖。

"大红烙铁走千山"——家电医生维修项目具备公益性、组织性、服务内容的创新性。项目通过党建引领、专业组团、规范运行和科学管理，创新性建立"三联络"（个性化定制、数字化预约、常态化定点）和"三服务"（48 小时应急服务、72 小时送达服务、30 天集中服务）工作机制，实行

"共享式、联村式、入户式"诊疗工作方法，有效解决了山区村民家电维修难题，实现山区电器零闲置，为推进新时代文明实践贡献了党建引领与志愿服务互嵌、志愿服务赋能银发群体等宝贵经验。

五　项目面临的挑战

（一）志愿理念志愿精神有待培养

志愿精神是志愿服务的核心，也是推动志愿服务活动长期开展的内在动力和有力支撑。志愿服务组织的经营，不是靠利润动机的驱使，而是靠"使命"的凝聚和引导。以奉献、友爱、互助、进步为核心的志愿服务理念是志愿服务事业可持续发展的生命力所在。"大红烙铁走千山"志愿服务项目中志愿者的参与热情有所提升，但总体上仍处于起步阶段，志愿精神仍需要进一步培养。在参与过"大红烙铁走千山"——家电医生维修志愿服务项目的志愿者中，仍存在少数"被动参与"或者"有目的"参与的群体，公民的志愿意识尚待提升。

（二）志愿服务保障体系有待完善

良好的志愿服务保障体系是推动志愿服务可持续发展的重要基石。自开展志愿服务活动以来，"绿叶"志愿服务团队利用"We志愿"平台发布需求和活动、签到签退，主动为志愿者购置人身保险。但是，基础的志愿服务保障对于"绿叶"志愿服务团队来说过于薄弱。对志愿者的礼遇优待更多的是鼓励，未能真正有效落到实处，激励机制整体上处于基本保障阶段、局限于精神奖励当中。志愿服务的法治保障与监督管理机制有待进一步加强，以确保志愿者的合法权益不受损害、推动志愿服务可持续发展。

（三）志愿资源整合能力有待提高

志愿资源整合能力是评估志愿服务高质量发展的重要指标。"大红烙铁走千山"——家电医生维修志愿服务团队是草根组织自发形成的，依靠政府推动，以政府财政为支持，项目收入主要来自大堰镇、溪口镇的政府购买服务资金与政府志愿服务大赛的奖励金。虽然政府的介入给志愿服务事业带来了新的发展机遇，能够有效推动志愿服务事业的发展，但对于"绿叶"志愿服务团队而言，目前还存在自身筹款能力欠缺、社会资源整合能力不足的情况。现阶段，志愿服务活动的资金社会化筹集程度不够，政府预算经费不充足，"自主造血"能力欠缺，维修家电的零配件、后勤车辆都来自志愿者个人捐赠，尚未形成志愿活动资源的有效整合与循环，一定程度上制约了"大红烙铁走千山"志愿服务项目的进一步发展。

六　对策建议

（一）加强志愿服务队伍建设

志愿服务归根结底是人的服务，加强志愿服务队伍的人才建设是促进志愿服务事业稳步发展的根本要求。"大红烙铁走千山"——家电医生维修项目要获得长足发展，需要抓好志愿者招募工作，通过"We 志愿"平台登记并发布招募公告，向社会广泛招募志愿者，鼓励积极从事志愿服务的个人，特别是取得相应资格或具备修理家电技能的专业人员，按照程序登记注册为志愿者。凡年满18周岁、身心健康、具备完全民事行为能力、具备参加志愿服务相应的基本能力和身体素质、能够保证参加应急志愿服务时间的，均可注册申请成为志愿者。通过"We 志愿"平台、志愿者学院，"大红烙铁走千山"项目团队以"以老带新"等方式，为志愿服务团队注入活力。

（二）健全志愿服务保障机制

积极完善激励保障机制。在确立最美志愿者、最美志愿项目等评选办法的基础上，给予志愿者积分兑换、优惠公共服务等礼遇优待，健全评选表彰、宣传激励、信用激励、资助帮扶、多重保险、礼遇优待"六位一体"的激励保障机制。健全信用体系，营造志愿服务良好氛围，加强志愿者信用体系建设。注重志愿者的权益保障，为志愿者提供必要的交通食补和物资设备，完善志愿者人身意外伤害保险体系，探索困难志愿者帮扶机制。

（三）推动志愿服务资源整合

积极推动志愿服务资源整合，扩展联络村，与全区 12 个镇、街道个协党员志愿服务队建立深度合作，建立多方参与、常态化运营的党员队伍。争取在奉化区委宣传部、奉化区总工会、奉化区市场监管局等的支持下，发挥个协、工会、企业力量，设立专项服务基金，提供资金保障。链接志愿服务学院，推动志愿服务项目化。坚持"以赛促训、赛训结合、重在培育"，通过参加志愿者服务项目大赛，优化志愿服务机制，健全志愿服务方法。加强与志愿者、志愿团体间的交流和服务资源共享，面对山区空巢老人、特困人群等，可尝试建立档案管理制度和数据共享机制，以便为后续介入的各类志愿者和志愿服务组织提供基础信息，提高志愿服务的连续性与各类服务间的衔接性，构建全面系统的志愿服务网络体系。

B.18
"共享奶奶"志愿服务项目发展报告

王可心　魏　辉[*]

摘　要： 双职工家庭子女放学接送难和老年群体退休后价值无法延续已成为社会的两大难题。针对这两大问题，鄞州区东钱湖镇清泉社区于2019年9月组织成立"共享奶奶"志愿互助服务团队，以清泉社区为中心，通过打造社区自主的"一老一小"志愿互助模式，以"四方"受益、"五心"志愿、多措推广为力量导向，激发社区服务新动能，让志愿服务成为助力社区高质量发展的新时代文明实践内生动力。

关键词： 共享奶奶　志愿服务　一老一小

一　项目实施背景

（一）"共享奶奶"是构建新型社区关系的有效路径

中国是熟人社会，强大的地缘和亲缘关系构成了复杂的社会关系网络，作为生活空间与交往场域，邻里是社区记忆的有效载体，传统邻里之间互助团结，遵循着共同的世俗人情，其和谐友爱的关系为彼此建立了强大的精神支撑。然而城市化与工业化进程的加快打破了这种亲缘与地缘关系，伴随着

---

[*] 王可心，宁波大学法学院硕士研究生，研究方向为行政管理；魏辉，中共宁波市鄞州区委宣传部二级主任科员。

我国社会转型与变迁，传统的毗邻为亲、守望相助式邻里关系逐渐衰落。①
尽管现代化带来了生活的便利，却不断侵蚀着邻里关系，楼房的出现隔绝了
串门的亲昵，冰冷的混凝土带来的是同样冰冷的社会关系，社交媒体的普及
与生活节奏的加快造成了邻里关系的淡漠，社区渐渐成为人们个人的生存空
间而非共同体，邻里之间更多成为"点头之交"。

"共享奶奶"以其独特的方式成为联络社区关系的重要纽带，其将社区
内老人聚合起来，形成了紧密的合作关系，老人们的感情也在志愿互助中不
断升温。同龄的孩子们通过在"课后小饭桌"玩耍与学习，收获了友谊与
爱。孩子家长与老人们的关系也基于彼此信任、通过志愿活动不断加深，逐
渐建立起了充满爱的社会网络。这种志愿活动方式无疑是破解当前"社区
关系淡漠"的有效路径，邻里之间拧成一股绳，通过"手手相传"的互动
搭建起了新型社区关系，不断增加着邻里温情，重构社区格局。

（二）"共享奶奶"是解决双职工家庭所面临的问题的有效举措

随着我国城镇化步伐不断加快，生活成本上涨、房价高企等因素使得家
庭双方都需要工作来维持家庭的收入和支出平衡。而女性在社会中地位的不
断提升使得越来越多的女性选择工作以实现自我价值和经济独立，并且随着
整体教育水平的提高，越来越多的女性接受了高等教育并希望实现自己的职
业抱负。越来越多的家庭开始接受男女平等的观念，认为两个人共同分担家
庭责任和经济支出是理所当然的事情。一系列原因使得双职工家庭数量不断
上升。然而在内卷化加剧的当下社会，成年人所面临的压力使其无暇顾及孩
子的日常生活，这种情况在双职工家庭中格外突出。相关教育政策、生育政
策的出台加剧了这一痛点，因此双职工家庭的孩子放学后由谁来管便成了当
下的热点话题。我国针对该问题出现的三种课后托管机构分别是私人托管、
学校托管和社区托管，然而三种托管各有不足之处，难以从根本上满足双职

---

① 陈伟东、程晨：《现代城市社区邻里生成机理探讨——基于互惠理论视角》，《中州学刊》
2023年第9期，第82~90页。

工家庭的需求。

"共享奶奶"通过志愿服务的方式有效解决了这一难题。"一对一"的服务方式使得每个孩子在放学后第一时间有人接，安全问题得到有效保障，且课后贴心的陪伴学习与玩乐充实了孩子的精神世界，使其被爱紧紧包围；大大减轻了双职工父母的后顾之忧，使其能够放心工作，更好地平衡工作与家庭生活，孩子也在奶奶与小伙伴的陪伴下健康成长，形成互利共赢的模式。

（三）"共享奶奶"是实现老人社会价值的有效方式

随着社会的进步，老年人的心理健康问题得到了越来越多的关注。不少老人退休后会对自我定位产生困惑，无法建立自我认同感，且工作和社交的缺乏使得老人感到孤独，使其逐渐失去对生活的激情，从而产生心理问题。众多子女不在身边的"空巢老人"缺乏与子女的交流，情感上产生了缺失。"共享奶奶"为赋闲在家的老人们提供了实现自我价值的途径，老人们在接送孩子、陪伴孩子的过程中与孩子建立起紧密的情感联系，精神上得到了慰藉，情感上得到了满足。体系化的流程与自主化的实践使得老人们能够充分发挥自身能动性，在参与公共事务的过程中得到幸福感、安全感与荣誉感，打破了社会对于老人的刻板印象，不断实现"老有所为、老有所乐"，使每位老人在自己的岗位上发光发热。

二 项目相关情况

（一）项目实施概况

为解决许多双职工家庭子女放学无人接送、家中无人照看，当下老人社会价值无法延续、时间无处度过等问题，鄞州区东钱湖镇清泉社区于2019年9月组织成立了"共享奶奶"志愿互助服务团队，通过打造社区自主的"一老一小"志愿互助模式，以"四方"受益、"五心"志愿、多措推广为力量导向，激发社区服务新动能，让志愿服务成为助力社区高质量发展的新时代文明实践内生动力。四年来，奶奶们始终秉持"五心"志愿，用爱呵护孩子们。这一项目不仅解了双职工家庭的燃眉之急，也让社区老人们感受到了自己的社会价值，邻里关系也在这场爱的奔赴中不断拉近。

"共享奶奶"接送孩子，是社会自我调节的一种民间智慧，是宁波文明城市的产物，她们没有依赖政府，而是积极行动起来，填补服务空白，归功于市民们的自发参与和积极贡献。她们以互助为核心，通过共享自己的时间、知识和技能，为社区中需要帮助的人提供各种支持和服务。这种自发的市民互助行动，不仅补足了政策的短板，也增强了社区的凝聚力，推动了社会的和谐发展。"共享奶奶"项目的成功经验值得其他地区借鉴和学习，可以推动志愿服务的发展和社会的进步。

（二）项目发展历程

清泉社区是以拆迁安置小区为主的大型社区，社区居民主要为老年家庭和外来务工双职工家庭。在多数双职工家庭里，存在着孩子"放学无人接送""家里无人照看""课后无人陪伴"的共同难题，有低龄儿童接送需求的家庭占比高达60%。与此同时，"价值无法延续""情感无处依托""时间无处度过"是老年群体的共同状态。

为解决社区双职工家庭孩子放学无人接送问题，"共享奶奶"项目应运而生。清泉社区的袁佩君奶奶去幼儿园接外孙放学时，得知邻居接送孩子是一大难题，在征得家长同意后，袁奶奶开始了风雨无阻接送孩子的路途。在她的影响下，社区里众多赋闲在家的奶奶也萌生了接送邻居孩子的想法。据调查，清泉社区内55~75周岁老年居民共有1185人，其中有时间、有文化、有意愿的奶奶325人。其后，袁佩君又从社区了解到，清泉社区有1200多户双职工家庭，拥有低龄儿童的家庭超过四分之一，许多家长正在为孩子放学"接送难"而烦恼。2019年9月，第一批由5位"共享奶奶"组成的志愿服务队正式开展服务，她们的年龄从63岁到72岁不等，均具有较好的文化素养，陪伴孩子有意愿、有经验。"共享奶奶"志愿服务团队以"一老一小"为切入点，以"五心"志愿为主要内容，打造了社区互助志愿服务新模式。

（三）项目社会影响力

"共享奶奶"志愿服务项目已获评浙江省志愿服务项目大赛金奖、浙江省青年志愿服务项目大赛金奖、宁波市新时代文明实践志愿服务项目大赛银奖、鄞州区新时代文明实践志愿服务项目基层组金奖、鄞州区最佳志愿服务项目。项目被人民日报、央视新闻、新华社、央广网、网易、新浪、搜狐、中国蓝新闻、美丽浙江、浙江日报、浙江新闻、浙江之声、浙江早新闻、NBTV-1、宁波日报、宁波晚报、鄞州日报、鄞州发布等多家各级主流媒体、期刊报道推广，累计阅读量超亿次。

三　志愿服务体系机制建设

（一）志愿者团队体系

"共享奶奶"志愿团队体系建设完备。一是"针对性筛选"。"共享奶奶"志愿团队的最初成员均是从清泉社区志愿服务队招募而来，其后，成员的扩充则是由社区制订完整的招募计划、发布招募信息，由自愿参与的奶奶自主报名。在面试过程中，依据每位奶奶的责任心、相应特长、时间条件进行筛选，未通过筛选的奶奶可以加入社区志愿服务组织，负责社区基层事务，如矛盾调节、卫生清理等。清泉社区志愿服务组织注册在案，"共享奶奶"则隶属于该志愿服务组织。二是"点单式服务"。清泉社区通过完善组织运行机制，建立服务对象、志愿者档案，做好基本信息的登记工作，精准掌握需求，开展"点单式服务"。"共享奶奶"志愿团队共有核心成员58位，志愿者269位，党员带头人15名，接送孩子400余名，志愿服务时长超22000小时，双向受益家庭1000余户。

（二）志愿者培训体系

"共享奶奶"志愿团队通过与各个单位合作开展相关培训，不断提升志愿服务团队的专业性。一是与社工团队和共建单位合作，定期开展亲子阅读、趣味运动、手工制作等亲子活动相关培训，使奶奶们能够寓教于乐，成为亲子陪伴的"专家"，使孩子们在学习与娱乐中不断开发智力、培养动手能力、丰富想象力。在这样的过程中，奶奶们不断拉近了与孩子们的感情。二是与交通管理部门合作，对奶奶们与小朋友进行安全出行培训，通过趣味讲解的方式宣讲交通知识，使奶奶们与小朋友出行时更加注重道路安全问题，以"安全"为志愿服务重心，打造"安全路+安全牌"，保证安心接送。三是与院校合作，包括老年大学与高校。通过授课的方式不断培育奶奶们的特长，规范志愿者行为，使奶奶们在与孩子们相处时更加具备专业性，这对于孩子们的身心健康有很大益处。

（三）志愿者发展机制

志愿者评价机制成熟。团队志愿者的志愿时长统一通过浙江省"We志愿"平台统计。完善考核评优机制，通过量化评分、队长评价、志愿者互评等对志愿者进行综合评价。志愿者激励保障机制完善。建立"时间银行"，将志愿者服务时长进行储存，通过积分兑换、表彰大会等形式对志愿者给予物质与精神奖励，对其工作进行肯定。清泉社区志愿服务组织会定期为奶奶们开展插花、跳舞、剪纸等活动，丰富老人的业余生活，充实老人的内心世界。不仅对志愿者进行物质上的鼓励，同时进行精神上的奖励。此外，团队为每位志愿者购买了保险，给予其一定的人身保障，让志愿者安心、放心做志愿。

四 志愿服务项目做法："五心"志愿模式

历经四年的发展，"共享奶奶"团队打造出了独特的"五心"志愿模式，即安心接送、贴心照顾、暖心陪伴、精心抚幼、齐心共筑。通过该模式的运作，全方位为孩子提供暖心呵护，从生活起居到成长育人，为孩子提供良好的成长环境。

（一）安心接送——"1+1+N"接送模式

1个社区+1个"共享奶奶"志愿团队+多支社会力量的接送模式，通过分流、分时间段的形式，保障孩子放学后的安全。"共享奶奶"以清泉社区为中心，将妇女儿童之家作为基地，依托网格化管理，通过社工的统筹管理工作，入户了解家庭是否有接送孩子的需求，并通过建立微信群进行线上"点单式服务"。当业主在平台下单后，由组织负责人联络相应奶奶对接工作，通过与孩子家长的联络，了解孩子性格、上下学时间与相应爱好，实现志愿者与需求者的完美衔接，便于志愿者更好地为有需要的家庭提供服务。

"共享奶奶"志愿团队拥有安全完善的接送体系，形成了家长—小朋友—奶奶的循环链条。当确定志愿者后，家长会将奶奶的照片给小朋友看并向小朋友告知当日接送事宜，小朋友的照片也提前发送给志愿奶奶，志愿奶奶会提前站在学校门口等待孩子放学。第一次接送由社工陪同前往（在新志愿者加入时由组织负责人一起陪同），志愿奶奶身穿红色马甲并佩戴工作牌，手持红色指示牌，便于小朋友辨认，并使用接送卡与老师对接，必要时团队也会和家长视频以保障安全问题。实行一个社区、一个奶奶、一个孩子和社工、组织负责人参与的模式，完整地确保了孩子从放学到回社区的安全之行，且通过分散人流、分时间段的形式，避开了高峰期接送混乱的问题。团队还制定了轮班表，让奶奶们依照轮班表，以五人轮班制的形式，每周轮流参与志愿服务。轮班制的实施使得每位志愿奶奶可以合理安排工作时间和属于自己的时间，并确保每个放学时间段都有志愿者到岗。

（二）贴心照顾——"沉浸式"角色代入

从"大手牵小手"解决行的问题到从"课后小饭桌"解决吃的问题，从换季贴心提醒到生病陪伴就医，全方面全方位给予生活照顾。由于孩子放学较早，不仅存在接送问题，吃饭也是一大难题。为此，"共享奶奶"团队推出了"课后小饭桌"服务，制定了健康饮食日程表，每餐搭配营养均衡，同时制作造型可爱的饼干、蛋糕等小点心，餐后水果也准备齐全，保证孩子的定时饮食情况，奶奶们做得贴心，孩子们吃得开心，家长工作也放心。每逢节假日，奶奶们还会和社区食堂联动制作月饼、汤圆等节日特定食物，并带领孩子们做一些简易的辅助工作，让孩子们在参与制作食物的过程中体会到乐趣，不仅解决了"吃"的问题，还解决了"吃得如何"的问题。

"共享奶奶"团队充分结合志愿者的个人特长与既有经验，将志愿者的特长发挥到最大限度，针对孩子们需求给予回应，定制"个性化服务"。日常生活中，奶奶们会陪孩子们一起玩游戏、做手工、读绘本，也会陪他们练书法、弹钢琴、做课后作业，更在陪伴中潜移默化地教会孩子们一些生活技能、培养他们的良好品质，真正做到了贴心陪伴。每逢换季时，奶奶们会贴心提醒家长及时给孩子们更换衣物。而在孩子们生病家长无暇顾及时，奶奶们会带领孩子们及时就诊，记下医生嘱托并及时反馈给家长，以及提醒孩子们按时吃药，暖心的呵护不断滋润着孩子们与家长的心田。

（三）暖心陪伴——"阶梯式"情感守护

按照不同阶段的心理特征，对孩子们进行情感疏导。从初期，主动消融陌生感；到中期，听取孩子们在生活学习中的分享和倾诉；再到后期，做好分离焦虑的前置性疏导。由于团队目前接送的孩子多处于幼儿园、小学阶段，脱离父母进入新的环境、与陌生人接触会使他们感到焦虑与不安，团队充分考虑到这一点，通过给奶奶们培训，让她们不断学习如何疏导孩童心理，对感到不适应的孩子给予陪伴安抚，通过做游戏、讲故事等行为转移孩子们的注意力，建立起与孩子们的情感联系，让孩子们卸下心防。而后通过"引导+倾听"的模式听取孩子们在学习中的困惑，以及每天发生的趣事，并与孩子们耐心交流，加深与孩子们的情感羁绊。到了后期父母有时间接送孩子或更换学校时，孩子们要面对与奶奶们和小伙伴们的分离，此时奶奶们会细心做好心理疏导，以自己的方式缓解孩子的焦虑心理。"共享奶奶"团队将全过程的心理教育落到实处，耐心抚育孩子们的身心健康。

（四）精心抚幼——"镜面式"教育模式

通过言传身教，对孩子们精准开展助老怜爱教育、独立劳动教育、克难挫折教育等以培养良好的品质和生活技能，树立行为规范、人际关系、优良家风等方面的榜样。孩子们具有极强的模仿与学习能力，为此志愿奶奶们针对每个人的个性开展特定教育。一是通过鼓励孩子们参与社区或学校的义务劳动，如环保活动、志愿者服务等，培养他们的社会责任感和团队合作能力。二是通过自身的言行举止给孩子们树立榜样，要求自己遵守道德规范，尊重他人，诚实守信，让孩子们从小就学会正确的行为规范。三是教育孩子们如何与人相处，包括尊重他人的权利和感受，学会倾听和沟通，培养友善与合作的态度。同时，也要教育他们如何处理冲突和解决问题，培养他们解决问题的能力和智慧。四是通过家庭教育的方式，让孩子们学会尊敬长辈、关心家人，培养孩子们的家庭责任感与人生价值观。

（五）齐心共筑——"凝聚式"良好环境

协调、运用辖区内各方资源，合理确保项目的顺利运行，为孩子和奶奶们的相处提供充分的外部保障。通过与辖区内的学校、幼儿园结对成为共建单位，链接社区食堂，为孩子们提供营养放心食品。通过与这些机构的合作，可以确保孩子们在放学后能够获得健康、均衡的饮食。同时，开展食品安全教育和宣传活动，提高孩子们的食品安全意识。连同交警部门为孩子们制定安全放学路线，确保奶奶们和孩子们放学路上的交通安全。设置交通标志和安全设施，确保孩子们的"安全回家路"。同时，开展交通安全教育活动，提高奶奶们和孩子们的交通安全意识，教导他们正确的交通规则和行为。通过这些措施的实施，为孩子们提供了更好的服务和保障，确保他们在放学后能够安全、健康地成长。

五 志愿服务项目特色

"共享奶奶"项目通过创新服务内容、运行机制，以及打造可持续、可复制的模式，收获了较好的成效，为众多家庭带去了一阵春风，也为众多社区提供了可借鉴的模板与路径，有利于新型社区关系的构建。

（一）服务内容创新

项目以退休老年群体和双职工家庭为切入口，抓住双方痛点，实现"延续老人社会价值"和"解决双职工家庭接送难"的需求互补。在特殊时期，一些社区采取"官方带娃"模式，即由社区组织或政府机构提供专门的人员来照顾孩子。这种举措的目的是帮助双职工家庭解决接送难的问题。然而，这种举措只是一种暂时性的解决方案，无法满足居民的日常需求。而"共享奶奶"以志愿服务的方式为退休老年人提供工作机会、扩大社交圈，丰富了老年人的精神世界，孩子暖心的陪伴补足了他们心里的空缺，实现了老人社会价值的延续。双职工家庭也不用再为谁来接送孩子担忧，解决了接送难问题，帮助他们更好地平衡工作和家庭的需求，从而为孩子创造优良的条件。这样不仅可以促进社会的和谐发展，也能够提升老年群体和双职工家庭的生活质量。

（二）运行机制创新

针对社区居民的实际需求，充分链接幼儿园、小学等各方资源，引入高校志愿服务团队力量，共同助力孩子成长。"共享奶奶"团队通过与幼儿园、小学相关负责人联络，对接了接送的相关事宜，确保放学后老师可以放心地将孩子们交到奶奶们手中，同时举办相关活动，让孩子们和奶奶们拉近关系。通过引入高校志愿服务团队的力量，为孩子们提供学习辅导、兴趣培养等方面的帮助，为奶奶们提供志愿服务培训、特长引导等相关活动，让这场爱的奔赴尽善尽美。

（三）项目可持续性

在队伍保障方面，项目已培育一支"核心+流动"的、结构较为稳定的志愿者队伍。截至 2023 年 12 月，团队已有核心成员 58 人，志愿者 269 人。该志愿者队伍的核心成员是项目的骨干力量，她们具有丰富的经验和知识，能够提供稳定的支持和服务。而流动志愿者则是根据需求和时间灵活加入的，她们为项目提供了更大的灵活性和可扩展性。在现实需求方面，双职工家庭里，家长下班时间与孩子放学时间之间的矛盾始终存在。随着二孩、三孩政策的实施，这一矛盾将会更加凸显，接送需求会越来越多。需求带来供给，这也为"共享奶奶"团队的可持续性提供了缺口。

（四）项目可复制性

双职工家庭数量与日俱增，老年群体的心理问题也不容忽视。在这样的背景下，"一老一小"互助志愿服务模式应运而生，它正是建立在双职工家庭和老年群体的现实需求之上，成为新时代文明实践深入服务广大人民群众生活需要的生动示范。目前，"五心"志愿模式已经形成了一整套规范化体系化机制，包括志愿者招募、培训、服务内容和管理等，与当地情况结合便可实施，具有一定的可复制可推广性。

截至 2023 年 12 月，"共享奶奶"项目受益家庭 1000 余户，受益人数2700 余名，项目被人民日报、宁波日报、宁波晚报、鄞州日报等多家各级媒体报道推广，为项目的发展和推广起到了积极的推动作用。同时，项目在鄞州区范围内与其他社区进行共享+模式经验分享，通过与其他社区的交流与合作，项目团队分享了他们在实施"共享奶奶"项目中的经验和教训，帮助其他社区更好地开展类似的互助志愿服务活动。这种经验分享的方式可以促进项目的复制和推广，让更多的家庭和老年人受益。

六　志愿暖心故事

四年的发展历程涌现了一个又一个暖心的故事，奶奶们不断滋润着孩子们的心灵，而孩子们也不断回馈着奶奶们的爱。那些被帮助的孩子的家庭会在休息的时候上门探望老人，陪老人聊天，帮助打扫卫生；会做上一桌可口的饭菜邀请老人共享；这样温馨和谐的氛围也日复一日地感染着身边的每一位居民，让邻里之间相互尊重、相互帮助、相互关爱不再仅仅是一句口号。

（一）袁奶奶与笑笑一家

袁佩君是清泉社区的居民，也是社区"共享奶奶"团队的核心成员。邻居笑笑一家来自江西，是新宁波人。笑笑和袁奶奶的外孙在同一个幼儿园的同一个班级，在接外孙的时候，袁奶奶偶然听笑笑的妈妈提起自己每天都要工作到晚上七八点，而笑笑的爸爸经常出差在外，两人在宁波也没有亲人帮忙接孩子，为此感到十分忧虑。由于两家离得近，关系一直不错，听完笑笑妈妈的话，袁奶奶就决定帮忙接送笑笑。

2019年以来，袁奶奶一直在接外孙的同时接笑笑，就这样风雨无阻地从幼儿园中班接到了小学三年级。她一边做晚饭，一边监督两个孩子完成作业，袁奶奶也经常为笑笑做她爱吃的肉饼，当笑笑不肯好好做作业时，袁奶奶也会耐心疏导，她认为不仅要督促孩子们做作业，更要让他们明白人生的道理。前阵子，笑笑突然对妈妈不太亲近了，跟妈妈顶嘴，反而对袁奶奶越来越依赖。袁奶奶就告诉她："爸爸妈妈辛辛苦苦赚钱，是为了让你过上更好的生活。你要对爸爸妈妈好，他们才是你最亲近的人。"袁奶奶为了让笑笑更加自立，并学会照顾妈妈，就教她淘米烧饭，还教她做蛋汤。在袁奶奶的悉心照顾下，笑笑变得更加懂事。笑笑妈妈也把袁佩君当成自己的长辈爱戴，对袁奶奶十分放心，放了一把钥匙在袁奶奶那里。渐渐地两家的关系不断拉近，当袁奶奶的老伴生病时，笑笑的父母则主动送他们去医院。

（二）郑奶奶与悦悦一家

"共享奶奶"团队还有一位核心骨干成员，即郑友娣，她也是该项目的发起人之一。2016年，来自河南的悦悦一家搬到了郑奶奶家隔壁。有一次，悦悦妈妈有事要出门一趟，就请郑奶奶帮助照顾一下才几个月大的悦悦。由于年轻时工作繁忙，郑奶奶很少好好地抱过自己的小孩、孙女和外孙女，抱起悦悦的时候，郑奶奶满心欢喜。从此以后，每当悦悦妈妈脱不开身时，就会放心地把悦悦交给郑奶奶照顾。

2017年，郑奶奶患上了腰椎间盘突出，需要每隔一天去医院做理疗。悦悦的爸爸得知后，总会准时开车到郑奶奶家门口，帮忙接送郑奶奶，就这样坚持了两个多月，直到郑奶奶康复。然而没过多久，郑奶奶腰椎间盘突出复发，情况比之前更严重。悦悦的父亲二话没说，从二楼把郑奶奶背到楼下，送到医院，再背到理疗室。此后又接送近一个月，郑奶奶才恢复健康。

在这样的互动过程中，两家的关系更亲密了。2022年下半年，悦悦妈妈需要去上班，爸爸也是早出晚归，于是拜托郑奶奶每天去幼儿园接一下悦悦，郑友娣欣然应下。即便自己腿脚不便，郑奶奶仍然坚持每天去接悦悦。接到家后，郑奶奶会教悦悦做一些手工活，如绣花和盘扣，晚饭也会为悦悦准备她爱吃的海鲜，悦悦和爷爷奶奶相处得十分开心。

直到2023年下半年，悦悦上了小学，距离远得郑奶奶走不到，她才没再去接孩子。但每天早上，悦悦还会像一阵风一样"飞"进奶奶家，让奶奶给她绑辫子；周末也会经常到家里玩耍、吃饭；有时候受了委屈，也会在奶奶面前哭诉，俨然把郑奶奶当成了心底非常亲近的人。

（三）陈奶奶与小小志愿者

陈芝芬是"共享奶奶"团队的一员，她经常听到隔壁传来的怒吼声。邻居们都表示这种吵闹声很扰人，但因为这是家庭事务，一开始大家并没有太在意。直到有一次，陈奶奶实在无法忍受了，她上门询问才知道，这家人的孩子一直在吵闹着要辍学，还说生活没有意义。提起处在叛逆期的孩子，这家人则眼含泪光。陈奶奶想起自己的孩子曾经也有过这样的时期，于是表示愿意和孩子聊聊。

陈奶奶没有对孩子进行说教，而是在征求孩子意见后，带着孩子做志愿活动。渐渐地，孩子变得开朗乐观，也开始喜欢读书学习，家长的脸上也露出了笑容。如今，这个孩子已经是清泉社区的一名小小志愿者，在帮助他人的过程中找到了自己的价值。

七 志愿服务经验启示

（一）以人本主义为出发点，推动志愿服务贴心化

志愿服务是满足服务对象实际需求和实现志愿者人生价值的特殊方式，从人的视角出发推动志愿服务，触及现行制度尚未关注的模块，以志愿服务的方式给予每个群体以关注，是志愿服务的出发点和价值所在。志愿服务的根本目的就在于通过志愿服务活动来推动社会的发展，为人们营造更好的社会环境。[①]

"共享奶奶"项目通过对双职工家庭接送难和退休老年群体无事做问题的关注，将其进行横向结合，搭建了社区和谐、温暖的关系网络，纵向上拉近了老、中、幼三个群体的联系，增强了社区的凝聚力和归属感。在项目实施过程中，根据个人需求提供差异化的贴心服务，以人为导向，让人情味渗透进志愿服务的方方面面，这是"以人为本"理念的充分体现，对于构建新型社区关系具有重要意义。因此，以人本主义为出发点，推动志愿服务贴心化，意味着将人的需求和福祉置于服务的核心位置。这种理念强调关注和尊重每个人的独特性和尊严，以满足实际需求和提升生活质量为目标。

（二）找准出发点规范制度，推动志愿服务品牌化

在志愿服务实践中，要明确服务的目标和原则，建立规范的制度和流程，以确保志愿服务的质量和效果，并形成具有特色和影响力的志愿服务品牌。"共享奶奶"团队通过与多方合作以及规范的队伍建设形成了纵横完整的体系，打造了专属品牌，有利于后续的宣传推广。

[①] 姜泽廷：《志愿服务价值与马克思主义人的价值理论的联系》，《北京交通大学学报》（社会科学版）2012年第2期，第91~94页。

一方面，要推进"纵向深化"工作。与原有共建单位的合作深度化，通过技术指导、能力培训、资源共享等方式，提升志愿服务主体的能力。可以通过与相关机构建立长期合作关系，共同制订发展计划和目标，定期进行培训和交流，提高志愿服务主体的专业水平和服务质量。同时，通过资源共享，将各方的优势互补，实现资源的最大化利用，提升志愿服务的效益和影响力。

另一方面，要推动"横向扩面"工作。在原有的机制基础上，继续挖掘、引入社会力量，扩大共建范围。可以与更多的社会组织、企业、学校等合作，共同开展志愿服务活动，形成多元化的志愿服务网络。同时，让互助志愿服务深入当地社区，建立稳定而有力的志愿服务队伍。通过招募更多的志愿者，提供更广泛的服务内容，满足社区居民的多样化需求。这样可以提升志愿服务团队的专业性和品牌性，使其成为社区中不可或缺的一部分，为社区居民提供持续而有质量的志愿服务。

（三）抓好着力点加强宣传，实现志愿服务开放化

在推动志愿服务发展的过程中，要注重宣传工作，提高社会对志愿服务的认知度和参与度，同时建立起全面覆盖的志愿服务网络。"共享奶奶"通过人民日报、宁波日报、宁波晚报、鄞州日报等多家各级媒体报道，逐步提升项目影响力和知名度。通过持续性、高热度、亿流量的报道，让"共享+"的老幼互助模式辐射至更多的社区和乡村，让更多人能够看到，因地制宜助力社区和谐共建。同时，通过路演、宣讲等多种形式展示团队的独特做法，供社会各界参考。

一方面，要利用多种媒体渠道，如电视、广播、报纸、网络等，广泛宣传志愿服务的意义、价值和成果，吸引更多人关注和参与志愿服务；另一方面，可以通过组织开展丰富多样的志愿服务主题活动，如志愿者招募日、志愿服务周等，吸引公众的关注，增加志愿服务的曝光度。同时，要倡导志愿服务的文化理念，弘扬志愿服务精神，通过故事、案例等形式，传递志愿服务的正能量，激励更多人参与志愿服务。

（四）把握切入点推广经验，创新志愿服务新载体

"一老一幼"的互助志愿服务模式建立在双职工家庭和老年群体的现实需求之上，是新时代文明实践深入服务广大人民群众生活需要的生动示范。目前，"共享奶奶"志愿服务项目已经形成了一整套规范化体系化机制，突破了社区在互助服务模式上的局限性，具有可复制、可推广性，可与其他地区分享经验，为老幼互助志愿服务的探索以及社区邻里互助的创新提供新思路。志愿服务要合理把握关键点，抓住项目特色，对项目进行明确定位，打造可复制可学习的经验和方法，推动志愿服务的可持续发展。

八　对策建议

（一）条块化运作，打造"共享奶奶"2.0版本

目前，"共享奶奶"团队的志愿者不仅承担了接送孩子的工作，还承担了社区部分基层治理工作，如环境卫生整治、矛盾调解、平安巡逻等，在老幼志愿新模式中打破社区多个独立"小家"之间的樊篱，对打造和谐社会起到了积极的作用，实现了从"小家"到"大家"、从"小饭桌"到"社区宴"的邻里和谐新局面。未来，清泉社区志愿服务组织计划打造"共享奶奶"2.0版本，即对团队进行条块化工作划分。根据多项筛选条件将志愿者安排到合理的岗位上，使得职责划分清晰明确；加强团队体系化运作，从而更好地服务于社区，同时增强志愿者的工作体验感。

（二）网络化运作，打造"共享奶奶"线上平台

目前，"共享奶奶"项目招募对接家庭主要依靠微信群进行。未来，清泉社区志愿服务组织计划加强网络化运作，打造专属于本项目的线上平台。平台分为招募、点单、照片征集汇总、建议采纳等多个模块，便于志

愿者查看招募信息并及时报名、有需求的家庭点单、家长浏览孩子照片、社区提供团队发展建议等，实现线上线下同步运行，促进志愿服务的电子化运营。

（三）互助式运作，打造"共享奶奶"学习机制

目前，"共享奶奶"项目主要在清泉社区内开展。各地"共享奶奶"团队也接踵出现，如成都市武侯区晋阳街道吉福社区、洛阳市涧西区重三社区等，各团队虽做法相似，但在实际运行过程中需依据现实情况进行调整，如吉福社区定期开展双职工家庭"反哺"活动，为志愿奶奶带去温暖。未来，清泉社区志愿服务组织计划加强与其他"共享奶奶"团队的合作交流，吸取经验、查漏补缺、相互促进，进一步提升服务品质，更好地促进志愿者与服务家庭的双向互动。

附录1
2023年宁波市志愿服务大事记

1月10日 全市12个个人、组织、项目、社区荣获浙江省2022年度志愿服务最美（最佳）先进典型。

1月16日 全市20个项目参加浙江省第三届志愿服务项目大赛，获2金3银5铜10优秀。

1月21日 我市"时代楷模"、全国最美志愿者钱海军受邀参加中央电视台2023年春节联欢晚会。

3月1日 《宁波新时代文明实践志愿服务发展报告（2021~2022）》发布，宁波市高校志愿服务联盟揭牌成立。

3月8日 宁波市首届志愿服饰设计大赛决赛收官。

3月17日 2023年宁波市志愿服务工作"领航者"培育工程正式启动。

4月24日 2023年"农行杯"全国沙滩排球大满贯赛在宁波象山举办，270名亚运会预录用志愿者参与赛事保障。

4月25日 宁波市委宣传部、市文明办等24个部门联合印发《宁波市志愿服务嘉许激励实施办法》。

5月16日 第三届中国-中东欧国家博览会暨国际消费品博览会、第二十四届中国浙江投资贸易洽谈会在宁波举行，千名志愿者参与保障服务。

5月25日 宁波市举办"迎亚运讲文明树新风——礼敬志愿者"专场音乐会。

6 月 9 日 宁波市举办"迎亚运"城市志愿服务推进行动启动仪式，发布主题曲和志愿者服装，邀请徐娇为总代言人。

7 月 13 日 宁波作为浙江唯一受邀城市参加由中宣部志愿服务促进中心、中国社会科学院社会发展战略研究院、中国志愿服务联合会组织的"全国志愿服务工作调研座谈会""中国式现代化与志愿服务高质量发展研讨会"。

7 月 20 日 举办 2023 年宁波市志愿服务项目大赛决赛，产生金银铜奖共 18 个。

7 月 26 日 宁波市出台《关于建立和完善垃圾分类志愿服务工作体系的实施意见》。

7 月 31 日 宁波市 4 个组织（单位）、项目、社区上榜全国"四个100"先进典型名单。

9 月 6 日 宁波 708 名志愿者出征第 19 届杭州亚运会象山赛区赛事服务，30 万平安志愿者出征，800 多个亚运城市志愿服务站点启用。

9 月 12 日 全市 360 名火炬志愿者圆满完成亚运宁波站火炬传递护航任务。

9 月 25 日 "志愿聚力量、践行新时尚"宁波市垃圾分类志愿服务推进行动启动。

11 月 3 日 2023 年度"六个 10"学雷锋志愿服务先进典型宣传推选活动启动。

11 月 26 日 130 余名志愿者参与 2023 年中国青年创新创业交流营暨第十届"创青春"中国青年创新创业大赛志愿服务保障。

11 月 27 日 全国文物与文化遗产志愿服务暨博物馆系统志愿服务培训班在宁波举办。

12 月 4 日 宁波市举办 2023 年"12·5"国际志愿者日主题活动暨志愿服务集中展示活动。

12 月 6 日 宁波 12 个项目参加浙江省第四届志愿服务项目大赛和交流展示活动，获 3 金 5 银 1 铜。

12 月 10 日　宁波 11 个项目参加 2023 年浙江省青年志愿服务项目大赛决赛，喜获 2 金 1 银 8 铜。

12 月 31 日　1700 余名志愿者参与保障"穿越千年 甬往直前"2023 宁波马拉松赛事。

附录2
宁波市全国志愿服务"四个100"先进典型

2015年度

全国"最美志愿者"

钱海军　慈溪市钱海军志愿服务中心负责人

全国"最佳志愿服务项目"

宁海县"党群同心圆"党员志愿服务项目

北仑区新碶街道红领之家党员志愿服务项目

全国"最美志愿服务社区"

海曙区南门街道澄浪社区

2016年度

全国"最美志愿者"

梁斌　江北区"梁叔叔帮你上学"助学团负责人

全国"最佳志愿服务组织"

宁波市城市管理义务工作者协会

全国"最美志愿服务社区"

北仑区小港街道红联社区

2017年度

全国"最美志愿者"

陈军浩　浙江省宁波市北仑区红领之家社会服务中心党支部书记、主任

全国"最佳志愿服务组织"

浙江省宁波市81890志愿服务中心

全国"最美志愿服务社区"

浙江省慈溪市浒山街道虞波社区

浙江省宁波市鄞州区中河街道春城社区

2018年度

全国"最美志愿者"

周秀芳　周秀芳爱心工作室负责人

全国"最佳志愿服务组织"

宁波市小种子公益阅读社

全国"最佳志愿服务项目"

宁波市奉化区小草电力志愿服务队"平安亮万家"

　——城乡老旧房屋用电安全隐患整治志愿服务项目

全国"最美志愿服务社区"

宁波市余姚市阳明街道新城市社区

2019年度

全国"最美志愿者"

何美蓉

全国"最佳志愿服务组织"

宁波市健康家园公益服务中心

全国"最佳志愿服务项目"

慈溪市青鸟助飞——农村事实孤儿自我发展能力提升项目

全国"最美志愿服务社区"

鄞州区下应街道海创社区

2020年度

全国最佳志愿服务组织

鄞州区"鄞铃"文艺宣讲志愿服务团队

全国最佳志愿服务项目

"红星乡邻"新时代走关东扶贫扶志项目

全国最美志愿服务社区

宁海县跃龙街道怡惠社区

北仑大碶街道灵峰工业社区

2021年度

全国最美志愿者

孙嘉怿

全国最佳志愿服务组织

宁波市慈溪亚飞志愿服务队

宁波市劳模工匠技术攻关志愿服务大队

全国最佳志愿服务项目

大红烙铁走千山——山村家电医生项目

全国最美志愿服务社区

宁波市鄞州区明楼街道和丰社区

宁波市奉化区西坞街道蒋家池头村

2022年度

全国最佳志愿服务组织

北仑区红领之家社会服务中心

全国最佳志愿服务项目

"我为烈士来寻亲·客葬异乡英烈回家"志愿服务项目

"逐梦乡村"——帮扶红美人橘农志愿服务项目

全国最美志愿服务社区

江北区甬江街道湾头社区

附录3
浙江省志愿服务"五个20"
先进典型宁波市获奖名单

2019年获奖名单

最美志愿者

何美蓉　宁波市奉化区何美蓉道德模范工作室负责人

王乘红　宁波市宁海县岔路阳光公益服务社负责人

最美志愿工作者

杨　婷　宁波市志愿者服务指导中心志愿服务部部长

最佳志愿服务组织

宁波市镇海区九龙湖黄背包志愿者服务队

宁波市健康家园公益服务中心

最佳志愿服务项目

"临终关怀"安宁病床前的烛光项目

"青鸟助飞"农村事实孤儿自我发展能力提升项目

城管义工"爱心冰箱"志愿服务项目

最美志愿服务社区(村)

宁波市鄞州区下应街道海创社区

宁波市慈溪市附海镇东海村

2020年获奖名单

最美志愿者

郁振伟　宁波市镇海区绿丝带环保志愿者总队队长

缪亚春　宁波市奉化区红十字博爱志愿服务队队长

最美志愿服务工作者

孙志军　宁波市委宣传部志愿服务工作处一级主任科员

肖圣华　宁波市鄞州区委宣传部创建科副科长

最佳志愿服务组织

鄞州区鄞铃文艺宣讲志愿服务团

最佳志愿服务项目

"红星乡邻"新时代走关东扶贫扶志项目

"青鸟探巢"农村失独老人幸福晚年项目

最美志愿服务社区（村）

宁波市宁海县跃龙街道怡惠社区

宁波市慈溪市掌起镇厉家村

疫情防控最美志愿者

沈方德　宁波市象山县石浦港应急救援队队长

李叶彩　宁波市宁海县深甽镇马岙社区卫生服务站退休职工

2021年获奖名单

最美志愿者

娄逢理　宁波市宁海县红岩谷服务社负责人

孙嘉怿　现任宁波市海曙区志愿者协会副秘书长

最美志愿服务工作者

詹　斌　宁波志愿者学院执行院长

李　龙　宁波市鄞州区甬动爱心服务中心负责人

张雪亚　宁波市象山县大旸公益慈善基金会秘书长

最佳志愿服务组织

慈溪市亚飞志愿服务队

最佳志愿服务项目

"幸福石榴籽"——文化润疆志愿服务项目

大红烙铁走千山——山村家电医生项目

"您好老兵"崇尚残疾退役军人志愿服务项目

最美志愿服务社区（村）

宁波市江北区甬江街道湾头社区

宁波市鄞州区明楼街道和丰社区

宁波市慈溪市崇寿镇傅家路村

2022年获奖名单

最美志愿者

陈卓青　宁波市81890志愿服务中心理事长

周国军　宁波市奉化区小草电力志愿服务队队长

万亚勇　宁波市劳模工匠技术服务队

最美志愿服务工作者

姚云姝　慈溪市志愿（公益）社会组织联盟理事长

岑立波　宁波大学医学院附属医院"爱的天使"志愿者大队负责人

陈秋云　慈溪市坎墩街道绿马甲老兵志愿服务队

周　宁　宁波市北仑区白峰惠风社会工作服务中心

最佳志愿服务组织

宁波市北仑区红领之家社会服务中心

最佳志愿服务项目

花为媒·"绘"丝路——牡丹文化国际推广志愿服务项目

银杏暖心——失独母亲心灵重启志愿服务项目

最美志愿服务村（社区）

宁波市海曙区白云街道安丰社区

浙江省余姚市梁弄镇横坎头村

附录4
第四届浙江省志愿服务项目大赛
宁波市获奖名单

金奖项目

"共享奶奶"——志愿互助服务项目

"读懂一句话"——全民文艺宣讲志愿服务项目

"来吧，朋友"宁波人人志愿添彩城市项目

银奖项目

百姓身边的垃圾分类志愿服务项目

童韵寻史——宁波博物院小小文博人志愿项目

"春天公交"——偏远乡村家门口志愿服务项目

"乡村掌灯人"西南偏远山区电力志愿者培育项目

81890困境家庭应急帮扶志愿服务项目

铜奖项目

"红领大集"党员初心实践志愿服务项目

优秀奖项目

永恒的"一分钟"——鄞州区退役军人红色传承志愿服务项目

爱点亮星灯——自闭症儿童及家庭帮扶志愿服务项目

照亮"马赛克人生"——"小桔灯"温暖智残青少年家庭志愿服务项目

后　记

本书是《宁波新时代文明实践志愿服务发展报告（2021～2022）》的接续之作，适时总结了宁波新时代文明实践志愿服务的新成果和新经验。本书由总报告、专题报告、领域报告、社区报告、项目报告5个部分组成，从实践、理论、政策三个维度，全景式解读并总结了宁波新时代文明实践志愿服务的特色模式。本书不仅从宏观角度描绘了如何构建城市文明的发展蓝图，以实现共建共享的文明成果，还深入实践层面，对当前志愿服务所面临的关键问题进行了剖析。对于如何推进志愿服务的精准化、常态化、便利化、品牌化和可持续发展，本书给出了专业的见解和实用的建议，既为提高市民文明素质和社会文明程度提供了有力的思路，又为社会治理体系的进一步完善提供了有益的参考，对各地级市推进志愿服务的高质量发展有极大的参考意义。

本书经历了精细的筹划、调查、写作与编排等过程。项目于2023年启动以来，调查员深入宁波市各个角落进行了田野调研，收集了大量翔实的、第一手的文献资料，以及访谈资料、视频资料、图片资料等，并在此基础上撰写调查报告。在此，感谢各位调查员认真负责的态度及其为学术执着求索的品质，同时也要感谢接受调查员们访谈并为之提供支持的广大宁波志愿者和志愿服务团队。

本书的问世得到了宁波市委宣传部的大力支持和精心指导，宁波市精神文明建设指导委员会办公室牵头推动了本书的提纲形成、素材收集、基层调研和文稿修改等工作。在本书的编写过程中，宁波市级机关各部门、各区（县市）、各街道、有关企业和社会组织积极提供经验素材，给予大力支持，为本书的出版打下了坚实的基础。

最后，非常感谢社会科学文献出版社的支持。

本书在编写过程中难免有错漏之处，敬请各位专家、学者及读者批评指正，我们将在今后的工作中不断改进和完善。

Abstract

Voluntary service is a significant emblem of contemporary social civilization and progress, as well as a crucial component in fortifying the construction of spiritual civilization while cultivating and practicing socialist core values. As a "volunteer city," Ningbo has consistently remained at the forefront of volunteer service nationwide, amassing extensive expertise in this field. Since 2022, Ningbo has persistently regarded volunteer service as an integral facet in establishing the brand image of "Witnessing civilized China through Ningbo," thereby propelling new advancements within its volunteer service endeavors.

In order to establish a solid foundation for voluntary service and ensure its orderly development, Ningbo has implemented comprehensive policies to optimize overall planning, consolidate institutional foundations, ensure accountability, strengthen organizational guidance and vertical integration, enhance the guidance system, improve departmental coordination and promote resource integration. This aims to create an integrated voluntary service work system that encompasses overall coordination, command and dispatch. By promoting the development of voluntary service in this manner, it provides a robust guarantee for sustainable and healthy growth while enhancing the overall effectiveness of volunteer work. Building upon an improved voluntary service work system, Ningbo strives to construct a practical, systematic, scientific, standardized, efficient and well-organized mechanism for volunteer operations. It establishes functional positions that align with urban and rural planning objectives while ensuring full coverage. Additionally, it develops a service platform that fosters integrated collaboration and diversified integration. The city has formed a responsive and dynamic team of volunteers who engage in activities and projects that address people's livelihoods on a large scale. Furthermore, it enhances comprehensive systems as well as multi-party coordination mechanisms, and tailors scientific and effective incentive measures according to local conditions. These efforts aim to promote the scientific and orderly development of volunteer services while improving the overall level of volunteer services.

In order to timely summarize and comprehensively grasp the development status of volunteer service in Ningbo, interpret the development trend of volunteer service in Ningbo in the new era, further clarify requirements, promote experience, consolidate achievements, and develop in depth, China Volunteer Service Research Center of Chinese Academy of Social Sciences chaired the compilation of Ningbo Volunteer Service Development Report (2023) (hereinafter referred to as the "Report"). The Report is composed of five parts: general report, special report, sector report, community report, and project report. Among them, the general report summarized the basic situation, development trend, main characteristics and achievements of the development of voluntary service in Ningbo, and deeply interpreted the development of voluntary service in Ningbo from the aspects of system construction, system construction and platform construction. The special report mainly introduces the development of voluntary service in Ningbo's industrial sectors and the general situation of the organization and team construction of voluntary service. The sector report introduces in detail the voluntary service in different fields such as the Federation of Trade unions, veterans, network civilization, large-scale competitions and international exchanges. Volunteer service activities in these fields have both commonalities and characteristics, which together constitute a colorful situation of volunteer service in Ningbo City. The community report selected four representative communities as cases to demonstrate the in-depth development of volunteer service at the grassroots level, and refined the work experience of grassroots volunteer service. The project report selects two representative volunteer service projects, and introduces the implementation process and achievements of the projects in detail. The Report adopts a combination of empirical research and theoretical research, adheres to problem-oriented, demand-oriented, goal-oriented, innovation-oriented and efficient-oriented, and interprets and summarizes the characteristics of Ningbo's volunteer service in a holistic manner from three dimensions of practice, theory and policy, with a view to providing useful references for the promotion of voluntary service system and work system construction around the country.

Keywords: Ningbo; Volunteer Service; Voluntary Service System; Voluntary Work System

Contents

I   General Report

Abstract: The report of the 20th CPC National Congress proposed that the volunteer service system and work system should be improved to enhance the civilization level of the whole society. In the continuous exploration and practice, Ningbo City has focused on the aspirations and expectations of the people and regarded volunteer service as a people-oriented project to meet the new expectations of the people for a better life. By optimizing the overall planning, strengthening the institutional foundation, ensuring responsibility, enhancing organizational leadership, strengthening vertical integration, optimizing the guidance system, and promoting coordination and resource integration among departments, Ningbo has built a comprehensive and integrated volunteer service work system that coordinates and directs volunteer service work, formed a scientific and effective volunteer service operation mechanism, promoted the in-depth development of volunteer service and integrated volunteer service into the daily life of citizens, creating a thick atmosphere of "volunteering by everyone, every day, all the time, and at one's fingertips. " It has also formed a favorable situation of vigorous development of spiritual civilization, built a volunteer service work system with Ningbo characteristics, and provided strong value guidance, cultural cohesion, and spiritual impetus for promoting the "Ningbo: Seeing Civilized China" city brand.

Keywords: Ningbo; Volunteer Service; Volunteer Service System; Volunteer Service Work System

Ⅱ Special Report

B.2 Data Analysis Report on Volunteer Services of
Ningbo's New Era Civilization Practice

Wang Luyao, Ding Jian / 015

Abstract: On 2023, Ningbo has been continuously deepening and expanding the platforms for volunteer services in the new era civilization practice. A wide range of volunteer service activities for the new era civilization practice have been carried out, achieving a down-to-earth, vigorous and highly effective situation in the new era civilization practice. This has effectively promoted the high-quality development of volunteer service work for the new era civilization practice in Ningbo. Big data reveals that new achievements have been made in volunteer services for the new era civilization practice in Ningbo. The number of registered volunteers, volunteer service positions/activities, volunteer service hours, the frequency of volunteer service venues, and the number of participants in volunteer services have all reached new highs. The types of volunteer services are rich and diverse, and volunteer services in various districts, counties, towns, and sub-districts are flourishing. However, there are still some factors that restrict the development of volunteer service work in Ningbo at present: The development of volunteer services is unbalanced. In terms of the participation and activity levels of private enterprise employees and flexible employees, there is still considerable room for improvement in the rate of active volunteers per 10, 000 people.

Keywords: Ningbo; Volunteer Service; Big Data Analysis

B.3 Report on the Organization and Team Building of Volunteer Services in Ningbo City

Wu Sui, *Feng Jingbo* / 036

Abstract: As a vital component in advancing the development of civilization in the new era, volunteer services have become deeply integrated into the construction of modern Chinese society with unique characteristics. Volunteer organizations serve as the hubs of the volunteer service system, acting as both platforms for volunteer activities and leaders in service initiatives. The development of volunteer organizations and teams in Ningbo showcases a diverse, collaborative, and innovative model. This report, based on relevant literature and case studies of volunteer organizations and teams in Ningbo, reveals three major stages in the development of volunteer services in the city: early community mutual assistance, diversification through registration, and technological and social innovation. Hub-type, support-type, and service-oriented volunteer organizations play essential roles across various fields. Under the collaborative efforts of the government, social organizations, and the public, Ningbo's volunteer teams have become high-quality groups encompassing a wide range of fields and balancing technical and professional expertise. Finally, this report suggests future directions for enhancing the sustainability, social integration, and intelligence of Ningbo's volunteer organizations and team development.

Keywords: Ningbo; Volunteer Service Organizations; Organizational Construction

B.4 Ningbo New Era Civilization Practice Volunteer Service Training Development Report

Zhan Bin, *Li Shuo* / 052

Abstract: In the process of promoting volunteer service training in the new era of civilized practice, Ningbo is guided by Xi Jinping's Thought on Socialism with Chinese Characteristics for a New Era, deeply implements the spirit of the 20th National Congress of the Communist Party of China, and uses the Ningbo Volunteer Academy as a bridge, focusing on the key points of volunteer service work throughout the city to carry out volunteer training. Ningbo model of relying on social organizations for volunteer service training demonstrates a new path that deeply integrates community resources and professional capabilities, greatly enhancing the efficiency and quality of training. By establishing a normalized training mechanism, Ningbo ensures that volunteer service activities can continuously connect with social demands, effectively promoting the modernization of social governance. The promotion and application of this model provide valuable reference experiences for other regions, with high referential value and practicality.

Keywords: Volunteer Service; Volunteer Service Training; Ningbo Volunteer Academy

Ⅲ   Sector Report

B.5   Ningbo Municipal Industry Departments New Era Civilization Practice Volunteer Service Development Report

Zhang Shuwan, Xu Peiyan / 070

Abstract: Various departments in Ningbo City are fully aware of the important contribution of industry volunteer services in promoting the growth of public utilities and driving social development. They have taken various measures to actively carry out volunteer service activities to promote the continuous expansion and promotion of public welfare undertakings. To ensure the efficient implementation of volunteer services, the Ningbo Municipal Youth League Committee, Political and Legal Affairs Committee, Women's Federation and other departments have formulated clear goals, carefully designed plans and vigorously promoted them based on their own responsibilities and guided by the spirit of volunteer services, in order to cover a wider range of fields and meet the needs of various groups. We will make efforts in the construction of institutional mechanisms, systems, positions, teams, and projects, innovate the social governance system through safe volunteer services, stimulate social vitality through comprehensive volunteer services in urban and rural communities, unite women's strength through women's volunteer services, inherit the red genes through retired military volunteer services, strengthen political guidance through "Silver Glory" volunteer services, build a modern environmental governance system through ecological environment volunteer services, focus on social needs through health volunteer services, unite and lead the masses of workers through union volunteer services, and use international volunteer services as the city's spokesperson. However, at present, there are difficulties in the voluntary service of industry departments in Ningbo, such as insufficient coordination among departments, insufficient diversity of activity carriers, insufficient standardization of voluntary services, and the need to further strengthen brand building capabilities. To further improve the development of volunteer services in Ningbo, it is necessary to continuously strengthen the standardized management of volunteers, strengthen the construction of supervision and assessment mechanisms, enhance departmental linkage, and improve the incubation ability of volunteer service brands in various departments in the future.

Keywords: Volunteer Service; Departmental Industry Volunteer Service; Volunteer Service Construction

B.6 Report on the Development of Retired Military Volunteer Service in the New Era of Civilized Practice in Ningbo

Li Tiantian / 107

Abstract: Ningbo gives full play to the role of the service guarantee system for retired soldiers, guides them to actively participate in volunteer services, promotes the branding of the city's volunteer service projects for retired soldiers, the precision of service content, and the list of service demands, and initially forms a volunteer service system for retired soldiers with the corps as the center, with 10, 000 volunteers as the spark, with the number as the core, and with the platform as the basis. Volunteer service brand, through the formulation of a number of volunteer service norms, the root of a number of volunteer service brands, and the cultivation of a number of volunteer service projects, to comprehensively improve the level of volunteer service of veterans.

Keywords: Ningbo; Ex-serviceman; Volunteer Service

B.7   Ningbo New Era Civilization Practice Federation
Volunteer Service Development Report

Jiang Die / 123

Abstract: The construction of the new era of trade union volunteer service system is an inevitable requirement of the modernization of the social governance system and governance capacity, and is of great significance in the process of high-quality development and construction of common wealth demonstration area. Carrying out voluntary service is the current trade union to play the role of the main force. Solidarity and lead the masses of workers. Construct the effective means of trade union diversified service system. To carry out trade union volunteer service, closely follow the "trade union can. The future of the guiding ideology, can unite the common struggle for common prosperity of a strong synergy, for the cohesion of socialist core values, promote the basic realization of the common wealth of the trade unions and the masses of workers is of great significance. In this process, Ningbo trade unions have gradually formed a volunteer service system with a perfect organization system, rich service content, sound guarantee mechanism and branded work content. Ningbo trade unions have cultivated trade union volunteer service brands, widely disseminated trade union volunteer service culture, continued to promote the development of trade union volunteer service specialization, project and branding, and guided the vast number of trade union volunteers and volunteer service organizations to make greater contributions to building a national civilized model city.

Keywords: Trade Union; Volunteer Service; Volunteer Service System

B.8 Ningbo New Era Civilization Practice Network Civilization
Volunteer Service Development Report

Liu Jiwen, Li Shuo / 140

Abstract: Cyber civility represents the spiritual core of the digital era, as well as the foundational spirit of shared prosperity and the source of collective progress. Developing a distinctive and recognizable "golden business card" for Ningbo's cyber civility is crucial in forging first-rate cultural soft power. Incorporating volunteer services in this endeavor not only contributes to the construction of Ningbo's cyber civility but also marks an innovative step in the new era of Ningbo's civil practices. By examining the successful experiences of Ningbo's cyber civility volunteer services, it becomes evident that these services thrive through an "online aggregation and offline deployment" model. Ningbo focuses on enhancing service mechanisms and pathways through intelligent solutions, emphasizing the importance of meeting specific needs, leveraging diverse collaborations, building brand identity, and accumulating experiences in volunteer culture, all aimed at exerting a significant impact in the creation of a clear and civilized online environment.

Keywords: Network Civilization; Volunteer Service; Government-Society Collaboration

B.9 Ningbo New Era Civilization Practice Large-scale
Competition Volunteer Service Development Report

Zhang Haoyun / 154

Abstract: In recent years, the Ningbo Municipal Committee of the

Communist Youth League has actively explored and promoted the volunteer service work of Ningbo 's large-scale competition of civilized practice in the new era. It has achieved good results, made new breakthroughs in building volunteer service brands, demonstrated new achievements in promoting the holding of international large-scale competitions, and explored new experiences in strengthening youth participation in volunteer service. However, it still needs to be further improved in the precise implementation of local standards, the standardized management of voluntary services, and the docking of supply and demand of voluntary services. In the future, it is necessary to establish multi-agent linkage of standard implementation.

Keywords: Ningbo; Volunteer Service; Large-scale Competitions

B.10 Ningbo New Era Civilization Practice International Exchange

Volunteer Service Development Report

Sui Xin / 168

Abstract: International volunteerism in Ningbo is an important area in the study of volunteerism development. In recent decades, with the development of globalisation, more and more young people from all over the world have spontaneously participated in international volunteering. Not only Chinese volunteers are actively volunteering overseas, but also some foreign volunteers are integrating into Chinese volunteering activities. The Ningbo International Exchange Volunteer Service Activity takes multi-department as the main body of activity, the University of Nottingham Ningbo as the base of activity, students as the object of participation, and the 'Belt and Road' as the platform of participation, and jointly promotes the development of international exchange volunteer service. In the process, the Ningbo International Volunteer Service Team and 10 international volunteer service sub-teams have been established, and the 'Wheat Sowing Plan' special teaching project has been launched.

Keywords: Volunteer Service; International Volunteer Exchange; International Volunteers

IV   Community Report

B.11   Report on Development of Community Volunteer Service in Ningbo

Zhang Shuwan, *Chen Qin* / 181

Abstract: Volunteer service plays a key role in the modernization of grassroots governance, and communities are important venues for carrying out volunteer service. Against the backdrop of the new era, Ningbo City actively promotes community volunteer service, taking multiple measures to promote the rapid development of community volunteer service, allowing community volunteer service to play an important role in community governance and in gathering social forces. This report, combining literature materials and field research, finds that the current community volunteer service in Ningbo City has a diverse coexistence of volunteer service models, a variety of volunteer service forms, multiple volunteer service positions, and a vigorous development of volunteer service teams, forming a development experience led by party building, starting from needs, multi-party linkage, and innovation and pragmatism. In the future, Ningbo City's community volunteer service will further form a complete and clear community volunteer service work model, a standardized and efficient community volunteer service support system, and a community volunteer service core force with local characteristics, in order to achieve long-term development of volunteer service work and a comprehensive improvement of social civilization.

Keywords: Community Volunteer Service; Community Governance; Ningbo

B.12 Report on the Development of Volunteer Service in

Hefeng Community

Song Rui，Wu Dayu and Lu Yan / 201

Abstract：In recent years，Hefeng community in Ningbo uphold the 'party building leadership，volunteer first，service to the masses，common creation' concept，fully explore the area residents of the youth，the potential of the emerging industry aggregation of location，actively mobilise，integrate the regional voluntary resources，to explore the systematic creation of the red youth volunteering alliance，precision，and other characteristics of the practice of crowd-funded co-creation of community volunteer cultural life circle. It has explored the systematic creation of the Red Youth Volunteer Service Alliance，the precise connection of volunteer service demand，resources and projects，and the crowd-funded co-creation of the community volunteer cultural life circle. Hefeng's practice is of great significance to the future development of community governance and volunteerism. However，the current community volunteering business also exists in the lack of cooperation mechanism linkage，weak system to ensure the effectiveness of the weak，the lack of professional talent training，experience replicability and other concerns，should focus on the 'digital' application，'professional' development and 'project-based'. We should focus on the application of 'digitalisation'，'professionalisation' and 'project-based' transformation to further release the sustainable kinetic energy for the high-quality development of volunteerism.

Keywords：Volunteerism；Crowdfunding；Community of the Future；High-quality Development

B.13 Report on Ningbo Fenghua District Xiwu Street Jiangjiachitou

Village New Era Civilization Practice Volunteer Service

Su Tongtong，Zheng Shenbo / 218

Abstract：To thoroughly implement the socialist ideology with Chinese characteristics for a new era, Jiangjiachitou Village relies on the new-era civilization practice station to integrate social resources, cultivate volunteer teams, expand service functions, and implement projects beneficial to the people, making volunteer service an effective means of innovating rural governance. Based on morality and aiming for moral cultivation, the village continuously enhances its brand image as a "harmonious and beautiful village," promotes the development of civilized new rural areas, and advances the "1235" volunteer service work system and volunteer service team building. Through party building, it leads the innovation of volunteer service work, actively builds volunteer service sites, and constructs rural volunteer service teams. In the future, Jiangjiachitou Village will continue to aim at building the "harmonious and beautiful village" with the greatest sense of happiness, adhering to the 20-character development guideline of "strengthening the village through party building, nourishing the village through moral education, enriching the village through industries, revitalizing the village through culture, and beautifying the village through ecology." It will stay committed to the blueprint, comprehensively promoting rural revitalization and common prosperity, and actively exploring new paths for volunteer service in the new-era civilization practice in rural areas.

Keywords: Jiangjiachitou Village; Volunteer Service; Rural Governance; For Old Volunteer Service

B.14 Report on the Development of Volunteer Service in Yihui Community

Zhou Huixin, Hu Wenwen / 232

Abstract: In order to deeply implement Xi Jinping's thought of socialism with Chinese characteristics in the new era, vigorously carry forward the spirit of volunteerism of "dedication, fraternity, mutual help and progress", effectively play a positive role in the social governance of volunteerism, and create a community that promotes the masses, educates the masses, leads the masses and serves the masses, Yihui Community has effectively revitalised its position resources and actively explored new ways to serve the masses. Effective activation of position resources, and actively explore new paths to serve the masses. The community has established a grass-roots governance model of "social organisations + social workers + volunteers"; widely carried out a variety of voluntary service activities to create a "good life and good neighbourhood"; and built a "big party committee" by playing the role of 'big party committee' in the community. By playing the role of community to build a new system of volunteer service "party members lead the vanguard, service to the masses more intimate", and jointly create a good atmosphere of neighbourhood watch, and constantly improve the public's sense of happiness, security and satisfaction. In the future, Yihui community will focus on creating a special neighbourhood, improve the incentive mechanism for volunteer service, and "inject" new blood into the volunteer team, and continue to polish the signboard of the nation's most beautiful volunteer community.

Keywords: Yihui Community; Party Committee; Social Organization; Social Worker; Volunteers

B.15 Report on the Development of Volunteer
　　　 Service in Lingfeng Industrial Community

Chen Qin, Chen Mengting / 248

Abstract: In order to make Xi Jinping's thought of socialism with Chinese characteristics in the new era more deeply rooted in people's hearts, and to create a community that promotes the masses, educates the masses, cares for the masses, and serves the masses, the Lingfeng Industrial Community actively carries out the voluntary service of civilisation practice in the new era, relying on the experience of the community's civilisation practice in the new era, and builds a "1+2+N'" voluntary service system and "8 + N" volunteer team organisational system, through the party building to lead the establishment of service mechanisms, focusing on the grid to tap the demand for volunteer services, building physical positions according to local conditions, to cultivate community volunteer teams, to carry out the concern for the development of enterprises, service to the community masses, enriching the cultural life, promoting community building volunteer activities, formed a Characteristic volunteer service projects have been formed. In the future, Lingfeng Industrial Community will pay more attention to meeting the spiritual and cultural needs of community residents, establish and improve incentives for volunteers, stimulate the autonomy of community residents, and explore new paths for the community's civilised practice in the new era.

Keywords: Lingfeng Industrial Community; Volunteer Service; Guidance of Party Building

V   Project Report

B.16   Ningbo New Era Civilization Practice Volunteer Service Excellent Cases

Zhang Shuwan, *Yang Haoyue* / 265

Abstract: The report of the 20th CPC National Congress proposes to improve the volunteer service system and work system, and raise the level of civilisation of the whole society. In the continuous exploration and practice, Ningbo City insists on focusing on what the people think and expect, and takes volunteer service as a people's project to meet the people's new expectations for a better life, and creates a coordinated and integrated volunteer service work system with command and control by optimising the overall planning, consolidating the foundation of the system, ensuring that the responsibility is in place, strengthening the organisational leadership, strengthening the vertical integration, optimising the guidance system, and strengthening the departmental synergy and promoting the integration of resources. service work system, formed a scientific, effective and systematic operation mechanism for volunteer service, promoted the deep development of volunteer service, promoted the integration of volunteer service into the daily life of citizens, created a strong atmosphere of 'everyone volunteers, volunteers every day, volunteers at all times, volunteers at all times', and formed a good situation of flourishing spiritual civilisation construction. It has built a volunteer service system with Ningbo characteristics, providing strong value guidance, cultural cohesion and spiritual impetus for the promotion of "Seeing Civilised China in Ningbo".

Keywords: Ningbo; Civilised Practice in the New Era; Outstanding Cases of Volunteer Service

B . 17　The Crimson Branding Iron Valiantly Treks
through Myriad Mountains

Yang Haoyue, Chen Qianqian and Zheng Shenbo / 279

Abstract: This project, The crimson branding iron valiantly treks through myriad mountains, centered on "thousands of households" and "farmlands," has innovatively established a " Three － Linkage " mechanism featuring personalized customization, digital booking, and regular fixed-point contact, as well as a "Three－Service" working mechanism encompassing 48-hour emergency response, 72-hour delivery, and 30-day concentrated service, through party-building leadership, professional team formation, standardized operation, and scientific management. By implementing shared, inter-village, and door-to-door "Three－ Mode Diagnosis and Treatment" methods, the project has effectively addressed the difficulty of appliance repair for villagers in mountainous areas, achieving zero idle electrical appliances in these regions. It has contributed valuable experiences to promoting civilized practices in the new era, including the integration of party-building leadership with volunteer service and the empowerment of silver-haired groups through volunteer service.

Keywords： Home Appliance Doctor； Party Building Guidance；
Voluntary Service

B．18　Report on the Development of the ‘Sharing Granny’ Volunteering Program

Wang Kexin，*Wei Hui* / 296

Abstract：Dual-income families face challenges with after-school pick-up and drop-off, while elderly groups struggle to maintain their value in retirement. These issues have become two significant problems in society. In response, the Qingquan community in East Qianhu Town, Yinzhou District, established the volunteer mutual aid service team in 2019. This project centers on the Qingquan community and develops a old, one young volunteer mutual aid model. By creating this community-driven model, the initiative aims to benefit all parties involved through a of volunteering and promoting various measures as its driving force. This model stimulates new energy for community service and positions volunteerism as an intrinsic motivator for civil engagement in the new era, ultimately contributing to the community's quality development.

Keywords：Shared Grandma；Volunteer Service；the Old and the Young

社会科学文献出版社

皮 书

智库成果出版与传播平台

❖ 皮书定义 ❖

皮书是对中国与世界发展状况和热点问题进行年度监测,以专业的角度、专家的视野和实证研究方法,针对某一领域或区域现状与发展态势展开分析和预测,具备前沿性、原创性、实证性、连续性、时效性等特点的公开出版物,由一系列权威研究报告组成。

❖ 皮书作者 ❖

皮书系列报告作者以国内外一流研究机构、知名高校等重点智库的研究人员为主,多为相关领域一流专家学者,他们的观点代表了当下学界对中国与世界的现实和未来最高水平的解读与分析。

❖ 皮书荣誉 ❖

皮书作为中国社会科学院基础理论研究与应用对策研究融合发展的代表性成果,不仅是哲学社会科学工作者服务中国特色社会主义现代化建设的重要成果,更是助力中国特色新型智库建设、构建中国特色哲学社会科学"三大体系"的重要平台。皮书系列先后被列入"十二五""十三五""十四五"时期国家重点出版物出版专项规划项目;自 2013 年起,重点皮书被列入中国社会科学院国家哲学社会科学创新工程项目。

皮书网

（网址：www.pishu.cn）

发布皮书研创资讯，传播皮书精彩内容
引领皮书出版潮流，打造皮书服务平台

栏目设置

◆**关于皮书**
何谓皮书、皮书分类、皮书大事记、
皮书荣誉、皮书出版第一人、皮书编辑部

◆**最新资讯**
通知公告、新闻动态、媒体聚焦、
网站专题、视频直播、下载专区

◆**皮书研创**
皮书规范、皮书出版、
皮书研究、研创团队

◆**皮书评奖评价**
指标体系、皮书评价、皮书评奖

所获荣誉

◆2008年、2011年、2014年，皮书网均
在全国新闻出版业网站荣誉评选中获得
"最具商业价值网站"称号；
◆2012年，获得"出版业网站百强"称号。

网库合一

2014年，皮书网与皮书数据库端口合
一，实现资源共享，搭建智库成果融合创
新平台。

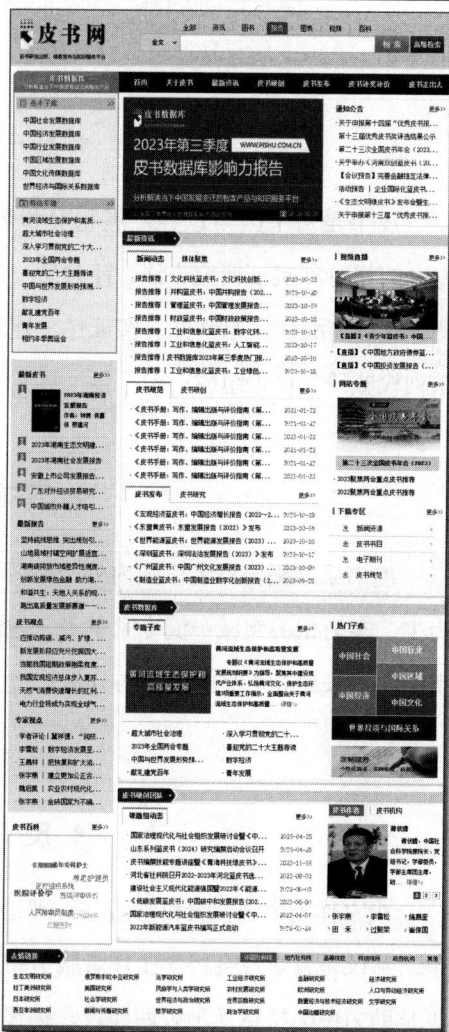

皮书网

"皮书说"
微信公众号

权威报告·连续出版·独家资源

皮书数据库
ANNUAL REPORT(YEARBOOK) DATABASE

分析解读当下中国发展变迁的高端智库平台

所获荣誉

- 2022年，入选技术赋能"新闻+"推荐案例
- 2020年，入选全国新闻出版深度融合发展创新案例
- 2019年，入选国家新闻出版署数字出版精品遴选推荐计划
- 2016年，入选"十三五"国家重点电子出版物出版规划骨干工程
- 2013年，荣获"中国出版政府奖·网络出版物奖"提名奖

皮书数据库　　"社科数托邦"微信公众号

成为用户

　　登录网址www.pishu.com.cn访问皮书数据库网站或下载皮书数据库APP，通过手机号码验证或邮箱验证即可成为皮书数据库用户。

用户福利

- 已注册用户购书后可免费获赠100元皮书数据库充值卡。刮开充值卡涂层获取充值密码，登录并进入"会员中心"—"在线充值"—"充值卡充值"，充值成功即可购买和查看数据库内容。
- 用户福利最终解释权归社会科学文献出版社所有。

数据库服务热线：010-59367265
数据库服务QQ：2475522410
数据库服务邮箱：database@ssap.cn
图书销售热线：010-59367070/7028
图书服务QQ：1265056568
图书服务邮箱：duzhe@ssap.cn

社会科学文献出版社 皮书系列
SOCIAL SCIENCES ACADEMIC PRESS (CHINA)
卡号：241111744816
密码：

S 基本子库
SUB DATABASE

中国社会发展数据库（下设 12 个专题子库）

紧扣人口、政治、外交、法律、教育、医疗卫生、资源环境等 12 个社会发展领域的前沿和热点，全面整合专业著作、智库报告、学术资讯、调研数据等类型资源，帮助用户追踪中国社会发展动态、研究社会发展战略与政策、了解社会热点问题、分析社会发展趋势。

中国经济发展数据库（下设 12 专题子库）

内容涵盖宏观经济、产业经济、工业经济、农业经济、财政金融、房地产经济、城市经济、商业贸易等 12 个重点经济领域，为把握经济运行态势、洞察经济发展规律、研判经济发展趋势、进行经济调控决策提供参考和依据。

中国行业发展数据库（下设 17 个专题子库）

以中国国民经济行业分类为依据，覆盖金融业、旅游业、交通运输业、能源矿产业、制造业等 100 多个行业，跟踪分析国民经济相关行业市场运行状况和政策导向，汇集行业发展前沿资讯，为投资、从业及各种经济决策提供理论支撑和实践指导。

中国区域发展数据库（下设 4 个专题子库）

对中国特定区域内的经济、社会、文化等领域现状与发展情况进行深度分析和预测，涉及省级行政区、城市群、城市、农村等不同维度，研究层级至县及县以下行政区，为学者研究地方经济社会宏观态势、经验模式、发展案例提供支撑，为地方政府决策提供参考。

中国文化传媒数据库（下设 18 个专题子库）

内容覆盖文化产业、新闻传播、电影娱乐、文学艺术、群众文化、图书情报等 18 个重点研究领域，聚焦文化传媒领域发展前沿、热点话题、行业实践，服务用户的教学科研、文化投资、企业规划等需要。

世界经济与国际关系数据库（下设 6 个专题子库）

整合世界经济、国际政治、世界文化与科技、全球性问题、国际组织与国际法、区域研究 6 大领域研究成果，对世界经济形势、国际形势进行连续性深度分析，对年度热点问题进行专题解读，为研判全球发展趋势提供事实和数据支持。

法律声明

"皮书系列"（含蓝皮书、绿皮书、黄皮书）之品牌由社会科学文献出版社最早使用并持续至今，现已被中国图书行业所熟知。"皮书系列"的相关商标已在国家商标管理部门商标局注册，包括但不限于LOGO（　）、皮书、Pishu、经济蓝皮书、社会蓝皮书等。"皮书系列"图书的注册商标专用权及封面设计、版式设计的著作权均为社会科学文献出版社所有。未经社会科学文献出版社书面授权许可，任何使用与"皮书系列"图书注册商标、封面设计、版式设计相同或者近似的文字、图形或其组合的行为均系侵权行为。

经作者授权，本书的专有出版权及信息网络传播权等为社会科学文献出版社享有。未经社会科学文献出版社书面授权许可，任何就本书内容的复制、发行或以数字形式进行网络传播的行为均系侵权行为。

社会科学文献出版社将通过法律途径追究上述侵权行为的法律责任，维护自身合法权益。

欢迎社会各界人士对侵犯社会科学文献出版社上述权利的侵权行为进行举报。电话：010-59367121，电子邮箱：fawubu@ssap.cn。

社会科学文献出版社